国家出版基金项目
NATIONAL PUBLICATION FOUNDATION

中国共产党精神史

主编◎韩庆祥

中国共产党人的精神建设

王海滨 著

河南人民出版社
·郑州·

图书在版编目(CIP)数据

中国共产党人的精神建设 / 王海滨著. — 郑州:河南人民出版社, 2023. 11
(中国共产党精神史 / 韩庆祥主编)
ISBN 978-7-215-13158-3

Ⅰ. ①中… Ⅱ. ①王… Ⅲ. ①中国共产党-思想建设-研究 Ⅳ. ①D261

中国国家版本馆 CIP 数据核字(2023)第 190125 号

河南人民出版社 出版发行
(地址:郑州市郑东新区祥盛街 27 号 邮政编码:450016 电话:65788068)
新华书店经销 河南金之汇信息技术有限公司印刷
开本 710 毫米×1000 毫米 1/16 印张 17.25
字数 230 千字
2023 年 11 月第 1 版 2023 年 11 月第 1 次印刷

定价:56.00 元

总　序

习近平总书记在庆祝中国共产党成立100周年大会上的重要讲话中总结党的百年奋斗史，贯穿的是大历史观。习近平总书记指出："要教育引导全党胸怀中华民族伟大复兴战略全局和世界百年未有之大变局，树立大历史观，从历史长河、时代大潮、全球风云中分析演变机理、探究历史规律，提出因应的战略策略，增强工作的系统性、预见性、创造性。"树立纵深而宽广的大历史观，能将这极不平凡的一百年看得更清、追得更远、思得更明、悟得更透。习近平总书记这些重要论述，讲的就是大历史观的基本内涵及其重要意义。我们可以运用大历史观，来理解和把握伟大建党精神和中国共产党人的精神谱系。大历史观有四层涵义。一是在历史时间上，它跳出一定历史阶段，把历史阶段放在过去、现在、未来的大历史长河中来把握，这是长远史观；二是在历史空间上，它跳出一定历史空间（或历史局部），从世界历史发展进程看历史空间（历史局部），这是世界史观；三是在历史主题上，它跳出历史片段、历史细节和历史碎片，用历史主题把历史片段、历史细节、历史碎片统领起来，这是整体史观；四是在历史本质上，它跳出历史现象，走向历史深处，分析历史演变机理，抓住历史本质，探究历史规律，这是规律史观。

需要从长远史观把握中国共产党人为什么一直注重自身的精神建设。中国共产党一经诞生，就把为中国人民谋幸福、为中华民族谋复兴确定为初心和使命。这意味着中国共产党人肩上扛起的是远大奋斗目标和宏大历史使命。然而，中国共产党成立之初，自身条件有限，力量也很薄弱，党员人数只有50多名。中共一大召开之前，我们党早期的党组织只有8个，参加这次会议的党代表只有十几人，当时的武器装备是“小米加步枪”。这就遇到了一个重要矛盾，即中国共产党人肩负的远大目标和宏大使命与条件有限、力量薄弱之间的矛盾。条件有限、力量薄弱的中国共产党人如何扛起远大奋斗目标和宏大历史使命？这在当时，主要是靠统一战线和精神武装。显然，我们党注重自身精神建设，是植根于中国共产党人肩负的远大目标和宏大使命与条件有限、力量薄弱的矛盾。或者说，为解决这一矛盾，就必须注重精神建设。随着中国特色社会主义进入新时代，我国发展步入新的历史方位，中国共产党也已成为世界上最大的政党。中国共产党在自身条件有限、力量薄弱的时候，特别注重自身精神建设；当中国共产党已经成为世界上最大的政党时，更要加强自身的精神建设。因为新时代中国共产党人肩负着实现中华民族伟大复兴的历史使命，也正在向全面建成社会主义现代化强国迈进，可谓肩上扛起的奋斗目标依然远大，历史使命依然宏大。对此，绝不是轻轻松松、敲锣打鼓就能实现的。在前进的征途中，我们所遭遇的各种矛盾难题、障碍阻力、风险挑战、艰难困苦必将更加复杂严峻，这好比是在滚石上山、过坎闯关，迎着风雨、踏着荆棘前进。然而，在当今一些党员干部身上，却存在着“精神懈怠、能力不足、脱离群众、消极腐败”四种危险，尤其是“精神懈怠”的危险。因此，只有我们自身的腰杆硬起来，才能扛起全面建成社会主义现代化强国、实现中华民族伟大复兴的宏伟大业。在这种情境下，也从长远来看，依然要加强党自身的精神建设。正如习近平总书记强调的，实现中国梦必须弘扬中国精神。

从规律史观理解中国共产党人的精神谱系在不同历史时期具有什么不同特征。这涉及到中国共产党的精神发展史。基于伟大建党精神，中国共产党人在不同历史时期形成了具有不同历史特征的精神，这些精神构成中国共产党人的精神谱系。各个历史时期形成的精神是有规律可循的，那就是体现并反映了各个历史时期的时代品质、实践品格及其本质特征。在新民主主义革命时期，主要是围绕"浴血奋战、百折不挠"与战胜敌人、强大自我而形成的精神。在这一历史时期，革命问题是首要问题。而革命的首要问题，就是谁是我们的敌人、谁是我们的朋友。伟大长征精神，就是新民主主义革命时期形成的精神谱系的典型样本。在社会主义革命和建设时期，主要是基于"自力更生、发愤图强"与战胜艰难困苦、完成创业大任而形成的精神。这一历史时期的整体景象，就是一穷二白、百废待兴。由此，特别需要自力更生、发愤图强、艰苦创业、立国兴国。"两弹一星"精神，就是这一历史时期形成的精神谱系的典型样本。在改革开放和社会主义现代化建设时期，主要是针对"解放思想、锐意进取"与披荆斩棘、攻坚克难而形成的精神。改革开放是我国的第二次革命，社会主义现代化建设是一项开创性的伟大事业。然而，当时各种庞杂的思想观念与僵化的体制机制阻碍着改革开放和社会主义现代化建设。这就要求中国共产党人必须解放思想、锐意进取、披荆斩棘、攻坚克难。伟大改革开放精神，就是这一历史时期形成的精神谱系的核心，也是分析这一历史时期精神谱系的典型样本。在中国特色社会主义新时代，主要是需要"自信自强、守正创新"与应对风险、自我革命而形成的精神。在新时代，中国共产党人打的"铁"相当坚硬，它不仅要解决人民生活"好不好"、国家"强不强"、政党"硬不硬"、世界"太平不太平"、马克思主义"是否具有生机活力"等根本问题，而且要应对来自各方面的矛盾问题、障碍阻力、风险挑战。为此,就必须进行伟大斗争、勇于自我革命,就必须自信自强、守正创新。伟大抗疫精神,可以作为这一历史时期形成的精神谱系的典型样本。

从整体史观分析伟大建党精神具有怎样的逻辑结构。在伟大建党精神的基础上,中国共产党人在各个历史时期形成了丰富多样的精神谱系。伟大建党精神是源,精神谱系是流;伟大建党精神是本体性精神、基因性精神,精神谱系是生成性精神、发展性精神。在中国共产党人一系列的精神谱系中,可以从深层揭示出中国共产党的伟大建党精神。正如习近平总书记所指出,伟大建党精神的科学内涵主要包括:坚持真理、坚守理想,践行初心、担当使命,不怕牺牲、英勇斗争,对党忠诚、不负人民。这一精神分为四个层次,具有严密的内在逻辑结构,构成一个有机整体。第一个层次是科学认知,即坚持真理、坚守理想。一个政党认识世界的科学认知水平,决定其思想高度、思维长度、视野宽度、认识深度和执政格局,所以它是前提。第二个层次是目标追求,即践行初心、担当使命。中国共产党认识世界的目的是为了改造世界,改造世界需要在科学认知的基础上确立奋斗目标。中国共产党是一个具有奋斗目标的政党,它咬定目标、久久为功。这种目标追求,就凝结为党的初心和使命。人民对美好生活的向往是我们党的奋斗目标,这连着初心;实现中华民族伟大复兴是我们党的战略目标,这连着使命。第三个层次是钢铁意志,即不怕牺牲、英勇斗争。实现奋斗目标意味着前途是光明的,就需要选择正确的道路。但是,我们中国共产党人为实现奋斗目标,脚下所走的道路却是曲折坎坷的。为此,中国共产党人必须具有钢铁般的坚强意志,才能实现奋斗目标。正如恩格斯所指出:"一个知道自己的目的,也知道怎样达到这个目的的政党,一个真正想达到这个目的并且具有达到这个目的所必不可缺的顽强精神的政党——这样的政党将是不可战胜的。"第四个层次是政治情怀，即对党忠诚、不负人民。对党忠诚、不负人民是鲜明的政治概念，这是需要情怀的。情怀是一种责任，是一种担当，是一种主动，是一种开创。坚持真理、坚守理想，践行初心、担当使命，不怕牺牲、英勇斗争，对党忠诚、不负人民，这四个层次环环相扣、紧密相连，构成一个逻辑严密的有机整体。

从世界史观揭示伟大建党精神和精神谱系具有何种意义。把伟大建党精神和中国共产党人的精神谱系置于世界历史场景中进行审视，可揭示它所具有的重要意义。首先，它使中国共产党具有不同于世界其他政党的特质。一个政党区别于其他政党，其中一个重要方面就是其特质。政党的特质是靠精神塑造的，伟大建党精神和中国共产党人的精神谱系是把我们党涵育成一个深得人民支持和拥护的强大政党的沃土。伟大建党精神和中国共产党人的精神谱系，在一定意义上反映并体现了中国共产党的特质，这种特质有别于世界上其他一切政党。这种特质就是"咬定目标、迎难而上、越挫越勇、越险越进、勇于奋斗、不怕牺牲、久久为功"。正是这种特质，使中国共产党能扛起肩上的奋斗目标和历史使命。其次，它使中国共产党能在实现民族复兴曲折坎坷的道路上创造出世所罕见的人间奇迹。车尔尼雪夫斯基说："历史的道路不是涅瓦大街上的人行道，它完全是在田野中前进的，有时穿过尘埃，有时穿过泥泞，有时横渡沼泽，有时行经丛林。"在实现中华民族伟大复兴的征途中，中国共产党人所走的路是十分曲折坎坷的，既有"尘埃""泥泞"，又有"沼泽""丛林"。然而，正是伟大建党精神和中国共产党人的精神谱系，使中国共产党人以钢铁般的意志，走过了"尘埃""泥泞""沼泽""丛林"，在实现中华民族伟大复兴的征途中创造出一个个人间奇迹。这是世界上其他政党所无法比拟的。最后，它使中国共产党人能有效应对世界百年未有之大变局。靠伟大建党精神和中国共产党人的精神谱系滋养的中国共产党具有世界眼光和战略思维,它注重为世界谋大同,注重积极推动构建人类命运共同体,它能站在历史正确一边,掌握历史主动,能运用马克思主义观察时代、把握时代、引领时代,因而能积极主动应对全球经济增长动能不足、全球发展失衡、全球治理滞后的难题,能积极主动应对世界百年未有之大变局中的动荡变革及其带来的不稳定不确定,能积极主动应对世界上所遇到的各种矛盾难题和风险挑战,也往往能战无不胜。正如习近平总书记所强调的:“精神上强,才是更持久、更深沉、更有力量的。”

基于上述认识与理解,我们组织本套丛书。这套丛书以“精神史”切入,梳理了中国共产党人的精神建设、价值取向、思想建党、马克思主义认识史等。

《中国共产党人的精神建设》一书,首先梳理和概括了中国共产党人精神建设的实践基础和三大文化源头。中国共产党人的精神建设,从实践基础来看,主要植根于党领导的革命、建设、改革、新时代的伟大实践;从思想文化来源看,则离不开对马克思主义的坚持和发展、对中华优秀传统文化的滋养和升华、对“五四”精神的传承和内化;从历史发展来看,中国共产党在其百年奋斗的四个历史时期取得了一系列重大成就,积累历史丰富的历史经验,这些重大成就和历史经验也源于中国共产党百年奋斗四个历史时期所形成的精神谱系这些精神谱系体现着中国共产党人十分注重精神建设。人无精神不立,国无精神不强。中国共产党一路走来,历经风雨,面对各种困难挑战,最终成就了史无前例的伟大事业,并且还将在实现社会主义现代化、实现中华民族伟大复兴的历程中持续奋斗,其背后离不开中国共产党人所铸就的伟大精神。

《中国共产党人的价值取向》一书,主要是从百年征程看中国共产党以人民为中心的价值取向,并从历史逻辑、理论逻辑和现实逻辑等多重维度展示和诠释中国共产党的初心和使命。在结构布局上，全书以中国共产党100年的奋斗历程为线索，分五章，从坚持以人民为中心与中国共产党的诞生，到坚持以人民为中心与中国革命事业的发展壮大，经坚持以人民为中心与改革开放前的社会主义实践探索，到坚持以人民为中心与开创和发展中国特色社会主义，再到坚持以人民为中心与开创中国特色社会主义新时代，用历史概述、数据统计、生动故事、典型案例等形式，展示中国共产党如何为历史担使命、为民族争独立、为人民求解放、为国家谋建设、为振兴创新路、为富强图发展、为人民谋幸福的历史事实，让读者从百年征程中看清中国共产党的初心和使命，看懂中国共产党以人民为中心的价值取向。当前学界在对中国共产党人的价值取向的研究中，相对缺少学理层面的深入探究。因此，该书的亮点，就是紧紧围绕习近平总书记提出的“从哪里来、往哪里去”的问题，以历史为脉络，介绍中国共产党成立以来不同历史时期的历史进程、重要事件、主要成就、典型人物、高尚品格、宝贵经验，具体展示中国共产党是怀着什么样的初心、肩负什么样的使命，在100年的伟大历程中，是如何坚持不懈的奋斗、探索与勇于自我革命的。在回溯中国共产党百年来始终不渝为中国人民谋幸福、为中华民族谋复兴的历史事实的基础上，从理论与实践的双重维度展开系统研究、详细论证和深刻阐发，并通过对中国共产党人的价值取向的历史逻辑、理论逻辑和现实逻辑等多维度探究，展开全文的总体逻辑，侧重从学理角度研究中国共产党人价值取向的核心要义及其生成机制，以此为我们的党员干部提供一本简明生动的参考读物，同时也为学界提供一定的思想借鉴。

《中国共产党思想建党史》一书坚持守正创新，坚守以史为鉴，通过回顾中国共产党思想建党的历史，回答了“什么是思想建党、怎么样思想建党”这一重要时代课题，推进了党的理论创新，拓展了新时代思想建党的新视野，为新时代中国共产党加强思想建党提供理论滋养，为中国共产党人坚定理想信念和不忘初心、牢记使命提供现实启示，为全面提高党的建设科学化水平贡献智慧和力量。该书主要包括前言和八章内容。前言部分阐释了中国共产党思想建党史研究的重要意义，明确了中国共产党思想建党的基本内涵、中国共产党思想建党的活动方式、中国共产党思想建党史的分期内容。八章内容分别为：马克思恩格斯列宁对思想建党的理论探索、马克思列宁主义指导地位的确立、毛泽东关于思想建党的理论与实践、邓小平关于思想建党的理论与实践、江泽民关于思想建党的理论与实践、胡锦涛关于思想建党的理论与实践、习近平思想建党创造性发展、中国共产党思想建党的经验启示。该书以马克思恩格斯列宁思想建党为理论起点，以马克思列宁主义指导地位确立为理论前提，以中国共产党思想建党发展历史为核心内容，揭示了中国共产党人加强思想建党的话语体系和中国共产党牢牢把握意识形态领域领导权的制胜密码。

《延安时期中国共产党马克思主义认识史》一书，主要是对中国共产党与马克思主义关系展开研究。它紧紧围绕"什么是马克思主义、怎样对待马克思主义"这一核心线索，着重考察和分析中国共产党领导集体在其书面和口头言说中明确提及的、引用的并且在实践中发挥着作用的马克思列宁主义原理和结论，从中窥探中国共产党对马克思主义的认识历程，摹绘其变化，分析其原因。围绕这一研究思路，该书首先回顾了20世纪30年代前半期中国共产党的马克思主义认识史，进而将延安时期中国共产党的马克思主义认识史分为四个大的时段进行考察，在每一具体时段，通过对党中央的重要文献、主要领导人的论著，以及重要报刊文章的分析认为，延安时期，中国共产党对于马克思主义的认识大致经历了由强调马列主义关于民族革命战争的战略和策略，至马列主义关于"建设大党"的若干基本理论，再至马列主义的哲学认识论和马列主义关于新民主主义建设的有关政策这样一个历程转变。本书强调，列宁、斯大林对中国共产党的马克思主义认识影响尤大，其文本成为中国共产党话语言说得以运行的语言基础。

总体来说，这套丛书力求在相关知识体系和学术理论上有所推进，更力求加深对中国共产党伟大建党精神、精神谱系与中国共产党人精神特质的理解和把握，更加力求深化对“中国共产党为什么能”的理解和把握。由于受历史、现实条件的影响与局限于我们的认识水平，本套丛书会有不到之处，待日后有机会再加以修改和完善。

河南人民出版社陈智英编审为本套丛书的策划、出版付出了艰辛的努力和心血，再此表示衷心的感谢！

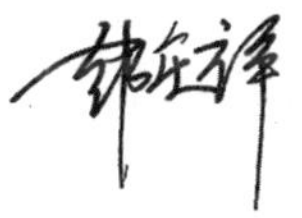

2022 年仲夏

目　录

引　言 …………………………………………………………………… 1

第一章　中国共产党人精神建设的实践基础和三大文化源头 …… 4
第一节　植根于党领导的革命、建设和改革的实践活动 ……… 4
第二节　马克思主义的坚持和发展 …………………………… 6
第三节　中华优秀传统文化的滋养和升华 …………………… 21
第四节　五四精神的传承和内化 ……………………………… 25

第二章　为民请命的革命党与革命精神锤炼 ………………… 29
第一节　作为精神之源的伟大建党精神 ……………………… 33
第二节　从红船精神、井冈山精神、苏区精神、长征精神、延安精神到西柏坡精神 ……………………………… 35
第三节　以科学精神为基调 …………………………………… 43
第四节　不怕牺牲的观念 ……………………………………… 49
第五节　革命必胜的信念 ……………………………………… 56

第三章　艰苦奋斗的执政党与建设精神培育 ………………… 63
第一节　从大庆精神、红旗渠精神、“两弹一星”精神

到焦裕禄精神、雷锋精神 …… 63
第二节 注重思想改造 …… 69
第三节 从国家和集体的需要出发 …… 74
第四节 艰苦奋斗精神 …… 77

第四章 勇辟新路的领导党与改革开放精神 …… 83
第一节 解放思想和精神觉醒 …… 85
第二节 遵循市场规律与尊崇法治精神 …… 91
第三节 引领精神文明和价值导向 …… 95
第四节 世界眼光和开放思维 …… 99

第五章 肩负使命的马克思主义政党与自我革命精神 …… 104
第一节 不忘初心 …… 106
第二节 斗争精神 …… 131
第三节 "四个自我""五个过硬"和"四个统一" …… 143
第四节 以党的自我革命引领伟大社会革命 …… 146

第六章 中国共产党人精神建设的历史智慧 …… 162
第一节 革命精神、建设精神、改革开放精神和自我革命精神的统一 …… 162
第二节 "高位导引" …… 165
第三节 人民至上 …… 187
第四节 理想信念 …… 192
第五节 实事求是 …… 201

附 录 …… 205
一、人的精神结构及其逻辑与原理 …… 205

二、精神的实现与现实的精神 …………………………… 220
三、现代性、中国问题和精神重建 ……………………… 231
四、当代中国人的文化生活危机与精神重建 ………… 243
五、精神重建与中国现代性建构 ……………………… 253

引 言

中国共产党人为什么敢于不怕牺牲、坚持为民请命？中国共产党人为什么能够发挥如此强大的组织力，带领中国人民艰苦奋斗建设新中国？中国共产党人是如何做到领导人民创造了世所罕见的经济快速发展奇迹和社会长期稳定奇迹这“两大奇迹”的？显然，这些问题不是简单几句话就能说清楚的，其中有历史的选择、人民的选择、党的建设及其作用发挥，等等。其中，中国共产党能够有一套系统的观念系统、价值组合和中心信仰，增强共产党人的精神力量，丰富共产党人的精神世界，筑牢共产党人的理想信念，提升共产党人的德性修养和精神境界，是一个具有隐性决定性的原因。放眼未来，中华优秀传统文化的现代性转化、社会主义现代化的实现和中华民族的伟大复兴，都离不开中国共产党人蓬勃的精神力量。

何谓“精神”？中国传统文化中的“精神”，主要用来指精灵之气及其变化、人的神情意志，或者相对于形骸而言的人的精气和元神。在现代汉语中，“精神”主要指人的思维意识、心理状态、内在世界的活力，是由社会存在决定的人的意识活动及其内容和成果的总称。此外，人们还经常使用“精神”概念表达“精髓、要义”。在西方，“精神”对应英文 spirit 和德文 Geist，均来源于拉丁文 spiritus，原意是轻薄的空气、轻微的流动，引申义接近于古希腊的努斯（Nous），即基督教的圣灵、普遍灵魂或理性灵魂。在西方精神哲学的集大成者黑格尔那里，作为绝对的实体、认识的运动、自然的真理性和理念的真正现实、主观东西和客观东西的统一，“精神”具有观念性、自为性、活动性和过程性等特征。纵观上述关于“精神”概念的使用传统和现代阐释，我们认为可以从形而下维度和形而上维度来把握和理解“精神”：前者相当于人的“主观”“意识”“内心”，后者则突出了内在的“灵性”“悟性”“神性”等特征。

何为“中国共产党人的精神”？中国共产党之所以成为中国共产党，除了严密的组织体系、严格的纪律要求之外，深层次的灵魂性支柱在于中国共产党人的精神。中国共产党人的精神，是区分中国共产党和其他党派的文化标识和精神符号，是在社会历史进程中积淀和凝聚下来的，体现中国共产党人的精神生活状态的正向的积极精神成果，具有民族性和时代性的统一、普遍性和特殊性的统一、稳定性和开放性的统一等特征。在悠久的历史文明中，中国人民逐渐汇聚出伟大创造精神、伟大奋斗精神、伟大团结精神和伟大梦想精神。习近平总书记在十三届全国人大一次会议上的讲话中明确提出的这“四个伟大精神”，积淀于中华文明的基因中，流淌在中华民族的血脉里，并在历史的长河中逐渐融入中华儿女的心灵秩序和精神境界之中，谱写了中华民族的精神谱系。从中国人民中走出来的中国共产党，进一步绘就出中国共产党人的精神谱系，如革命时期的红船精神、长征精神、延安精神，建设时期的铁人精神、雷锋精神、焦裕禄精神，改革过程中的改革开放精神，今天的伟大斗争精神、自我革命精神等。值得进一步指出的是，这些是我们党在不同时期的精神风貌和精神形象的典型，是面临一定的困境而又勇于进取、敢于追求理想的精神状态和奋斗姿态的凝练，当然还需要进一步“连点成面”，凝练出中国共产党人的总体性精神品质。

中国共产党人的精神建设问题，主要涉及共产党人的价值系统与中心观念在不同的时代如何调整、转化和建构，进而推动整个内在精神世界与使命担当良性互动的问题。和西方政党不同，中国共产党不是从喧嚣的议会中选举出来的，而是从流血的阵地上打出来的。越是艰难困苦的环境，越能激发超越性的精神。纵观中国共产党人的精神建设史，一种精神品格的形成往往离不开四大条件：条件一，是面对困境，艰难困苦，玉汝于成，困境逆境往往更容易激发超越性精神；条件二，是不屈不挠，不后退，不屈服，敢于迎难而上；条件三，是在此精神状态促进上事业取得胜利或成功；条件四，是留下了一些值得继承和纪念，往往令后人热血澎湃的精神力量。2016 年 10 月，习近平总书记在纪念中国工农红军长征胜利 80 周年大会上的讲话中指出："人无精神则不立，国无精神则不强。精神是一个民族赖以长久生存的灵魂，唯有精神上达到一定的高度，这个民族才能在历史的洪流中屹立不倒、奋勇向前。"[①]中国共产党的精神建设，要能在民族精神发展中发挥引领作用。中国共产党人，应该成为走出精神困境的开路先锋和追求崇高精神境界的带头人。

① 《习近平谈治国理政》第二卷，外文出版社 2017 年版，第 47—48 页。

第一章
中国共产党人精神建设的实践基础和三大文化源头

如果说人性是由历史和传统所塑造的,那么党性的形成和塑造也离不开一定的历史积淀和思想源头。中国共产党人的精神建设,从实践基础来看,主要植根于党领导的革命、建设和改革的伟大实践;从思想文化来源看,则离不开对马克思主义的坚持和发展、中华优秀传统文化的滋养和升华、五四精神的传承和内化。

第一节　植根于党领导的革命、建设和改革的实践活动

人的精神从哪里来?中国共产党人的精神从哪里来?毛泽东指出,"人的正确思想是从哪里来的?是从天上掉下来的吗?不是。是自己头脑里固有的吗?不是。人的正确思想,只能从社会实践中来"①。和正确思想一样,精神也是来自社会历史性的实践。

① 《毛泽东文集》第八卷,人民出版社 1999 年版,第 320 页。

中国共产党人的精神，在不同的历史时期具有不同的特征。根据中国共产党人精神形成的历史时期不同，可以将其划分为新民主主义革命时期、社会主义革命和建设时期、改革开放时期、中国特色社会主义新时代等。新民主主义革命时期党的精神主要是1919年至1949年间，在中国共产党带领全国人民开展和完成新民主主义革命，实现民族独立、人民解放的实践中形成的，如伟大建党精神、红船精神、井冈山精神、长征精神、延安精神等；社会主义革命和建设时期党的精神主要是1949年至1978年间，在中国共产党带领全国人民完成社会主义革命、确立社会主义基本制度以及开展社会主义建设的实践中形成的，例如北大荒精神、红旗渠精神、大庆精神、“两弹一星”精神、雷锋精神、焦裕禄精神等；改革开放时期党的精神主要是1978年以来，在中国共产党带领全国人民进行改革开放新的伟大革命，坚持和发展中国特色社会主义的实践中形成的，例如特区精神、抗洪精神、抗震救灾精神等；新时代党的精神主要是党的十八大以来，以习近平总书记为代表的中国共产党人，在带领中国人民走向社会主义现代化和中华民族伟大复兴的过程中，所积累和沉淀下来的系列精神，如脱贫攻坚精神、斗争精神、自我革命精神等。

具体而言，每一种中国共产党人的精神的形成，都离不开当时的实践活动这一肥沃土壤。没有井冈山革命斗争实践，就没有井冈山精神。延安精神来源于党在延安时期坚持敌后抗战、推进马克思主义中国化、加强思想理论建设、开展大生产运动的革命实践。以西柏坡精神为例，1947年至1949年党中央驻河北平山县西柏坡时期，召开全国土地会议，颁布《中国土地法大纲》，指挥解放战争，推翻蒋家王朝，召开七届二中全会，制定建国方略，这些实践都与西柏坡这一地域紧密联系在一起。而正是在这样的实践中，形成了以“敢于斗争、敢于胜利”和“两个务必”等为主要内涵的精神，被称为西柏坡精神。抗洪精神是指党领导军民在抗击洪水这一事件中形成的，以“万众一心、众志成城,不怕困难、顽强拼搏,坚韧不拔、敢于胜利”为主要内涵的精神。集中体现在“县委书记的榜样”焦裕禄身上的,以“‘心中装着全体人民、唯独没有他自己’的公仆情怀,凡事探求就里、‘吃别人嚼过的馍没味道’的求实作风,‘敢教日月换新天’‘革命者要在困难面前逞英雄’的奋斗精神,艰苦朴素、廉洁奉公、‘任何时候都不搞特殊化’的道德情操”为主要内涵的亲民爱民、艰苦奋斗、科学求实、迎难而上、无私奉献精神,就被称为焦裕禄精神,这显然与焦裕禄的实践和工作是紧密不可分的。“热爱党、热爱祖国、热爱社会主义的崇高理想和坚定信念,服务人民、助人为乐的奉献精神,干一行爱一行、专一行精一行的敬业精神,谦虚谨慎、努力学习的进取精神,艰苦奋斗、勤俭节约的创业精神”包含了爱国主义、奉献精神、敬业精神等多方面的丰富内涵,但这些表述都必须统一于“雷锋”这一人物的实践活动及其事迹,才会形成雷锋精神。“自力更生、艰苦创业、团结协作、无私奉献”的红旗渠精神,也是来自林州人民修建红旗渠的伟大实践。

第二节 马克思主义的坚持和发展

马克思主义在中国共产党人的精神建设中,具有引领性作用。“没有革命的理论,就不会有革命的运动。”①列宁曾经指出:“革命政党的领导者……走在群众的革命主动性的前面……向他们表明我们的民主主义理想和社会主义理想的无比宏伟和无比壮丽,向他们指出达到完全的无条件的彻底胜利的最近最直的道路。”②

---

① 《列宁专题文集(论无产阶级政党)》,人民出版社 2009 年版,第 70 页。

② 《列宁选集》第一卷,人民出版社 1995 年版,第 616 页。

十月革命的炮响，使得中国的先进知识分子们“如此迅速地转而接受马克思列宁主义。其具体原因便正是由于马克思列宁主义有一个能够根本解决一切问题的共产主义理想社会，而革命后的俄罗斯似乎已经在开始实现它”①。毛泽东认为，“一九一七年的俄国革命唤醒了中国人，中国人学得了一样新的东西，这就是马克思列宁主义。中国产生了共产党，这是开天辟地的大事变”②。他还指出，中国人民自从学习并掌握了马克思列宁主义之后，在精神上便由被动转入主动。③在《反对本本主义》中，毛泽东说“我们的斗争需要马克思主义”④。建党早期，党员干部和革命队伍中，大多数是工人、农民和小资产阶级，存在着很多非无产阶级的思想。为了克服党内非无产阶级思想，中国共产党非常重视对党员干部和群众的马克思主义理论的学习教育。纵观毛泽东早年的思想历程，他先后信仰过自由主义、民主主义、空想社会主义，甚至无政府主义。正如他自己后来回忆道：“在那个时候，我赞同许多无政府主义的主张。”⑤后来，实践证明这些思想在中国都行不通，打消了毛泽东对它们的信仰。直到“五四”前后，毛泽东才走上了马克思主义道路。在与斯诺的谈话中，毛泽东说明了这一点：“到一九二〇年夏天，在理论上，而且在某种程度的行动上，我已成为一个马克思主义者了，而且从此我也认为自己是一个马克思主义者了。”⑥1925年年底，在填写“少年中国学会”改组委员会征询意见调查表时，毛泽东写道：“本人信仰共产主义，主张无产阶级的社会革命。”⑦自从接受马克思主义之后，毛泽东把原来自己所接受的新民思想，转变为

① 李泽厚：《中国现代思想史论》，三联书店2008年版，第22页。
② 《毛泽东选集》第四卷，人民出版社1991年版，第1514页。
③ 参见《毛泽东选集》第四卷，人民出版社1991年版，第1516页。
④ 《毛泽东选集》第一卷，人民出版社1991年版，第111页。
⑤ ［美］埃德加·斯诺：《西行漫记》，董乐山译，三联书店1979年版，第128页。
⑥ ［美］埃德加·斯诺：《西行漫记》，董乐山译，三联书店1979年版，第131页。
⑦ 《毛泽东文集》第一卷，人民出版社1993年版，第18页。

塑造社会主义新人。毛泽东把目光和重点投向共产党员的思想建设和作风建设上,对于理想人格的称谓也由传统的“君子”“圣人”转变为对“好的共产党员”“真正的共产党员”的要求。他曾这样描绘共产主义:“这种思想体系和社会制度,是区别于任何别的思想体系和任何别的社会制度的,是自有人类历史以来,最完全最进步最革命最合理的。”①他指出:“我们共产党人从来不隐瞒自己的政治主张。我们的将来纲领或最高纲领,是要将中国推进到社会主义社会和共产主义社会去的,这是确定的和毫无疑义的。我们的党的名称和我们的马克思主义的宇宙观,明确地指明了这个将来的、无限光明的、无限美妙的最高理想。”②

朱德在36岁时开始了欧洲留学之旅,并在德国柏林由张申府、周恩来介绍加入了中国共产党。他后来回忆在德国留学经历时说,“在研究马克思列宁主义方面,也有很大的进步,我读了很多这种书籍。在这‘休养’时期,重新准备的时期,我把自己的思想、行动都重新检讨了。现在想起来,那时的确是有很大的进步”③。刘少奇在莫斯科东方大学学习时,阅读了大量马克思主义著作,并在苏联由社会主义青年团团员转为中国共产党党员。1948年,刘少奇在回忆这段学习经历时说:“在这样的情况下,在东方大学学了八个月跑回来了,也算取了经,取到的经不多就是了。当时我们学得不多,倒是我自己的革命人生观开始确定了。”④土地革命战争时期,针对党内已存在的主观主义、形式主义等诸多问题,刘少奇在《关于白区的党和群众工作》的报告中,呼吁同志们“学习马克思列宁主义的理论……学习!学习!再学习”⑤。

---

① 《毛泽东选集》第二卷,人民出版社1991年版,第686页。
② 《毛泽东选集》第三卷,人民出版社1991年版,第1059页。
③ 中央文献研究室二部编:《朱德自述》,解放军文艺出版社2007年版,第91页。
④ 中共中央文献研究室、中共中央党校编:《刘少奇论党的建设》,中央文献出版社1991年版,第510页。
⑤ 《刘少奇选集》上卷,人民出版社1981年版,第71页。

大革命时期,党成立了专门的机构以出版、发行、经销马克思主义的相关著作。这个时期,翻译和出版了大量全面介绍马克思主义理论的经典著作。延安整风中,党中央认识到加强党内教育的必要性及迫切性,因此要求全党学习22个文件。之后毛泽东又多次强调要加强马克思主义理论学习,并指出具体学习书目。如1943年在《在中央政治局会议上讲话的要点》中号召中央直属干部要系统性地学习马克思主义理论,读40本马、恩、列、斯的著作。为了进一步提高全党的理论水平,毛泽东在1949年还审批了12本干部必读书目。抗日战争时期,毛泽东提出了进行全党学习竞赛。毛泽东在阅读了大量马列著作原本后,创作出了很多经典著作或文章,在全党学习马克思主义理论方面做出了积极的表率。解放战争时期,马列主义经典著作的译本已有60余种。

中国共产党人通过学习和坚持马克思主义,坚定了理想信念。习近平总书记明确指出:"无论时代如何变迁、科学如何进步,马克思主义依然占据着真理和道义的制高点。"①"共产党人要把读马克思主义经典、悟马克思主义原理当作一种生活习惯、当作一种精神追求。"②他还说过:"要认真学习马克思主义理论,这是我们做好一切工作的看家本领,也是领导干部必须普遍掌握的工作制胜的看家本领"③,"忽视了马克思主义所指引的方向,学习就容易陷入盲目状态甚至误入歧途,就容易在错综复杂的形势中无所适从,就难以抵御各种错误思潮"④。正如习近平总书记指出的:"坚定理想信念,坚守共产党人精神追求,始终是共产党人安身立命的根本。对马克思主义的信仰,对社会主义和共产主义的信念,是共产党人的政治灵魂,是共产党人经

① 习近平:《更好地把握和运用党的百年奋斗历史经验》,《求是》2022年第13期。
② 习近平:《在纪念马克思诞辰200周年大会上的讲话》,《人民日报》2018年5月5日。
③ 《习近平谈治国理政》第一卷,外文出版社2018年版,第404页。
④ 《习近平谈治国理政》第一卷,外文出版社2018年版,第406页。

受住任何考验的精神支柱。”[①]作为马克思主义的创建者和奠基人，马克思的一生就是充满理想的一生。青年马克思在其《青年在选择职业时的考虑》中说：“如果我们选择了最能为人类福利而劳动的职业，我们就不会为它的重负所压倒，因为这是为全人类所做的牺牲；那时我们感到的将不是一点点自私而可怜的欢乐，我们的幸福将属于千万人，我们的事业并不显赫一时，但将永远存在；而面对我们的骨灰，高尚的人们将洒下热泪。”[②]在《共产党宣言》的结尾部分，马克思、恩格斯在阐明共产党人的观点和意图后，对殊死斗争的前景做出如是判断：“共产党人不屑于隐瞒自己的观点和意图。他们公开宣布：他们的目的只有用暴力推翻全部现存的社会制度才能达到。让统治阶级在共产主义革命面前发抖吧。无产者在这个革命中失去的只是锁链。他们获得的将是整个世界。”[③]今天，坚定理想信念之于中国共产党人至关重要。习近平同志把这种重要性提升到“共产党人安身立命的根本”、精神上的“钙”、“政治灵魂”和“精神支柱”层面上。我们不能因为走得太久，而忘了当初为什么而出发。我们可以从《共产党宣言》中寻找共产党人坚定理想信念的有力支撑。概而言之，作为标志马克思主义诞生的著作，《共产党宣言》为共产党人坚定理想信念提供了理论基础、输送了智慧滋养和激发了精神力量。

《共产党宣言》为共产党人坚定理想信念提供理论基础。正如《共产党宣言》所言，共产党人的理论原理，绝不是以这个或那个世界改革家所发明或发现的思想、原则为依据的。这些原理不过是现存的阶级斗争、我们眼前的历史运动的真实关系的一般表述。实际上，《共产党宣言》正是发源于实践的沃土之中，并自觉运用唯物史观的经典

① 《习近平谈治国理政》第一卷，外文出版社 2018 年版，第 15 页。

② 马克思：《青年在选择职业时的考虑》（1835 年），出自《马克思恩格斯论教育》，人民教育出版社 1958 年版，第 49 页。

③ 《马克思恩格斯选集》（第一卷），人民出版社 2012 年版，第 435 页。

之作。问题是时代的声音。伟大的著作往往都是面对时代问题,并能够作出符合时代需要和历史发展潮流的回答。作为共产党人第一个党纲的《共产党宣言》,是现代化初级阶段的产物,是依据唯物史观,解释资产阶级与无产阶级的产生和发展并探索其斗争结局的伟大著作。运用唯物史观与阶级斗争的分析方法,马克思、恩格斯简要介绍了传统社会的阶级斗争情况,分析了资产阶级的产生原因,阐发了资产阶级的积极作用,揭示了资本主义的危机,阐释了无产阶级的产生及其发展过程,指明了无产阶级的历史使命。这里,《共产党宣言》对于“资产阶级的灭亡和无产阶级的胜利是同样不可避免的”这一重要结论的论证,不是诉诸阶级情感或价值取向,而是运用唯物史观深入揭示资本主义社会运行的机制及其内在矛盾。资本主义生产方式在推动社会历史发展的同时,也不可避免地遇到了问题、困境和危机。资本主义创造的强大的生产力,生产出丰富的产品,却因为人们的购买力不足,而导致生产相对过剩,产生了商业危机,而且这种商业危机每隔一段时间就会不可避免地爆发。这表明,资本主义社会所拥有的生产力已经不能再促进资产阶级所有制关系的发展了,资本主义的生产力和生产关系发生了强烈的冲突和矛盾。资产阶级通过消灭大量生产力、扩大新市场和充分利用旧市场等办法来克服商业危机。这种办法只能导致更猛烈的危机。资本主义发展过程中催发的矛盾它自身已经无法解决了。资本主义社会的发展到了危险的境地,甚至是崩溃的边缘。更重要的是,资本主义社会还产生并且在不断扩大和发展着自己的掘墓人——无产阶级。与同资产阶级对立的其他阶级相比,无产阶级是真正革命的阶级,这是因为:首先,其他阶级一般都随着大工业的发展而日趋没落,无产阶级却是大工业本身的产物,它随着大工业的发展而不断发展壮大。其次,无产阶级一无所有,它失去了旧社会的生活条件,失去了财产,失去了任何民族性。再次,无产阶级没有什么自己的东西需要保护,它只有废除全部现存的占有方式,摧毁至今保护和保障私有财产的一切，才能取得社会生产力，才能为自己的发展提供条件。最后，无产阶级的运动是绝大多数人的，为绝大多数人谋利益的独立的运动。理想高于现实，但不能脱离现实。基于如此严密的实践发展分析和理论逻辑论证，共产主义远大理想就有了深厚的实践源泉和坚实的理论基础。

《共产党宣言》为共产党人坚定理想信念输送智慧滋养。基于清醒的认知、坚定的认同、诚心的接受和自觉的践行，才能有坚定的理想信念。“两个不可避免”（“资产阶级的灭亡和无产阶级的胜利是同样不可避免的”）、“两个最彻底决裂”（“共产主义革命就是同传统的所有制关系实行最彻底的决裂；毫不奇怪，它在自己的发展进程中要同传统的观念实行最彻底的决裂”）和“一切人的自由发展”（“每个人的自由发展是一切人的自由发展的条件”），构成《共产党宣言》的基本线索。透过所得出的具体结论而把握其基本内核，透过一定历史条件下的具体措施把握其基本原则，《共产党宣言》可以为今天的共产党人坚定理想信念输送源源不断的智慧滋养。其一，关于“两个不可避免”。从深层来看，它蕴涵着“凡是历史性产生的终将历史性地灭亡”的远见卓识；从现实来看，资本主义社会在长入社会主义因素，这体现在资本主义社会的税收调整、股份制、社会保障、国家福利等诸多方面；从条件来看，只有在资本主义社会发挥完其所能容纳的生产力，社会主义生产关系在资本主义社会内部完全成熟起来以后，“两个不可避免”才会得以实现。实际上，马克思、恩格斯是诊断资本主义社会的“医生”，《共产党宣言》在某种意义上也可以说是为解决资本主义的病症而开出的良方。因此，资本主义社会也在感谢马克思。在西方20世纪末“千年思想家”和2005年“千年哲学家”的评选时，马克思总是能够得票第一，这就是资本主义感恩之情的充分流露。吃了马克思、恩格斯所开“药方”的资本主义，已完全不同于工业化初级阶段的自由资本主义。那种盛行于19世纪早期，资本家可以任意地肆无忌惮地进行剥削,而无产阶级没有任何保护和最基本的保障的资本主义,在一定意义上确实已经走向灭亡了。和西方政党不同,中国共产党历来高度重视以理想信念、思想路线和重点工作,来统领和推进我们的各项事业。马克思、恩格斯对“两个不可避免”这一历史规律的揭示,为我们党的这一运行逻辑提供了重要的支撑,也有利于培养共产党人的战略思维和历史眼光。其二,关于“两个最彻底决裂”。即当资本主义的生产关系不能继续推动生产力发展的时候,共产主义革命应同资本主义私有制和维护这种私有制的私有观念进行彻底决裂。马克思、恩格斯反对极少数资本家占有由大众劳动积累起来的资本,要求改变资本的占有形式,而不是彻底反对市场和资本;马克思、恩格斯反对的是当资本主义私有制成为生产力的阻碍时,仍然无视基本的历史事实,而一味维护资本主义私有制的狭隘观念;马克思、恩格斯主张和资本主义所宣扬的拜金主义、利己主义、享乐主义等观念进行彻底的决裂,当然也包括同封建的传统观念如专制主义、特权主义、官僚主义等进行彻底的决裂。显然,这样的彻底决裂,不是同现代化文明成果的决裂,而是辩证地扬弃前共产主义的一切文化。这里蕴涵的是辩证对待继承和发展,以及全面把握所有制和与其相适应的观念之间的关系等智慧。其三,关于“一切人的自由发展”。这里体现出共产党人追求人的解放和自由发展的胸襟情怀,体现出共产党人勇于追求终极价值和最高理想的品格。冲破对神的崇拜和迷信,使宗教只发挥情感慰藉作用,这不难做到;冲破对世袭、专制、权力的崇拜,破除对权力拥有者的人身崇拜,让权力在民主的轨道、良性的机制和法治的环境中运行,也能够成为共识;破除对资本和金钱的崇拜,克服无穷无尽的物质欲望和贪念,实属不易。这样的气魄和胆识确实需要有过人之处,这样的党性修养确实难能可贵并值得向往。基于对“两个不可避免”的历史发展规律的把握,在历史条件具备时实行“两个最彻底决裂”,并在此基础上追求“一切人的自由发展”的最高目标。如此洞穿历史的认知和真心诚意的认同，必然可以为共产党人坚定为人民服务的根本信念，提供源源不断的智慧滋养和精神动力。

《共产党宣言》为共产党人坚定理想信念激发精神力量。在《共产党宣言》中，马克思、恩格斯高度肯定了资本主义文明的历史性贡献：推翻了腐朽僵化的封建制度，推动了工业化、市场化和城市化的进展，催发了充满生机的现代性特征，加速了世界历史进程，极大地解放和发展了社会生产力。我们发现，马克思、恩格斯在揭示资本的历史性作用时，没有提到其对精神世界、精神生活和精神文化的积极作用。实际上，资本主义文明在推进精神文明建设方面确实存在严重的局限性。直到今天，资本逻辑也只是显示了它在物质文明建设方面的巨大成就。在论及共产党人的本性时，马克思、恩格斯提出共产党人没有任何同整个无产阶级的利益不同的利益，共产党人不仅强调和坚持整个无产阶级共同的不分民族的利益，而且始终代表整个运动的利益。在理论方面，共产党人对无产阶级运动的条件、进程和一般结果具有充分的自觉。这样的共产党人，必然不仅需要培养把握规律和人民意志的能力，而且需要不断提升自身的精神境界和精神追求。马克思主义的真理性，不仅在于它对人类社会发展规律的深入探索和对人民大众意志的把握，而且在于马克思、恩格斯在理论追求上总是充满着自我反省和自我革新的精神，能够不断地为自己的理论开辟新境界。在1872年《共产党宣言》的德文版“序言”中，马克思、恩格斯指出，对于这些原理的实际运用，随时随地都要以当时的历史条件为转移。马克思、恩格斯的这种精神追求，也要求我们今天应从当代世界与中国实际来解读《共产党宣言》。《共产党宣言》内在蕴涵的精神追求，及其对于共产党人提升精神境界的要求，必然能够为共产党人坚定对马克思主义的信仰、坚定对社会主义和共产主义的信念，以及对中国特色社会主义共同理想的坚定信仰和忠实践行，激发充沛、饱满的精神力量。

作为马克思主义的“出生证”,《共产党宣言》在中国共产党人中的理论地位,毋庸多言。中国共产党人对马克思主义的很多认识,都离不开《共产党宣言》。如果说没有共产党就没有新中国,那么没有《共产党宣言》就没有共产党。从世界历史来看,在1848年2月《共产党宣言》发表以前,没有任何一个叫做“共产党”的政党组织;从中国历史来看,1920年《共产党宣言》的第一个中文全译本由陈望道先生完成翻译并在中国出版,1921年中国共产党建立。党的十九大报告明确要求中国共产党人要不忘初心、牢记使命,提出实现伟大梦想,必须进行伟大斗争、建设伟大工程、推进伟大事业。党的十九大修订的党章新加入了中国共产党人统揽“四个伟大”这一重大论断。从《共产党宣言》到“四个伟大”之间,存在着紧密的内在关联及“两个不可避免”(“资产阶级的灭亡和无产阶级的胜利是同样不可避免的”)、“两个最彻底决裂”(“共产主义革命就是同传统的所有制关系实行最彻底的决裂;毫不奇怪,它在自己的发展进程中要同传统的观念实行最彻底的决裂”)和“一切人的自由发展”(“每个人的自由发展是一切人的自由发展的条件”),构成《共产党宣言》的基本线索。在基本线索和具体结论中蕴涵着这样“活的灵魂”:把握规律和顺应民意,抓住根本和坚定理想、精神状态和奋斗姿态。今天我们党提出的“四个伟大”,和《共产党宣言》的“活的灵魂”是一以贯之的。

从《共产党宣言》到“四个伟大”,一以贯之地把握规律。马克思、恩格斯运用唯物史观,解释资产阶级与无产阶级的产生和发展并探索其斗争结局,深入把握从资本主义社会向共产主义社会发展的历史规律,得出了“两个不可避免”的重要结论。这一结论蕴涵着“凡是历史性产生的终将历史性地灭亡”的远见卓识。从现实来看,资本主义社会在长入社会主义因素,这体现在资本主义的税收调整、股份制、社会保障、国家福利等诸多方面。那种盛行于19世纪早期,资本家可以任意地肆无忌惮地进行剥削,而无产阶级没有任何保护和最基本的保障的资本主义,在一定意义上确实已经走向灭亡了。马克思、恩格斯对“两个不可避免”这一历史规律的揭示,显示了共产党人善于把握历史规律,并具有把自己的事业置于历史发展规律的基础之上的战略思维和历史眼光。今天,我们强调中国共产党人要统揽“四个伟大”。“四个伟大”同样有着深厚的历史基础。运用历史思维和辩证思维,系统总结中华民族5000多年的历史、世界社会主义500多年的历史、中国近代以来170多年的历史、中国共产党100多年发展的历史、新中国成立以来70多年发展的历史、改革开放40多年的历史及其经验教训可以发现,推进“四个伟大”是治国理政的根本经验。从社会主义500多年的历史中,可以揭示出推进中国特色社会主义“伟大事业”的重要意义;从近代以来170多年的历史和新中国成立以来70多年发展的历史中,可以揭示实现中华民族伟大复兴即“伟大梦想”的重要意义;从中国共产党100多年发展的历史中,可以揭示建设新的“伟大工程”的重要意义;从我国改革开放40多年的历史中,可以揭示进行“伟大斗争”的重要意义。作为治国理政的战略框架,“四个伟大”是一个环环相扣的有机整体。习近平总书记曾从不同维度阐释“四个伟大”之间的内在关联:伟大斗争,伟大工程,伟大事业,伟大梦想,紧密联系、相互贯通、相互作用;实现伟大梦想,必须进行伟大斗争、建设伟大工程、推进伟大事业;推进伟大工程,要结合伟大斗争、伟大事业、伟大梦想的实践来进行。深入探索并揭示“四个伟大”之间内在的本质的规律性关联,及其深厚的历史基础,显示了中国共产党人对历史发展规律的尊重和把握。

从《共产党宣言》到“四个伟大”,一以贯之地顺应民意。在《共产党宣言》中,无论是肯定资本主义文明的积极作用,还是批判资本主义生产方式的局限,马克思、恩格斯都是站在人民的立场之上,以能否持续推进人的解放和发展为标尺,以是否有利于推进能够不断满足人民物质需要的生产力发展为标准,来客观地分析现实和批判时代。在马克思、恩格斯看来，资本主义生产方式在推动社会历史发展的同时，也不可避免地遇到了问题、困境和危机。资本主义创造的强大的生产力，生产出丰富的产品，却因为人们的购买力不足，而导致生产相对过剩，产生了商业危机，而且这种商业危机每隔一段时间就会不可避免地爆发。这表明，资本主义社会所拥有的生产力已经不能再促进资产阶级所有制关系的发展了，资本主义的生产力和生产关系发生了强烈的冲突和矛盾。资产阶级通过消灭大量生产力，扩大新市场和充分利用旧市场等办法来克服商业危机。这种办法只能导致更猛烈的危机。资本主义发展过程中催发的矛盾它自身已经无法解决了。资本主义社会的发展到了危险的境地，甚至是崩溃的边缘。更重要的是，资本主义社会还产生并且在不断扩大和发展着自己的掘墓人——无产阶级。与同资产阶级对立的其他阶级相比，无产阶级是真正革命的阶级。同时，无产阶级的运动是绝大多数人的，为绝大多数人谋利益的独立的运动。因此，推动从资本主义社会向共产主义社会的发展，是民心所向，符合人民的共同意志。中国共产党人统揽的“四个伟大”，立足于人民的利益，归根到底也是顺应民意的自觉担当。其中，实现中华民族伟大复兴的中国梦，就不是无视贫富差距的发展理想，而是期望建构一个具有公平正义的好的政府和社会，在这一社会里，民众能各显其能、各得其所、和谐相处。伟大梦想立足和归宿于中国人民大众，这不仅是因为中国梦的实现离不开中国人民群众的历史创造作用，而且是因为中国梦的出发点就是为了造福中国人民，伟大梦想首先就是要为中国人民实现自己的梦想提供一个公平正义的经济、政治、社会和文化环境。对此，习近平总书记曾明确指出：“中国梦归根到底是人民的梦，必须紧紧依靠人民来实现，必须不断为人民造福”，“生活在我们伟大祖国和伟大时代的中国人民，共同享有人生出彩的机会，共同享有梦想成真的机会，共同享有同祖国和时代一起成长与进步的机会”。

从《共产党宣言》到“四个伟大”，一以贯之的精神状态。在《共产党宣言》中，马克思、恩格斯高度肯定了资本主义文明的历史性贡献。然而，这种肯定并没有提到其对精神世界、精神生活和精神文化的积极作用。实际上，资本主义文明在推进精神文明建设方面确实存在严重的局限性。直到今天，资本逻辑也只是显示了它在物质文明建设方面的巨大成就。人类社会的全面发展，离不开每个人不断提升自身的精神境界和精神追求。此外，马克思主义的真理性，不仅在于它对人类社会发展规律的深入探索和对人民大众意志的把握，而且在于马克思、恩格斯在理论追求上总是充满着自我反省和自我革新的精神，能够不断地为自己的理论开辟新境界。在 1872 年《共产党宣言》的德文版“序言”中，马克思、恩格斯曾指出，对于这些原理的实际运用，随时随地都要以当时的历史条件为转移。《共产党宣言》蕴涵的内在精神追求，及其对于共产党人提升精神境界的要求，要求共产党人不仅要有充沛饱满的精神力量，还要始终有昂扬向上的精神状态。在“四个伟大”之中，进行具有许多新的历史特点的“伟大斗争”主要属于具有什么样的精神状态和奋斗姿态问题。作为与“伟大斗争”紧密相连的精神状态，是我国改革开放以来每次党代会都要鲜明强调的，它要回答“以什么样的精神状态”的根本问题，具有滋养斗志作用。尤其是党的十八大以来，以习近平同志为核心的党中央针对一些党员干部的“精神懈怠”，更强调精神状态问题。这一精神状态，是“伟大斗争”的本质内涵。中华民族伟大复兴绝不是轻轻松松就能实现的。习近平总书记多次强调：“想一帆风顺推进我们的事业，想顺顺当当实现我们的奋斗目标，那是不可能的。可以预见，在今后的前进道路上，来自各方面的困难、风险、挑战肯定还会不断出现。”政治路线确定之后，干部就是决定因素。习近平总书记指出：“进行具有许多新的历史特点的伟大斗争，实现党的十八大确定的各项目标任务，关键在党，关键在人。关键在党，就要确保党在发展中国特色社会主义历史进程中始终成为坚强领导核心。关键在人,就要建设一支宏大的高素质干部队伍。”这些重要论述,对于培养伟大斗争的精神状态和奋斗姿态,具有重要的指导意义。

从《共产党宣言》到“四个伟大”,一以贯之地抓住根本。《共产党宣言》抓住所有制问题作为社会运动的基本问题,提出“两个最彻底决裂”的重要论断。即当资本主义的生产关系不能继续推动生产力发展的时候,共产主义革命应同资本主义私有制和维护这种私有制的私有观念进行彻底决裂。马克思、恩格斯反对极少数资本家占有由大众劳动积累起来的资本,要求改变资本的占有形式,而不是彻底反对市场和资本;马克思、恩格斯反对的是当资本主义私有制成为生产力的阻碍时,仍然无视基本的历史事实,而一味维护资本主义私有制的狭隘观念;马克思、恩格斯主张和资本主义所宣扬的拜金主义、利己主义、享乐主义等观念进行彻底的决裂,当然也包括同封建的传统观念如专制主义、特权主义、官僚主义等进行彻底的决裂。显然,这样的彻底决裂,不是同现代化文明成果的决裂,而是辩证地扬弃前共产主义的一切文化。改革开放以来,尤其是党的十八大以来,党中央坚持抓住根本,推进各项工作。以习近平同志为核心的党中央运用系统思维,在治国理政实践中,把“四个伟大”作为治国理政的总体或战略框架,并将其构成一个逻辑严密的系统:牢牢把握中国特色社会主义这一根本主题,继续书写中国特色社会主义新篇章,推动中国特色社会主义进入新时代;站在这一新的历史方位上,把实现中华民族伟大复兴的中国梦作为历史使命;为推进“伟大事业”,实现“伟大梦想”,反复强调要进行好“伟大斗争”;为指导和领导好这一“伟大斗争”,特别强调要推进党的建设这一新的“伟大工程”。在党的十九大报告中,习近平总书记还曾明确指出:“伟大斗争,伟大工程,伟大事业,伟大梦想,紧密联系、相互贯通、相互作用,其中起决定性作用的是党的建设新的伟大工程。”

从《共产党宣言》到“四个伟大”，一以贯之地坚定理想。《共产党宣言》中提出的“每个人的自由发展是一切人的自由发展的条件”这一重要论断，成为共产主义的远大理想。这里体现出共产党人追求人的解放和自由发展的胸襟情怀，体现出共产党人勇于追求终极价值和最高理想的品格。冲破对神的崇拜和迷信，使宗教只发挥情感慰藉作用，不难做到；冲破对世袭、专制、权力的崇拜，破除对权力拥有者的人身崇拜，让权力在民主的轨道、良性的机制和法治的环境中运行，也能够成为共识；破除对资本和金钱的崇拜，克服无穷无尽的物质欲望和贪念，实属不易。这样远大的理想确实难能可贵并值得向往。党的十九大报告提出：实现伟大梦想，必须进行伟大斗争；实现伟大梦想，必须建设伟大工程；实现伟大梦想，必须推进伟大事业。这里凸显了伟大梦想作为奋斗目标的重要地位。实现中华民族伟大复兴的“伟大梦想”属于担负什么样的历史使命、实现什么样的奋斗目标问题。习近平总书记强调：“2020 年全面建成小康社会后，我们要激励全党全国各族人民为实现第二个百年奋斗目标而努力，踏上建设社会主义现代化国家新征程，让中华民族以更加昂扬的姿态屹立于世界民族之林。”这些重要论述告诉我们，决胜全面建成小康社会、实现社会主义现代化、实现中华民族的伟大复兴，是一个前后接续的奋斗历程，前者是后者的必要前提、量的积累，后者是前者的必然趋势、质的飞跃。

从《共产党宣言》到“四个伟大”，一以贯之的政治立场。《共产党宣言》中关于“共产党人不屑于隐瞒自己的观点和意图”“无产阶级的运动是绝大多数人的，为绝大多数人谋利益的独立的运动”等论述，显示了共产党人旗帜鲜明讲政治的特点。在论及共产党人的本性时，马克思、恩格斯提出共产党人没有任何同整个无产阶级的利益不同的利益，共产党人不仅强调和坚持整个无产阶级共同的不分民族的利益，而且始终代表整个运动的利益，在理论方面共产党人对无产阶级运动的条件、进程和一般结果具有充分的自觉。中国共产党人始终坚守着一切为了人民的政治立场。只有始终与人民保持血肉联系,除了人民的利益没有自身特殊利益的政党,才能带领人民和依靠人民而最终成就人民的事业。“四个伟大”本身就蕴涵着坚定的政治立场。伟大,即不计私利,敢于担当和勇于奉献。我们的党肩负历史使命、时代担当和人民重托,没有任何为政党组织、个人的私利,也没有特殊的利益诉求。在中国共产党和中国特色社会主义已经成为21世纪世界社会主义运动发展的中流砥柱的情况下,我们党面临的是前所未有的复杂形势,干的是前无古人的创造性事业,追求的是数代中国人梦寐以求的夙愿,这尤其需要把政治建设摆在首位,坚决维护以习近平同志为核心的党中央的权威和集中统一领导。

第三节　中华优秀传统文化的滋养和升华

“中国共产党从成立之日起,就既是中华优秀传统文化的忠实传承者和弘扬者,又是中国先进文化的积极倡导者和发展者。”①习近平总书记强调,“中华文化源远流长,积淀着中华民族最深层的精神追求,代表着中华民族独特的精神标识,为中华民族生生不息、发展壮大提供了丰厚滋养”②,要求“加强对中华优秀传统文化的挖掘和阐发,努力实现中华传统美德的创造性转化、创新性发展”③。中国共产党早在2011年十七届六中全会上,即发出重大讯号:中国共产党从成立之日起,就既是中华优秀传统文化的忠实传承者和弘扬者,又是中国先

① 《中国共产党第十七届中央委员会第六次全体会议公报》,人民出版社2011年版,第4页。
② 《习近平谈治国理政》第一卷,外文出版社2018年版,第164页。
③ 《习近平谈治国理政》第一卷,外文出版社2018年版,第106页。

进文化的积极倡导者和发展者。2013 年 11 月 26 日，习近平总书记在山东曲阜调研时，发出要大力弘扬中国传统文化的重要讯息。党的十九大报告这样写道："中国共产党从成立之日起，既是中国先进文化的积极引领者和践行者，又是中华优秀传统文化的忠实传承者和弘扬者。"[①]在党的十九大后新修订的党章中，也专门强调"推动中华优秀传统文化创造性转化、创新性发展"[②]。

在近代中国的文化氛围中，既有崇洋媚外、卖国求荣、民族自卑感以及文化虚无主义等带有殖民地色彩的文化表现，也不乏抱定祖宗之法不能变的封建卫道者顽固守旧的思想反映。中国共产党人，围绕着挽救民族危亡、改革中国社会、使中国走向富强这一主题，积极借鉴和传承传统文化中的优秀资源。中国古代文化精华所铸就的民族精神和优良传统，也成为中国共产党人人奋起救亡、追求真理的精神力量源泉。诸如"爱国如思渴""贤者不悲其身之死，而忧其国之衰""常思奋不顾身，而殉国家之急""人生自古谁无死，留取丹心照汗青"的爱国主义精神，"头可断，志不可屈"的民族气节，"天下兴亡，匹夫有责"的社会责任感，拯民于水火、解民于倒悬的救世思想，"等贵贱，均贫富"、建设"大同世界"的理想，"路漫漫其修远兮，吾将上下而求索"和"君子自强不息"的执著追求与奋斗精神，不屈不挠反抗外敌和强权的斗争传统等，一直支撑着国脉民魂。

正如张闻天所说："旧文化中也有反抗统治者、压迫者、剥削者，拥护被统治者、被压迫者、被剥削者，拥护真理与进步的民族的、民主的、科学的、大众的文化因素……对于这些文化因素，我们有从旧文化的仓库中发掘出来，加以接收、改造与发展的责任。这就叫批判的接收旧文化。""所以新文化不是旧文化的全盘否定，而是真正发扬光大。

---

① 《习近平谈治国理政》第三卷，外文出版社 2020 年版，第 35 页。
② 参见《中国共产党章程》总纲。

新文化不是从天上掉下来的奇怪的东西，而是过去人类文化的更高的发展。”①中华民族历来以勤劳勇敢、不畏艰苦而著称于世。我们的古人早就讲过，“艰难困苦，玉汝于成”，“居安思危，戒奢以俭”，“忧劳兴国，逸豫亡身”，“生于忧患，死于安乐”，等等。宋朝政治家司马光说过：“俭则寡欲，君子寡欲，则能直道而行。”②《礼记·礼运》篇明确系统地论述了大同社会理想，“大道之行，天下为公”。在中国，古代的“志”常被认为与“理想”一词同义，主要是指人不懈追求的奋斗目标。如“射之有志”（《尚书》）、“志当存高远”（《诸葛亮集·诫外甥书》）、“不坠青云之志”（《滕王阁序》）、“志不立，天下无可成之事”（《王阳明全集·教条示龙场诸生》）等，这些语句中的“志”都是“志向”“理想”的意思。《礼记》中就有对“大同”和“小康”社会的描绘。江泽民在党的十六大报告中，对民族精神的内涵作出了这样的概括：“在五千多年的发展中，中华民族形成了以爱国主义为核心的团结统一、爱好和平、勤劳勇敢、自强不息的伟大民族精神。我们党领导人民在长期实践中不断结合时代和社会的发展要求，丰富着这个民族精神。”

无疑，中国共产党人谱写的精神谱系中，处处可见优秀传统文化的踪影。如：以敢为人先为核心的红船精神、以敢闯新路为核心的井冈山精神、以艰苦奋斗为核心的苏区精神、以坚定理想信念为核心的长征精神、以实事求是为核心的延安精神、以敢于胜利为核心的西柏坡精神、以勇于开拓为核心的北大荒精神，等等。

作为湖南人，青年毛泽东也深受以推崇性理哲学、强调经世致用、主张躬行实践为基本特征的湘学士风的影响。毛泽东哲学思想中强调共产党员应该具备实事求是精神、注重实践与行动的方法等思想都可以从他所接受的传统思想中找到最初生发点。毛泽东在 1938 年指

---

① 洛甫：《抗战以来中华民族的新文化运动与今后任务》，《中国文化》第 1 卷第 2 期，第 6 页。

② 司马光：《训俭示康》，转引自喻岳衡：《历代名人家训》，岳麓书社 1991 年版，第 128 页。

出:“今天的中国是历史的中国的一个发展;我们是马克思主义的历史主义者,我们不应当割断历史。从孔夫子到孙中山,我们应当给以总结,承继这一份珍贵的遗产。”[①]毛泽东非常重视中国共产党革命精神的作用,倡导弘扬革命精神。他在革命时期就深刻地认识到:“中华民族不但以刻苦耐劳著称于世,同时又是酷爱自由、富于革命传统的民族。”[②]1940 年,毛泽东又进一步强调,“中国的长期封建社会中,创造了灿烂的古代文化。清理古代文化的发展过程,剔除其封建性的糟粕,吸收其民主性的精华,是发展民族新文化提高民族自信心的必要条件”[③]。毛泽东认为:“我们中华民族有同自己的敌人血战到底的气概,有在自力更生的基础上光复旧物的决心,有自立于世界民族之林的能力。”[④]毛泽东所高度肯定的这些优秀传统文化,自然也深深地扎根于他的思想和精神深处。

试举一实例。中国共产党人不怕牺牲的精神,世所罕见。这也是中国传统文化所倡导过的。儒家虽不是普通意义的“宗教”,但也具有强烈的宗教性,而“这些传统的终极关怀有一个共通点,即对生死问题的凝视与关注,面对死亡的挑战,能够凭借宗教的、道德的高度精神力量予以超克,以获得安身立命、永生或解脱”[⑤]。孔子指出:“志士仁人,无求生以害仁,有杀身以成仁。”(《论语·卫灵公》)孟子强调,人绝不可“失其本心”:“生,亦我所欲也,义,亦我所欲也;二者不可得兼,舍生而取义者也。生亦我所欲,所欲有甚于生者,故不为苟得也;死亦我所恶,所恶有甚于死者,故患有所不辟也。如使人之所欲莫甚于生,则凡可以得生者,何不用也？使人之所恶莫甚于死者,则凡可以辟患者,何不为也？由是则生而有不用也,由是则可以辟患而有不为

---

① 《毛泽东选集》第二卷,人民出版社 1991 年版,第 534 页。
② 《毛泽东选集》第二卷,人民出版社 1991 年版,第 623 页。
③ 《毛泽东选集》第二卷,人民出版社 1991 年版,第 707—708 页。
④ 《毛泽东著作选读》,中国人民解放军出版社 1978 年版,第 108 页。
⑤ 傅伟勋:《死亡的尊严与生命的尊严》,北京大学出版社 2006 年版,第 59—65 页。

也。是故所欲有甚于生者,所恶有甚于死者。非独贤者有是心也,人皆有之,贤者能勿丧耳。”“万钟则不辩礼义而受之,万钟于我何加焉?”(《孟子·告子上》)荀子则说:“人之所欲生甚矣,人之所恶死甚矣,然而人有纵生成死者,非不欲生而欲死也,不可以生而可以死也。”(《荀子·正名》)中国共产党人对这些精神进行了很好的传承,并赋予其新的历史条件下的新内涵。如党章规定:“中国共产党党员必须全心全意为人民服务,不惜牺牲个人的一切,为实现共产主义奋斗终身”;必须“坚持党和人民的利益高于一切,个人利益服从党和人民的利益,吃苦在前,享受在后,克己奉公,多做贡献”;必须“为了保护国家和人民的利益,在一切困难和危险的时刻挺身而出,英勇斗争,不怕牺牲”。[①] 入党誓词中明确写道:“我志愿加入中国共产党,拥护党的纲领,遵守党的章程,履行党员义务,执行党的决定,严守党的纪律,保守党的秘密,对党忠诚,积极工作,为共产主义奋斗终身,随时准备为党和人民牺牲一切,永不叛党。”[②]

第四节　五四精神的传承和内化

中国共产党人是五四精神的传承者和实践者。一切封闭的、拒绝交流的文化前景都是黯淡的。中国人善于学习先进的文化,“自从一八四〇年鸦片战争失败那时起,先进的中国人,经过千辛万苦,向西方国家寻找真理”[③],以为“要救国,只有维新,要维新,只有学外国”[④]。

---

① 参见《中国共产党章程》第一章第二条、第一章第三条。

② 参见《中国共产党章程》第一章第六条。

③ 《毛泽东选集》第四卷,人民出版社 1991 年版,第 1469 页。

④ 《毛泽东选集》第四卷,人民出版社 1991 年版,第 1470 页。

从“师夷长技”“中体西用”，到“中西会通”，甚至“全盘西化”，种种救国主张和方案相继提出。由学习西方的科学技术，进而学习西方的政治制度和思想文化。

愚昧而又封闭，是很可怕的。近代史研究专家陈旭麓曾言：“万千来自下层的人们在神道观念之下，手执引魂幡、混天大旗、雷火扇、阴阳瓶、九连环、如意钩、火牌、飞剑，勇敢地对抗帝国主义的火炮快枪，在这个过程里，愚昧化为悲壮。”①也正如中国共产党早期领导人李大钊所言：“太平党人虽然知道鸦片是帝国主义者麻醉中国民族的毒物，而不知宗教亦是帝国主义者麻醉中国民族的东西，其作用与鸦片一样。他们禁止了鸦片，却采用了宗教，不建设民国，而建设天国，这是他们失败的一个重要原因。”②我们自己文化中的愚昧成分，加上西方文化的侵略与欺骗，如果不以“科学与民主”的精神加以洗炼，很难走向光明的大道。文化侵略是帝国主义推行殖民政策和对外扩张的重要手段，帝国主义进行了一系列以传教为中心的文化侵略活动。欧美的天主教和基督教、沙俄的东正教，在资本主义、帝国主义国家侵略中国的过程中充当了重要角色。从鸦片战争至 19 世纪末，外国来华的传教士有 3200 多人。他们中的许多人披着慈善的外衣，深入中国城乡各地，在“传教”名义的掩护下进行多方面的侵略活动。他们侵犯中国主权，干涉中国内政，霸占房屋田地，侮辱妇女，鱼肉乡里。一些传教士实际上是在中国各地收集情报的间谍。与此同时，外国列强在中国开办许多带有殖民地色彩的学校、医院和其他文化设施，企图从精神上奴化中国人民，从心理上征服中国民心，培植为他们在中国进行殖民统治服务的势力。

五四精神，反对愚昧、专制和封闭，注重吸取西方文化中的优秀和精

---

① 陈旭麓：《近代中国社会的新陈代谢》，上海社会科学院出版社 2006 年版，第 207 页。

② 《李大钊全集》第五卷，人民出版社 2006 年版，第 100 页。

华部分。五四新文化运动彻底地反对封建专制的精神,彻底地反对帝国主义列强欺凌的精神,将永远载入史册。五四反传统的精神和潮流,锋芒锐利、规模宏阔、批判深刻,为中国历来所未有,也为世界历史所少见。最先倡导并吹响思想启蒙号角的是后来被誉为进步思想界的明星、"五四运动的总司令"陈独秀。1915 年 9 月,陈独秀在上海创办《青年杂志》,在思想文化领域掀起一场以民主和科学为旗帜,向传统的封建思想、道德、文化宣战的新文化运动。一般认为,这就标志着新文化运动的开始。陈独秀在杂志创刊号发表的《敬告青年》一文中,处处表露了对改造国民性特别是着重推动青年进步的极端重视。文中说要塑造国民为崭新的"青年"形象,希望青年能够成为改造社会的先驱。陈独秀在文中认为,"青春如初春,如朝日,如百卉之萌动,如利刃之新发于硎,人生最可宝贵之时期也。青年之于社会,犹新鲜活泼细胞之在于人身"。陈独秀认为,新"青年"的标准有六条:一是自主的而非奴隶的,二是进步的而非保守的,三是进取的而非退隐的,四是世界的而非锁国的,五是实利的而非虚文的,六是科学的而非想象的。一年后,《青年杂志》更名为《新青年》。添加一个"新"字,不仅使其宣传新思想、新文化,启发新觉悟,造就新青年的主旨一目了然,而且给人以全新的感觉:起点新,内容新,目标新,形式新。该刊发表的李大钊的《青春》一文,不仅强调青年之青,而且强调一个"新"字,指出从精神上、思想上有新青年与旧青年之分,希望青年们站在时代前列,做一个有为的新青年。新文化运动倡导的民主,有两层涵义。一是指民主精神和民主思想。这包括个性解放、人格独立及自由民主权利等内容。二是指与封建君主专制制度相对立的资产阶级民主政治制度。"民与君不两立,自由与专制不并存",成为新文化运动流行的口号。新文化运动倡导的科学,也有两个方面的涵义。它主要是指与封建迷信、蒙昧无知相对立的科学思想、科学精神以及认识和判断事物的科学方法,同时也指具体的科学技术、科学知识。新文化运动的倡导者主张科学与人权并重,认为其犹如舟车之有两轮焉。他们强调要用科学的尺度和理性的精神衡量世间一切事物,反对迷信和愚昧。

毛泽东很早就开始接触西方"新知识"。1910 年,17 岁的毛泽东从一本《世界英杰传》里,读到拿破仑、叶卡捷琳娜女皇、彼得大帝、华盛顿、格莱斯顿、卢梭、孟德斯鸠和林肯等人的事迹后,对同学萧植蕃说,中国也要有这样的人,我们应该讲求富国强兵之道,顾炎武说得好,天下兴亡,匹夫有责。① 1935 年到达延安后,即使身居窑洞,毛泽东仍然具有世界眼光,注重眼观世界,深入研究中国革命和世界革命的关系,指出"自从帝国主义这个怪物出世之后,世界的事情就联成一气了,要想割开也不可能了"②,"中国革命是世界革命的一部分"③。1956 年,在探索中国社会主义建设道路之初,毛泽东就提出"向外国学习",并要求"一切民族、一切国家的长处都要学,政治、经济、科学、技术、文学、艺术的一切真正好的东西都要学"④。邓小平也多次强调,"现在的世界是开放的世界","三十几年的经验教训告诉我们,关起门来搞建设是不行的"。⑤ 英国著名历史学家阿诺德·约瑟夫·汤因比,曾在其《历史研究》一书中预测到,中国正在努力推进工业化发展,在这一过程中,"中国人把西方更灵活、更激烈的火力与自身稳定的文化传统融为一炉,其结果可能为文明的人类提供一个全新的文化起点"⑥。中国共产党人,已经并且能够继续传承五四精神。

---

① 《毛泽东年谱(1893—1949)》(上),中央文献出版社 2013 年版,第 9 页。
② 《毛泽东选集》第一卷,人民出版社 1991 年版,第 161 页。
③ 《毛泽东选集》第二卷,人民出版社 1991 年版,第 666 页。
④ 《毛泽东文集》第七卷,人民出版社 1999 年版,第 41 页。
⑤ 《邓小平文选》第三卷,人民出版社 1993 年版,第 64 页。
⑥ [英]汤因比:《历史研究》,刘北成、郭小凌译,上海人民出版社 2005 年版,第 344 页。

第二章
为民请命的革命党与革命精神锤炼

与依靠议会和选举的一些西方政党不同,中国共产党是靠革命起家的。革命精神是中国共产党人的精神基因。1980 年 12 月 25 日,邓小平在中央工作会议上,将中国共产党人在革命战争年代所体现出来的精神高度提炼为“五种精神”:“毛泽东同志说过,人是要有一点精神的。在长期革命战争中,我们在正确的政治方向指导下,从分析实际情况出发,发扬革命和拼命精神,严守纪律和自我牺牲精神,大公无私和先人后己精神,压倒一切敌人、压倒一切困难的精神,坚持革命乐观主义、排除万难去争取胜利的精神,取得了伟大的胜利。搞社会主义建设,实现四个现代化,同样要在党中央的正确领导下,大大发扬这些精神。如果一个共产党员没有这些精神,就决不能算是一个合格的共产党员。”①革命,首先意味着剧烈的变革和解放。阿伦特在《论革命》一书中认为,革命意味着解放和自由,革命精神为现代性所不可或缺,历史悲剧的重现就在于革命精神的失落。托克维尔的《旧制度和大革命》中将革命当作对旧制度的一种否定。毛泽东对“革命”的阐释着重于革命是一场暴动,他强调“革命是暴动,是一个阶级推翻一个

---

① 《邓小平文选》第二卷,人民出版社 1994 年版,第 367—368 页。

阶级的暴烈的行动”[①]。毛泽东认为，“革命文化，对于人民大众，是革命的有力武器。革命文化，在革命前，是革命的思想准备；在革命中，是革命总战线中的一条必要和重要的战线”[②]。他还说过，“我们要保持过去革命战争时期的那么一股劲，那么一股革命热情，那么一种拼命精神，把革命工作做到底”[③]。中国共产党在100多年的光辉历程中形成了独具特色的中国共产党人的革命精神，除了包括革命的基本内涵，还包括不怕牺牲的信念以及坚信革命必胜的观念。

1919—1927年，主要是列宁主义中关于革命的论述主导中国共产党人的革命精神。早期追求进步的知识分子自觉运用唯物史观分析中国社会及其革命形势。瞿秋白则强调马克思列宁主义中的唯物辩证法及其作用。1927—1949年，毛泽东把马列主义中国化，继续丰富和发展着中国共产党人的革命精神。马克思将革命在历史发展关头所起的这种进步作用，形象地比喻为“革命是历史的火车头”，强调无产阶级可以通过暴力革命的形式夺取政权最终获得革命胜利。[④] 马克思说：“社会的物质生产力发展到一定阶段，便同它们一直在其中运动的现存生产关系或财产关系（这只是……）发生矛盾。于是这些关系便由生产力的发展形式变成生产力的桎梏。那时社会革命的时代就到来了。”[⑤]恩格斯也就暴力革命谈过自己的见解，他也认为革命就是一部分人用枪杆、刺刀、大炮，即用非常权威的手段强迫另一部分人接受自己的意志。[⑥] 列宁从社会转型的角度谈道：革命“是用暴力打碎陈旧的政治上层建筑，即打碎那由于和新的生产关系发生矛盾而到一定

① 《毛泽东选集》第一卷，人民出版社1991年版，第17页。
② 《毛泽东选集》第二卷，人民出版社1991年版，第708页。
③ 《毛泽东文集》第七卷，人民出版社1999年版，第285页。
④ 《马克思恩格斯选集》第一卷，人民出版社1995年版，第456页。
⑤ 《马克思恩格斯选集》第二卷，人民出版社2012年版，第2—3页。
⑥ 《马克思恩格斯全集》第二卷，人民出版社1964年版，第554页。

的时机就要瓦解的上层建筑。”[①]1920年创刊的《共产党》月刊在第5号的《短言》中明确宣布：“试问南北各派政党，那一派免了鼠窃狗偷，那一派有改造中国底诚意及能力？全国人民在这彷徨歧路之中，那一派人是用光明正大的态度，挺身出来，硬起铁肩，担当这改造政党改造政治改造中国底大责任呢？这就是我们共产党在中国政治的使命。”[②]毛泽东在1941年说过：“中国共产党的二十年，就是马克思列宁主义的普遍真理和中国革命的具体实践日益结合的二十年。”[③]毛泽东强调，帝国主义和中国封建主义相结合把中国变为半殖民地和殖民地的过程，正是激发中国共产党人斗争精神、反抗精神等革命精神觉醒的过程，所有这一切侵略战争，加上政治上、经济上、文化上的侵略和压迫，造成了中国人对于帝国主义的仇恨，使中国人想一想，这究竟是怎么一回事，迫使中国人的革命精神发扬起来，从斗争中团结起来……这就是精神条件，没有这个精神条件，革命是不能胜利的。[④] 毛泽东还对青年人要有革命精神提出明确要求：“青年人是有勇气的，但你们要到长了胡须的时候（自然女同志是……），到老到死，都不动摇，不退缩。……你们要为中华民族的解放，为建设新中国而永不退缩，勇往直前，要坚决地为全国四万万五千万同胞奋斗到底！”[⑤]1938年10月，毛泽东说：“共产党员在八路军和新四军中，应该成为英勇作战的模范，执行命令的模范，遵守纪律的模范，政治工作的模范和内部团结统一的模范。”[⑥]刘少奇认为：我们共产党员，是近代历史上最先进的革命者，是改造社会、改造世界的现代担当者和推动者。共产党员是在不

---

① 《列宁选集》第一卷，人民出版社1972年版，第616页。
② 中国社会科学院现代史研究室编：《“一大”前后》（一），人民出版社1980年版，第54—55页。
③ 《毛泽东选集》第三卷，人民出版社1991年版，第795页。
④ 《毛泽东选集》第四卷，人民出版社1991年版，第1484页。
⑤ 《毛泽东文集》第二卷，人民出版社1993年版，第119页。
⑥ 《毛泽东选集》第二卷，人民出版社1991年版，第522页。

断同反革命的斗争中去改造社会,改造世界,同时改造自己的。[①] 刘少奇还说过:“革命者在革命斗争中的主观努力和修养,对于改造和提高革命者自己,是完全必需的,决不可少的”[②],“中国革命胜利以前,中国共产党员和许多革命者,不怕杀头,不怕坐牢,他们离乡别井,东奔西走,不计名利,不图享受,唯一想到的是国家的存亡和人民的祸福”[③]。

中国共产党人中历来不乏坚信革命必胜和不怕自我牺牲的人。当时天津《大公报》曾对瞿秋白赴刑场路上的情形有一段叙写:“至中山公园,全因为之寂静,鸟雀停息呻吟。信步至亭前,已见菲菜四碟,美酒一瓮,彼独坐其上,自斟自饮,谈笑自若,神色无异,酒半乃言曰:人之公余为小快乐,夜间安眠为大快乐,辞世长逝为真快乐。我们共产党人的哲学就是‘鞠躬尽瘁,死而后已’。继而高唱国际歌,打破沉寂之空间。酒毕,徐步赴刑场。”[④]毛泽东在1950年为瞿秋白遗著出版题词时指出:“他在革命困难的年月里坚持了英雄的立场,宁愿向刽子手的屠刀走去,不愿屈服。他这种为人民工作的精神,这种临难不屈的意志和他在文字中保存下来的思想,将永远活着,不会死去。瞿秋白同志肯用脑子想问题的,他是有思想的。他的遗著的出版,将有益于青年们,有益于人民的事业,特别是在文化事业方面。”[⑤]1939年12月21日,毛泽东在《纪念白求恩》一文中,就号召每个共产党员都要学习白求恩毫不利己、专门利人的精神,学习他对工作的极端负责任的态度,对同志对人民的极端的热忱,毛泽东认为一个人能力有大小,但只要有这点精神,就是一个高尚的人,一个纯粹的人,一个有道德的

---

① 刘少奇:《论共产党员的修养》,人民出版社1962年版,第4页。
② 刘少奇:《论共产党员的修养》,人民出版社1962年版,第7页。
③ 《刘少奇选集》上卷,人民出版社1985年版,第292页。
④ 《瞿秋白文集》,人民文学出版社1953年版,序言。
⑤ 《瞿秋白选集》,人民出版社1985年版,序言。

人,一个脱离了低级趣味的人,一个有益于人民的人。

第一节 作为精神之源的伟大建党精神

在庆祝中国共产党成立100周年大会上,习近平总书记指出:“一百年前,中国共产党的先驱们创建了中国共产党,形成了坚持真理、坚守理想,践行初心、担当使命,不怕牺牲、英勇斗争,对党忠诚、不负人民的伟大建党精神,这是中国共产党的精神之源。”这是中国共产党历史上首次提出“伟大建党精神”的概念,并明确界定了建党精神的内容及其地位。“坚持真理、坚守理想”,标识出中国共产党人内在精神结构的认知维度和信仰维度。从建党时就注重把握真理和道义的至高点,奠定了中国共产党带领中国人民走向民族复兴的精神基石。党的十九大报告指出,自从有了中国共产党,中国人民就从精神上由被动转为主动。理想信念是中国共产党人的政治灵魂和精神支柱。坚定的理想信念,一定建立在把握规律和探索真理的基础之上。习近平总书记曾明确指出:“中国共产党人的理想信念,建立在马克思主义科学真理的基础之上。”“践行初心、担当使命”,标识出中国共产党人知行合一的心胸格局和担当意识。中国共产党的建党实践过程,时时处处展现着心中装着人民幸福、肩上背负民族复兴的气象和格局。在1920年党的创刊号《共产党》月刊第5号的《短言》中,就曾明确宣布:“用光明正大的态度,挺身出来,硬起铁肩,担当这改造政党改造政治改造中国的大责任。”“不怕牺牲、英勇斗争”,标识出中国共产党人改造世界的精神状态和奋斗姿态。怕死不是共产党人,为党和人民的事业死得其所,这些论断映现着中国共产党人的血气方刚和意志本色。刘少奇曾在《论共产党员的修养》中指出,为了党的、无产阶级的、民族解放和人类解放的事业，能够毫不犹豫地牺牲个人利益，甚至牺牲自己的生命，这就是我们常说的“党性”或“党的观念”“组织观念”的一种表现。对党忠诚、不负人民，标识出中国共产党人忠诚品格和人民情怀的精神血脉与基因禀赋。毛泽东曾指出，人民，只有人民，才是创造世界历史的动力，而共产党就是要奋斗，就是要全心全意为人民服务，不要半心半意或者三分之二的心三分之二的意为人民服务。人民群众是社会的主体和历史的创造者。中国共产党是从中国人民中走出来的先锋队。中国共产党人把如何对待党和人民，深深熔铸于党的誓言和“我将无我、不负人民”的崇高情怀。

由这四个维度构成的建党精神，从总体上展示了中国共产党人精神世界之中“知、情、意”的统一，体现了中国共产党人精神追求之中“真、善、美”的统一，呈现了中国共产党人独特鲜明的“世界观、人生观、价值观”。中国共产党的伟大建党精神，凝聚着中华优秀传统文化的精神传统。在《道德经》中，老子以“圣人无常心，以百姓心为心”表述理想中执政者的初心。在《岳阳楼记》中，范仲淹以“先天下之忧而忧，后天下之乐而乐”表达远大的政治抱负。作为传统的中国先进分子的“士”，秉持着“杀身成仁、舍生取义”的道义感和牺牲精神，胸怀着“为天地立心，为生民立命，为往圣继绝学，为万世开太平”的天人合一情怀和止于至善追求。中国共产党的伟大建党精神，传承着马克思主义的精神财富。在《共产党宣言》中，坚持真理和坚守理想紧紧联系在一起，为共产党人坚定理想信念提供了理论基础。马克思主义是马克思给共产党人留下的最有价值、最具影响力的“精神财富”，为共产党人带领人民认识世界、改造世界提供了强大的“精神力量”。马克思主义不仅推动中国共产党和中国人民在精神上由被动转入主动，而且成为推进中国革命走向胜利、中国建设走向成功的精神动力。中国共产党的伟大建党精神，积蓄着中国共产党人精神谱系的源头活水。问渠那得清如许，为有源头活水来。基于建党实践的建党精神，激励着中国共产党人树立了一座座精神丰碑，谱写了一曲曲精神谱系。历史映照着现实，更昭示了未来。百年大党是如何百炼成钢的，过去为什么能，今后如何能？习近平总书记曾提出："精神上强，才是更持久、更深沉、更有力量的。"从建党精神中汲取向第二个百年奋斗目标迈进的智慧、决心和精神力量，精神上愈发自觉和主动的中国共产党人，必将带领中国人民踏上中国式现代化新道路，创造人类文明新形态，进而实现中华民族伟大复兴。

第二节　从红船精神、井冈山精神、苏区精神、长征精神、延安精神到西柏坡精神

在新民主主义革命时期，中国共产党铸就并发展了红船精神、井冈山精神、苏区精神、长征精神、延安精神、西柏坡精神等革命精神。正是在这些革命精神的引领和鼓舞下，中国共产党带领全国各族人民，推翻了帝国主义、封建主义和官僚资本主义三座大山，取得了新民主主义革命的伟大胜利。国内对建党以来的革命精神研究较多，当前研究主要集中在渊源、内涵、比较研究和当代价值等方面。这些革命精神有历史阶段性，如建党时期和大革命时期的"红船精神"，土地革命战争时期的"井冈山精神""苏区精神""长征精神"，抗日战争和解放战争时期的"延安精神"，解放战争时期的"西柏坡精神"等。从时间上来看，有些地方要避免交叉。如井冈山精神的研究范围是井冈山革命斗争时期，其时间下限基本确定在 1930 年新的革命根据地建立；苏区精神的研究主要围绕党在中央苏区的革命斗争实践，其时间下限基本确定在 1934 年 10 月中央红军长征开始；长征精神的研究主要围绕党在长征过程中的革命斗争实践，其时间下限基本确定在 1936 年

长征全面胜利。这些精神在具有差异性的同时，也有一些共性，如建立在对历史发展趋势和人民大众意志把握的基础之上的科学精神，革命的乐观主义精神，深厚的民族情怀和高度的爱国热情，艰苦卓绝、百折不挠、不怕牺牲、敢于胜利的英雄气概，团结与共、批评与自我批评、联系群众的精神。

中国共产党诞生之日，即中国共产党人的精神产生之时。习近平总书记在担任浙江省委书记时，在《光明日报》上刊发了一篇文章《弘扬“红船精神” 走在时代前列》，他认为“红船精神”是中国革命精神之源，其中的内容是：开天辟地、敢为人先的首创精神，坚定理想、百折不挠的奋斗精神，立党为公、忠诚为民的奉献精神。[①]

在井冈山时期，大革命处于低潮，有不少人甚至提出了“红旗到底能打多久”的疑问。井冈山精神从孕育、发展到成熟的过程，记录了以毛泽东同志、朱德同志为代表的老一辈无产阶级革命家的艰辛探索和深层思考。这期间，我们党完成了著名的“三湾改编”，找到了符合中国国情的革命道路，即以农村包围城市，武装夺取政权的道路，还有革命发展问题(《星星之火，可以燎原》)、政权建设、土地政策等。井冈山精神最核心的内容：一是顶住压力，敢于开辟新路的精神；二是革命的坚定性；三是严于律己的精神。以毛泽东、朱德、彭德怀、陈毅等为代表的一批中国革命杰出领导人齐聚井冈山，带领井冈山广大军民在物资极度匮乏、敌军围困万千重的背景下，探索出了一条农村包围城市，最后夺取政权的道路，同时，形成了红军一整套的建军原则，尤其是“星星之火可以燎原”“工农武装割据”等理论，为中国革命的胜利奠定了坚实的思想基础。朱德、陈毅、何长工等一批海外归来的留学生在井冈山艰苦斗争；王尔琢等40多位黄埔精英不屑于蒋介石的高官厚禄投身井冈山；胡少海、龙超清等一批富家子弟，抛弃他们殷实富

① 习近平：《弘扬“红船精神” 走在时代前列》，《光明日报》2005年6月21日。

裕的生活,甚至毁家纾难,义无反顾地加入革命武装,这些行为都饱含着深厚的革命精神。毛泽东注重从思想高度思考问题,在井冈山给中央的报告中明确提出:"我们感觉无产阶级思想领导的问题,是一个非常重要的问题。边界各县的党,几乎完全是农民成分的党,若不给以无产阶级的思想领导,其趋向是会要错误的。"①毛泽东对井冈山精神的形成,不仅发挥了思想引领的作用,而且给出以身作则、严于律己的作风示范。1927 年 10 月,毛泽东最初带领部队上井冈山的时候,还曾针对一些侵害农民利益的行为,宣布了"三大纪律",而后根据革命形势的发展和部队的情况,又提出了"六项注意"。在井冈山,当部队的伙夫被敌人打散时,毛泽东和大家一起用手抓着吃饭。毛泽东在《井冈山的斗争》中说道:"好在苦惯了。而且什么人都是一样苦,从军长到伙夫,除粮食外一律吃五分钱的伙食。发零用钱,两角即一律两角,四角即一律四角。因此士兵也不怨恨什么人。"②毛泽东不但严格要求自己,而且要求其他的领导干部一样要和普通士兵、民众同甘苦、共患难。就这样,来自领导干部真诚的勇气和榜样感动和鼓舞着所有的人。

苏区精神最早是从研究中央苏区史时提出来的,但苏区精神是一个大概念,不仅仅指中央苏区,还泛指和涵盖土地革命战争时期的全国苏维埃区域。苏区精神的形成时期,正值党内"左"倾错误和教条主义盛行时期。在艰苦的斗争岁月里,同时与错误思想相抗争,无数先烈的奋斗凝聚而成苏区精神。李长春 2004 年 3 月在江西赣州考察时明确地提出过"苏区精神"。在 2011 年之前,关于苏区精神的内涵有多种说法。石仲泉认为苏区精神应当包含:"深信'星星之火,可以燎原',中国革命必然胜利的坚定信念;反对'本本主义',深入实际调

① 《毛泽东选集》第一卷,人民出版社 1991 年版,第 77 页。
② 《毛泽东选集》第一卷,人民出版社 1991 年版,第 65 页。

查，‘从斗争中创造新局面’的开拓进取理念；民主建政、‘真心实意地为群众谋利益’、创造‘第一等的工作’的执着追求；艰苦奋斗、廉洁奉公的优良作风；无私奉献、不怕牺牲、一往无前、勇于捐躯的彻底革命精神。”①郭德宏将苏区精神的内涵概括为“深入调查研究，一切从实际出发的求实精神；‘真心真意地为群众谋利益’的为民精神；严于律己，艰苦奋斗，加强监督，保持优良作风的廉洁精神；创造‘第一等的工作’的进取精神”②。2011 年 11 月，习近平总书记在纪念中央革命根据地创建暨中华苏维埃共和国成立 80 周年座谈会上的讲话中指出：“在革命根据地的创建和发展中，在建立红色政权、探索革命道路的实践中，无数革命先辈用鲜血和生命铸就了以坚定信念、求真务实、一心为民、清正廉洁、艰苦奋斗、争创一流、无私奉献等为主要内涵的苏区精神。”③至此，苏区精神内涵得以明确下来。

巍巍雪山、茫茫草地、伤亡病倒、枪林弹雨和流血牺牲，如此艰难的条件，如果没有一种精神的支撑，恐怕很难走下去。是什么精神支撑着红军完成二万五千里长征呢？伟大的长征留下了伟大的长征精神。这种精神正如江泽民同志所概括的那样：“就是把全国人民和中华民族的根本利益看得高于一切，坚定革命的理想和信念，坚信正义事业必然胜利的精神；就是为了救国救民，不怕任何艰难险阻，不惜付出一切牺牲的精神；就是坚持独立自主，实事求是，一切从实际出发的精神；就是顾全大局、严守纪律、紧密团结的精神；就是紧紧依靠人民群众，同人民群众生死相依、患难与共、艰苦奋斗的精神。”④石仲泉在《中共党史研究》2007 年第 1 期上发表了一篇《红军长征和长征精神》的文章，文中作者对长征精神的内涵作了概括。作者认为长征精神的

① 石仲泉：《中央苏区与苏区精神》，《中共党史研究》2006 年第 1 期。

② 郭德宏：《苏区精神的内涵和特点》，《中国井冈山干部学院学报》2006 年第 1 期。

③ 习近平：《在纪念中央革命根据地创建暨中华苏维埃共和国成立 80 周年座谈会上的讲话》，《人民日报》2011 年 11 月 5 日。

④ 《江泽民文选》第一卷，人民出版社 2006 年版，第 590 页。

内涵不是简单地转战、打仗,还应包括这三个方面的严峻斗争:首先是革命与反革命两种力量、光明与黑暗两种命运的大搏斗;其次是在这场惊心动魄的搏击中,共产党内部的指导思想有尖锐斗争;再次是极端恶劣的自然环境,使红军一再面临着能否克服艰难险阻、经受饥寒伤病折磨的严重考验。这三方面的斗争构成红军长征的基本内涵。“风雨浸衣骨更硬,野菜充饥志越坚;官兵一致同甘苦,革命理想高于天。”这是萧华上将《长征组歌》中的著名诗句,从这里我们也可以形象地体会到一些红军的长征精神。2016 年 10 月,习近平总书记在纪念红军长征胜利 80 周年大会上的讲话中明确提出:“伟大长征精神,是中国共产党人及其领导的人民军队革命风范的生动反映,是中华民族自强不息的民族品格的集中展示,是以爱国主义为核心的民族精神的最高体现。伟大长征精神,作为中国共产党人红色基因和精神族谱的重要组成部分,已经深深融入中华民族的血脉和灵魂,成为社会主义核心价值观的丰富滋养,成为鼓舞和激励中国人民不断攻坚克难、从胜利走向胜利的强大精神动力。”①

延安地区,地处祖国的西北,土地贫瘠,地广人稀,与一些大城市的条件是根本比不了的。考虑到当地的自然条件,又加上 20 世纪 40 年代初发生的严重自然灾害,中共中央到达延安后,生活条件之差可想而知。延安时期,一般是指中共中央 1935 年 10 月到达陕北,至 1948 年 3 月东渡黄河转向华北,前后共 12 年半左右。当时中国革命的中心任务是团结全国各族人民和一切抗日力量,拯救国家,拯救民族,打击日寇,驱除外侵,争取国家和民族独立,恢复主权。延安成为红军长征的落脚点和抗战的出发点,是中共中央的所在地,中国人民解放斗争的总后方。当时国民党蒋介石为了镇压革命,对延安实施了经济封锁和军事包围的政策,使经济文化本来就十分落后的延安更加

---

① 《习近平谈治国理政》第二卷,外文出版社 2017 年版,第 47—48 页。

艰苦。延安时期,老一辈革命家艰苦朴素。如毛泽东穿打满补丁的衣服,朱德用马尾毛做牙刷,彭德怀用降落伞布做背心,林伯渠用绳子缠着一条腿的眼镜。那时,没有人提到延安精神,只有毛泽东提到过"延安县精神"。1942 年 12 月,他在陕甘宁边区高干会议上作的《经济问题与财政问题》讲话中提到延安县关于如何解决开荒问题、难民问题、二流子问题的报告,赞扬了他们的精神,说他们具有完全的布尔什维克精神。2002 年,江泽民同志在视察延安时,指出延安精神就是"坚定正确的政治方向,解放思想、实事求是的思想路线,全心全意为人民服务的根本宗旨,自力更生、艰苦奋斗的创业精神"①。延安精神,就是先从延安整风、文艺座谈会、大生产运动等事件中挖掘出"坚定正确的政治方向""解放思想、实事求是""全心全意为人民服务""自力更生、艰苦奋斗"等精神要素,在此基础上加以综合,最终形成延安精神的主要内涵。正如毛泽东当年所说的"延安同志们没有一件事不是实事求是的"②。当时毛泽东还说过:"在现时,毫无疑义,应该扩大共产主义思想的宣传,加紧马克思列宁主义的学习,没有这种宣传和学习,不但不能引导中国革命到将来的社会主义阶段上去,而且也不能指导现时的民主革命达到胜利。"③抗战时期,延安精神具有很大的吸引力。延安成为革命者向往和敬仰的圣地,数以万计的知识青年、进步人士为了理想、信念才奔赴的延安。正如诗人柯仲平 1939 年在《延安与中国青年》一诗中所写:"青年,中国青年,延安吃的小米饭,延安穿的麻草鞋,为什么你要爱延安?青年回答:我们不怕走烂脚底板,也不怕遇上'九妖十八怪',怕只怕吃不上延安的小米饭,不能到前方抗战,只怕取不上延安的经典,不能变成最革命的青年。"延安时期进行了中国共产党历史上具有深远影响的延安整风。受出身影响,知识分子意识、农

① 江泽民:《结合新实际　大力弘扬延安精神》,《人民日报》2002 年 4 月 3 日。
② 毛泽东:《在陕甘宁边区高级干部会议上的讲话》,1942 年 12 月。
③ 《毛泽东选集》第二卷,人民出版社 1991 年版,第 706 页。

民意识,在当时的党内影响较重。把“个人主义”改造到“无产阶级的立场、观点、方法”上来,而这立场、观点和方法,主要就是辩证唯物论的观点、立场和方法,也可以说就是党的立场、观点和方法。延安整风运动中,党中央专门成立了“总学委”,由毛泽东负总责。各系统、各部门也建立了学习组织,主要负责同志亲自领导。中央高级干部划为10个学习组,毛泽东亲自担任第一组组长。各单位之间还开展了学习竞赛,学习气氛十分浓厚。1944年9月,毛泽东还在张思德的追悼会上作题为《为人民服务》的演讲,完整提出了“为人民服务”的思想命题,并将其上升为对全党全军的普遍道德要求。延安时期,刘少奇针对党内存在的一些问题,首次提出了党性修养的概念,他认为党性修养就是共产党员自身最本质的改造,因此每个党员都必须从各方面加强自己的锻炼和修养。① 1939年7月,刘少奇在《论共产党员的修养》中指出:“共产主义是要最后地消灭剥削、消灭阶级,要解放全人类,要把人类社会推进到空前未有的、无限光明的、无限美妙的幸福境地”,“我们的责任,就是要遵循人类社会发展的规律,推动社会主义和共产主义事业不断前进,使社会主义和共产主义社会更快地实现。这就是我们的理想”。②

西柏坡是位于河北省平山县的一个小山村,也是我党解放全中国的最后一个农村指挥所。西柏坡时期,一般是指从1947年5月中央工委进驻西柏坡至1949年3月中共中央迁移北平,这1年10个月的时间。这一时期,是新民主主义革命向社会主义革命转变的关键时期,其中心任务是夺取民主革命的彻底胜利和实现由战争向和平、由农村向城市、由革命向建设的党的工作重心的伟大转移,把中国社会主义事业推向新的更大的胜利。当时,蒋介石飞赴北平,亲自与傅作

---

① 中央文献研究室、中共中央党校:《刘少奇论党的建设》,中央文献出版社1991年版,第99页。

② 《刘少奇选集》上卷,人民出版社1981年版,第123页。

义密商,准备围攻石家庄地区,中央驻地西柏坡曾经一度危在旦夕。这个时期,也是党领导的新民主主义革命极其光辉灿烂的历史阶段,人民解放军转入战略决战,中国革命即将在全国取得胜利的时期。1947 年 9 月,中共中央在这里召开了全国土地会议,很快在解放区掀起了声势浩大的土地改革运动。1948 年毛泽东率领党中央撤出延安,来到西柏坡。1948 年 5 月,在这里重新会合的我党五大书记毛泽东、刘少奇、周恩来、朱德、任弼时在一间简陋的作战室里运筹帷幄,领导指挥了著名的三大战役。在通过土改被极大地调动了积极性的 886 万名参战的民工支援下,一举歼敌 154 万余人。1949 年 3 月 5 日,又是在这里召开了具有伟大历史意义的党的七届二中全会。在党的七届二中全会上,毛泽东告诫全党:"务必使同志们继续地保持谦虚、谨慎、不骄、不躁的作风,务必使同志们继续保持艰苦奋斗的作风。"①值得注意的是,当时中央工委和刘少奇、朱德等从 1947 年 7 月在西柏坡开始的实践活动,不仅为党中央和毛泽东等进驻西柏坡奠定了坚实的基础,而且也是西柏坡精神形成的重要开端。中央工委在西柏坡召开全国土地会议,制定了《中国土地法大纲》,领导土地改革运动,保证了各解放区特别是华北解放区的巩固和发展。朱德等组织指挥华北人民解放军进行一系列进攻作战,特别是攻克石家庄,不仅开创了人民解放军攻克夺取城市的先例,还为中共中央正式进驻西柏坡扫除了当时的威胁,做了有力的准备。此外,中央工委还十分重视经济建设,制定城市工作政策、工商业政策等,领导发展军工生产和农业生产,成就了党中央入驻西柏坡的物质保障。中央工委在这些斗争中体现出来的密切联系和紧紧依靠人民群众、敢于和善于攻坚打硬仗等精神,是西柏坡精神的重要组成部分。② 1991 年 9 月 21 日,江泽民视察西柏坡

① 《毛泽东选集》第四卷,人民出版社 1991 年版,第 1438—1439 页。

② 王金池:《西柏坡精神研究述评》,《党史博采》1997 年第 10 期。

时题词“牢记两个务必,建设有中国特色的社会主义”。“两个务必”就是务必保持艰苦奋斗的创业精神,务必保持谦虚、谨慎、不骄、不躁的作风。它们是西柏坡精神的精髓和灵魂。2002 年 5 月,胡锦涛参观西柏坡纪念馆,指出在当代要牢记“两个务必”,做到权为民所用,情为民所系,利为民所谋。“西柏坡精神”,当然是以中共中央在西柏坡时期的实践活动为基础。同时,它既是对我党已经形成的革命精神的传承,更体现了老一辈无产阶级革命家在西柏坡的伟大风范。

第三节　以科学精神为基调

在革命时期,中国共产党就强调科学对待马克思主义。恩格斯指出:“我们党有个很大的优点,就是有一个新的科学的世界观作为理论的基础”[①],“人们自觉地或者不自觉地,归根到底总是从他们阶级地位所依据的实际关系中——从他们进行生产和交换的经济关系中,获得自己的伦理观念”[②]。毛泽东在《实践论》中指明了马克思主义是科学的理论体系,他指出:“人们能够对于社会历史的发展作全面的历史的了解,把对于社会的认识变成了科学,这只是到了伴随巨大生产力——大工业而出现近代无产阶级的时候,这就是马克思主义的科学。”[③]毛泽东曾说过:“我们说马克思主义是对的,决不是因为马克思这个人是什么‘先哲’,而是因为他的理论,在我们的实践中,在我们的斗争中,证明了是对的。我们的斗争需要马克思主义。”[④]“我一旦接

① 《马克思恩格斯选集》第二卷,人民出版社 1995 年版,第 118 页。
② 《马克思恩格斯选集》第三卷,人民出版社 2012 年版,第 470 页。
③ 《毛泽东选集》第一卷,人民出版社 1991 年版,第 283—284 页。
④ 《毛泽东选集》第一卷,人民出版社 1991 年版,第 111 页。

受了马克思主义对历史的正确解释以后,我对马克思主义的信仰就没有动摇过。"①

如何科学运用马克思主义呢?毛泽东曾经把马克思主义比喻为"政治上和军事上的望远镜和显微镜",认为我们的眼力不够,应该借助马克思主义的望远镜和显微镜去观察和分析问题。他反复强调要用科学理论武装干部和教育人民。1938年,他在《中国共产党在民族战争中的地位》中指出:"指导一个伟大的革命运动的政党,如果没有革命理论,没有历史知识,没有对于实际运动的深刻的了解,要取得胜利是不可能的。"因此,他要求:"有相当研究能力的共产党员,都要研究马克思、恩格斯、列宁、斯大林的理论,都要研究我们民族的历史,都要研究当前运动的情况和趋势;并经过他们去教育那些文化水准较低的党员。"②毛泽东在《反对本本主义》中的论述有力地证明了这一点:"我们欢迎这个理论,丝毫不存什么'先哲'一类的形式的甚至神秘的念头在里面。读过马克思主义'本本'的许多人,成了革命叛徒,那些不识字的工人常常能够很好地掌握马克思主义。"③土地革命战争时期,毛泽东就强调不能搞教条主义和本本主义,而是要科学地学习、灵活地运用马克思主义。邓小平也曾指出:"对马克思主义的信仰,是中国革命胜利的一种精神动力"④,"马克思主义是科学。他运用历史唯物主义揭示了人类社会发展的规律"⑤,"不以新的思想、观点去继承、发展马克思主义,不是真正的马克思主义者"⑥。在六届六中全会上,张闻天认为必须熟悉马列主义的基本原则,必须以马克思主义观点、立场、方法来指导具体情况,这也是马克思主义理论与实际的统一。

---

① 转引自〔美〕埃德加·斯诺:《西行漫记》,三联书店1979年版,第131页。
② 《毛泽东选集》第二卷,人民出版社1991年版,第532—533页。
③ 《毛泽东选集》第一卷,人民出版社1991年版,第111页。
④ 《邓小平文选》第三卷,人民出版社1993年版,第63页。
⑤ 《邓小平文选》第三卷,人民出版社1993年版,第382页。
⑥ 《邓小平文选》第三卷,人民出版社1993年版,第292页。

刘少奇认为马克思主义是“我们观察一切现象、处理一切问题的武器，特别是观察一切社会现象、处理一切社会问题的武器”①。由于中国社会发展道路的特殊性，因此必须用马克思主义立场、观点、方法来解决中国的问题。党的六届六中全会以后，陈云针对教条主义提出：“我们的学习是学习马克思列宁主义的精神，学习他们观察问题的立场和方法，而不是教条主义者。”②陈云还说：“经验已经证明，哪个地方群众的生活改善了一些，群众就更加积极了，群众团体就更有组织了。如果哪个地方没有注意改善民生，或者虽有改善民生的法令，但实际上没有实现，群众就照旧起不来。”③1939 年 6 月，时任中共中央组织部部长的陈云在《党的支部》中阐述，党支部这一最基本的党组织单元必须切实发挥作用，“党的一切口号、主张、政策，依靠支部才能具体深入到群众中去。依靠支部在群众中日常的宣传组织工作，才能使广大群众团结在党的口号、主张、政策之下，进行革命运动”④。不能深入理解和科学运用马克思主义，就会出问题，对此，毛泽东曾经说过：“你们看，希特勒不是也讲‘信仰社会主义’吗？墨索里尼在二十年前也还是一个‘社会主义者’呢！他们的‘社会主义’到底是什么东西呢？原来就是法西斯主义！陈独秀不是也‘信仰’过马克思主义吗？他后来干了什么呢？他跑到反革命那里去了。张国焘不是也‘信仰’过马克思主义吗？他现在到哪里去了呢？他一小差就开到泥坑里去了。”⑤在革命战争时期，我党明确指出：“政治工作的任务，只能根据我军基本任务与当前具体任务去规定，不能在我军基本任务与当前具体任务以外再有什么政治工作的独立任务。”⑥

---

① 刘少奇：《论共产党员的修养》，人民出版社 2005 年版，第 21—22 页。

② 陈云：《怎样做一个共产党员》，《解放》1939 年 5 月 30 日。

③ 《陈云文选》第一卷，人民出版社 1995 年版，第 166 页。

④ 《陈云文选》第一卷，人民出版社 1995 年版，第 145 页。

⑤ 《毛泽东选集》第二卷，人民出版社 1991 年版，第 566—567 页。

⑥ 《中共中央文件选集》第十二册，中共中央党校出版社 1991 年版，第 453 页。

革命时期,对科学精神的尊崇,还体现在坚持以实践为基础,重视调查研究,进而科学决策。毛泽东指出:“任何思想,如果不和客观的实际的事物相联系,如果没有客观存在的需要,如果不为人民群众所掌握,即使是最好的东西,即使是马克思列宁主义,也是不起作用的。”[①]他在《反对本本主义》中写道:“只有蠢人,才是他一个人,或者邀集一堆人,不做调查”,“调查就像十月怀胎”,“解决问题就像‘一朝分娩’。调查就是解决问题”。[②] 这是毛泽东最早的一篇专门系统论述调查研究的文章。在毛泽东看来,只有亲自去调查,才能了解当地群众生活的真实状况,才会不偏离正确的思想路线,也才能进行恰当的宣传教育,“没有这种调查,就没有农村的基础概念”[③]。《中国社会各阶级的分析》对各个阶级的革命性作出定位,明确了革命的对象、方向问题。明确指出,革命的首要问题是要分清楚敌友,看到阶级本质,即谁是我们的敌人,谁是我们的朋友,“我们的革命要有不领错路和一定成功的把握,必须注意团结我们的真正的朋友,以攻击我们的真正的敌人”[④]。毛泽东还深入农村,走进农民,实地开展调研活动,写出了《湖南农民运动考察报告》。他指出,农民是主要的同盟军,要解决民主革命问题首先必须解决农民的问题,从经济上、政治上打击土豪地主,将一切权利归农会,建立农村政权,建立农民武装。毛泽东用生动的语言把这一形势描述为:“中国是全国都布满了干柴,很快就会燃成烈火。‘星火燎原’的话,正是时局发展的适当的描写。只要看一看许多地方工人罢工、农民暴动、士兵哗变、学生罢课的发展,就知道这个‘星星之火’,距‘燎原’的时期,毫无疑义地是不远了。”[⑤]1927 年毛泽东在湖南做考察工作,提出了“打倒土豪劣绅,一切权力归农会”的口

---

① 《毛泽东选集》第四卷,人民出版社 1991 年版,第 1515 页。
② 《毛泽东选集》第一卷,人民出版社 1991 年版,第 110—111 页。
③ 《毛泽东选集》第一卷,人民出版社 1991 年版,第 255 页。
④ 《毛泽东选集》第一卷,人民出版社 1991 年版,第 98 页。
⑤ 《毛泽东选集》第一卷,人民出版社 1991 年版,第 102 页。

号。为了总结大革命失败的原因,党在汉口召开了紧急会议,那时毛泽东提出了“枪杆子里面出政权”的行动口号。1930 年,毛泽东第一次明确地在《反对本本主义》中提出“没有调查,就没有发言权”的响亮口号。1939 年,为了解决延安日益严重的经济困难,毛泽东提出了“自己动手,丰衣足食”的口号。1931 年 1 月,在《〈兴国调查〉前言》中,毛泽东指出:“实际政策的决定,一定要根据具体情况,坐在房子里面想像的东西,和看到的粗枝大叶的书面报告上写着的东西,决不是具体的情况。倘若根据‘想当然’或不合实际的报告来决定政策,那是危险的。”①在新民主主义革命时期,他强调“必须严格地将观察、研究和解决社会问题的共产主义方法,同我们实际采用的新民主主义政策加以区别”②。毛泽东在《关心群众生活,注意工作方法》中说:“领导农民的土地斗争,分土地给农民;提高农民的劳动热情,增加农业生产。”③在土地革命时期,毛泽东在实地调查的基础上,写了《寻乌调查》(1930.5)、《东塘等处调查》(1930.11)、《〈兴国调查〉前言》(1931.1.26)、《总政治部关于调查人口和土地状况的通知》(1931.4.2)、《查田运动的群众工作》(1933.6)、《才溪乡调查》(1933.11)等。以《寻乌调查》为例,毛泽东调查了寻乌的政治区划、交通、商业、旧有的土地关系和土地斗争,光土地斗争这一章,他又从土地分配、山林分配、池塘分配等 17 个方面详细论述。一首反映土地革命后的民谣,也反映了共产党调研后决策的成果:“荷树叶子笑呵呵,红军帮我打土豪;打倒土豪分田地,一人分到六担多。今个世界大吾同,贫农雇农有田种;这个田地自家的,自种自收无人动。”④

真理愈辩愈明,秉持科学精神,就要敢于批判错误思想。毛泽东

① 《毛泽东文集》第一卷,人民出版社 1993 年版,第 254 页。
② 《毛泽东文集》第三卷,人民出版社 1996 年版,第 182 页。
③ 《毛泽东选集》第一卷,人民出版社 1991 年版,第 136 页。
④ 转引自李小平:《中央苏区土地改革史》,厦门大学出版社 1999 年版,第 190—191 页。

曾严厉批评不从实际出发、妄自尊大的错误观点:“犯着革命急性病的同志们不切当地看大了革命的主观力量,而看小了反革命力量。这种估量,多半是从主观主义出发。其结果,无疑地是要走上盲动主义的道路。”[①]毛泽东历来反对机械照搬照抄马克思主义章句,主张要把马克思主义与中国革命实际结合起来。他指出:“马克思主义的‘本本’是要学习的,但是必须同我国的实际情况相结合。”[②]这不仅是革命时期毛泽东对待马克思主义的态度,也是其一生坚持的科学的态度,以后他也多次强调这一点:“马克思列宁主义的伟大力量,就在于它是和各个国家具体的革命实践相联系的”[③],“反映了全世界无产阶级实践斗争的马克思列宁主义的普遍真理,在它同中国无产阶级和广大人民群众的革命斗争的具体实践相结合的时候,就成为中国人民百战百胜的武器”[④]。当大革命失败后,很多人错误估计了当前的形势,不知道革命何去何从,一度悲观失望。毛泽东正确分析了中国社会的国情,他认为,从各个阶级来看,“现在国民党新军阀的统治,依然是城市买办阶级和乡村豪绅阶级的统治,对外投降帝国主义,对内以新军阀代替旧军阀,对工农阶级的经济的剥削和政治的压迫比从前更加厉害”[⑤]。1929 年 12 月,毛泽东在《关于纠正党内的错误思想》中说:“红军第四军的共产党内存在着各种非无产阶级的思想,这对于执行党的正确路线,妨碍极大。”[⑥]毛泽东认识到:“缺乏对党员作正确路线的教育,也是使这些不正确思想存在和发展的重要原因。”[⑦]毛泽东批判那种“认为在革命战争环境中没有进行经济建设的可能,要等战争最后

---

① 《毛泽东选集》第一卷,人民出版社 1991 年版,第 99 页。
② 《毛泽东选集》第一卷,人民出版社 1991 年版,第 111—112 页。
③ 《毛泽东选集》第二卷,人民出版社 1991 年版,第 534 页。
④ 《毛泽东选集》第三卷,人民出版社 1991 年版,第 1094 页。
⑤ 《毛泽东选集》第一卷,人民出版社 1991 年版,第 47 页。
⑥ 《毛泽东选集》第一卷,人民出版社 1991 年版,第 85 页。
⑦ 《毛泽东选集》第一卷,人民出版社 1991 年版,第 85 页。

胜利了,有了和平的安静的环境,才能进行经济建设”①等忽视经济建设的说法,他认为进行经济战线上的运动“为着争取物质上的条件去保障红军的给养和供给;为着改善人民群众的生活,由此更加激发人民群众参加革命战争的积极性;为着在经济战线上把广大人民群众组织起来,并且教育他们,使战争得着新的群众力量;为着从经济建设去巩固工人和农民的联盟,去巩固工农民主专政,去加强无产阶级的领导”②。革命时期,在极为复杂的斗争环境中,人们的思想极为混乱,集中体现在存在大量非无产阶级思想。毛泽东深入分析并批判这些思想存在的根源:“自然是由于党的组织基础的最大部分是由农民和其他小资产阶级出身的成分所构成的;但是党的领导机关对于这些不正确的思想缺乏一致的坚决的斗争,缺乏对党员作正确路线的教育。”③

第四节　不怕牺牲的观念

革命,就难免要有流血牺牲。革命精神,不能缺少不怕牺牲的观念。“为有牺牲多壮志,敢教日月换新天。”④毛泽东还提出:“武器是战争的重要因素,但不是决定的因素,决定的因素是人不是物”⑤,“我们都是来自五湖四海,为了一个共同的革命目标,走到一起来了”⑥。毛泽东 1949 年为新华社所写评论中曾强调:“所有这一切侵略战争……迫使中国人的革命精神发扬起来,从斗争中团结起来。斗争,失

① 《毛泽东选集》第一卷,人民出版社 1991 年版,第 119 页。
② 《毛泽东选集》第一卷,人民出版社 1991 年版,第 119 页。
③ 《毛泽东选集》第一卷,人民出版社 1991 年版,第 85 页。
④ 毛泽东:《到韶山》1959 年。
⑤ 《毛泽东选集》第二卷,人民出版社 1991 年版,第 469 页。
⑥ 《毛泽东选集》第三卷,人民出版社 1991 年版,第 1004—1005 页。

败，再斗争，再失败，再斗争，积一百零九年的经验，积几百次大小斗争的经验，军事的和政治的、经济的和文化的、流血的和不流血的经验，方才获得今天这样的基本上的成功。这就是精神条件，没有这个精神条件，革命是不能胜利的。”①土地革命战争时期，面对国民党的残酷屠杀，共产党义无反顾地进行反抗，在战场上冲锋陷阵，在敌人屠刀下视死如归。“要共产党屈服，这大概是比上天还要困难些吧？”②

早在1920年，党的创刊号《共产党》月刊第5号《短言》就明确宣布：“用光明正大的态度，挺身出来，硬起铁肩，担当这改造政党改造政治改造中国的大责任。”③古田会议决议将“政治观念没有错误”“忠实”“牺牲精神”“没有发洋财的观念”等具体要求纳入新党员入党条件。1945年4月，在我党七大上所作的政治报告《论联合政府》中，毛泽东指出：“中国共产党和中国人民并没有被吓倒，被征服，被杀绝。他们从地下爬起来，揩干净身上的血迹，掩埋好同伴的尸首，他们又继续战斗了。”④“以中国最广大人民的最大利益为出发点的中国共产党人，相信自己的事业是完全合乎正义的，不惜牺牲自己个人的一切，随时准备拿出自己的生命去殉我们的事业，难道还有什么不适合人民需要的思想、观点、意见、办法，舍不得丢掉的吗？难道我们还欢迎任何政治的灰尘、政治的微生物来玷污我们的清洁的面貌和侵蚀我们的健全的肌体吗？无数革命先烈为了人民的利益牺牲了他们的生命，使我们每个活着的人想起他们就心里难过，难道我们还有什么个人利益不能牺牲，还有什么错误不能抛弃吗？……成千成万的先烈，为着人民的利益，在我们的前头英勇地牺牲了，让我们高举起他们的旗帜，踏着他们的血迹前进吧！”⑤1939年7月，刘少奇在《论共产党员的修养》中

---

① 《毛泽东选集》第四卷，人民出版社1991年版，第1484页。
② 《毛泽东文集》第二卷，人民出版社1993年版，第240页。
③ 中国现代史研究室：《“一大”前后》（一），人民出版社1980年版，第54页。
④ 《毛泽东选集》第三卷，人民出版社1991年版，第1036页。
⑤ 《毛泽东选集》第三卷，人民出版社1991年版，第1096—1098页。

指出:“为了党的、无产阶级的、民族解放和人类解放的事业,能够毫不犹豫地牺牲个人利益,甚至牺牲自己的生命,这就是我们常说的‘党性’或‘党的观念’、‘组织观念’的一种表现。这就是共产主义道德的最高表现,就是无产阶级政党原则性的最高表现,就是无产阶级意识纯洁的最高表现。”“在我们共产党员看来,为任何个人或少数人的利益而牺牲,是最不值得、最不应该的。但是,为党、为阶级、为民族解放,为人类解放和社会的发展,为最大多数人民的最大利益而牺牲,那就是最值得、最应该的。我们有无数的共产党员就是这样视死如归地、毫无犹豫地牺牲了他们的一切。‘杀身成仁’、‘舍生取义’,在必要的时候,对于多数共产党员来说,是被视为当然的事情。这不是由于他们的个人的革命狂热或沽名钓誉,而是由于他们对于社会发展的科学的了解和高度自觉。除了这种最伟大、最崇高的共产主义道德以外,在阶级社会中没有什么比这更伟大、更崇高的道德。……把道德观建立在历史唯物论的科学基础上,公开地宣称我们的道德是为着保障无产阶级解放和人类解放的战斗利益,这只有共产党人能够做到。”①

中国共产党在革命时期高度重视对不怕牺牲观念的教育。“首先要使先锋队觉悟,下定决心,不怕牺牲,排除万难,去争取胜利。”②为了使教育更好地为战争服务,1946 年 12 月 10 日,陕甘宁边区政府根据中共中央的指示精神发布了《战时教育方案》,其中指出:“为着保卫边区、保卫延安,彻底粉碎蒋介石的军事进攻,我们必须普遍发动群众,动员一切力量,为人民自卫战争的胜利而奋斗”,各类学校及全部教育组织都要听从动员,积极发挥教育有生力量,为自卫战争提供直

① 《刘少奇选集》上卷,人民出版社 1981 年版,第 131、133—134 页。

② 《毛泽东选集》第三卷,人民出版社 1991 年版,第 1101 页。

接或间接服务。[①] 在《论持久战》一文中,毛泽东指出,"没有进步的政治精神贯注于军队之中,没有进步的政治工作去执行这种贯注,就不能达到真正的官长和士兵的一致,就不能激发官兵最大限度的抗战热忱"[②]。在解放战争时期,毛泽东又号召学习刘胡兰同志,学习她追求真理、有坚定的共产主义信念和远大理想的精神,学习她对党忠贞、一切以党和人民的利益为重的精神,学习她爱憎分明,敢于和一切邪恶势力作抗争,勇于为革命事业英勇献身的精神。"生的伟大,死的光荣",这是毛泽东给予刘胡兰最高的评价。"从思想上、政治上与组织上保证党对军队的绝对领导,保证人民军队的性质和军队建设的正确方向,保证党内外的坚强团结,保证军队战斗力的提高,保证作战和各项任务的完成。"[③]1944 年 9 月,在纪念烈士张思德的《为人民服务》一文中,毛泽东指出:"'人固有一死,或重于泰山,或轻于鸿毛。'为人民利益而死,就比泰山还重……张思德同志是为人民利益而死的,他的死是比泰山还要重的。""我们的同志在困难的时候,要看到成绩,要看到光明,要提高我们的勇气。中国人民正在受难,我们有责任解救他们,我们要努力奋斗。要奋斗就会有牺牲,死人的事是经常发生的。但是我们想到人民的利益,想到大多数人民的痛苦,我们为人民而死,就是死得其所。"[④]童世骏教授指出:《为人民服务》的独特之处在于,毛泽东对生死观问题作了深刻的阐述:"《为人民服务》通过谈论'死'的意义,以朴素的、世俗的语言,表达了中国共产党人的终极关怀。"[⑤]邓小平也曾指出:"在我们最困难的时期,共产主义的理想是我们的精

① 《陕甘宁边区教育资料·教育方针政策部分》下册,教育科学出版社 1981 年版,第 530 页。
② 《毛泽东选集》第二卷,人民出版社 1991 年版,第 511 页。
③ 张耀灿:《中国共产党思想政治工作史论》,高等教育出版社 1999 年版,第 143 页。
④ 《毛泽东选集》第三卷,人民出版社 1991 年版,第 1004—1005 页。
⑤ 童世骏:《中国共产党人的终极关怀——重读〈为人民服务〉》,《毛泽东邓小平理论研究》2005 年第 9 期。

神支柱,多少人牺牲就是为了实现这个理想。"[1]

相关资料记载,截至党的七大,在战场上壮烈牺牲的76万名烈士中有32万名是中共党员。在艰苦的革命斗争中,党的创始先驱领导人李大钊同志面对敌人的酷刑宁死不屈,因为他坚信:"试看将来环球必是赤旗世界,唯有翘首迎接新世纪曙光。"[2]陈独秀也有精到的见解,他曾说:"个人的生命最长不过百年,或长或短,不算什么大问题,因为他不是真生命,大问题是什么?真生命是什么?真生命是个人在社会上留下的永远生命,这种永远不朽的生命,乃是个人一生底大问题。社会上有没有这种长命的个人,也是社会底大问题。Olive Schreiner夫人底小说有几句话:'你见过蝗虫,他们怎样渡河么?第一个走下水边,被水冲去了,于是第二个又来,于是第三个,于是第四个:到后来,他们的死骸堆积起来,成了一座桥,其余的便过去了。'那过去底人不是我们的真生命,那座桥才是我们的真生命,永远的生命!因为过去底人连脚迹也不曾留下,只有这桥留下了永远纪念底价值。"[3]朱德早在反对袁世凯恢复帝制的护国战争中就是滇军的名将,他为了找到真正的革命道路,1922年拒绝了四川军阀杨森的邀请,放弃了每月一千多元的高薪,到处寻找共产党,先到上海、北平等地,后来又到巴黎、柏林,终于在柏林由周恩来介绍入党,从此他便为共产主义事业战斗了一生。八路军和新四军炸炮楼反"扫荡"时曾经唱诵"独有英雄驱虎豹",人民解放军以弱胜强、创造世界奇迹时吟咏"横扫千军如卷席"!方志敏的那句"只能砍下的是头颅,决不能动摇的是信仰!因为我们信仰的主义,乃是宇宙的真理",把信仰的位置高高放在了生命之上。皖南事变后,叶挺在敌人狱中坚持真理,坚持斗争,使敌人无可奈何。直到1945年国共重庆谈判时,由于毛泽东、周恩来的坚持交涉,蒋介

① 《邓小平文选》第三卷,人民出版社1993年版,第137页。
② 《李大钊全集》第三卷,河北教育出版社1999年版,第110页。
③ 《陈独秀著作选编》第二卷,上海人民出版社2009年版,第167—168页。

石才被迫把他释放。当时国民党军统局审问叶挺出狱后要办的第一件事情是什么,叶挺回答说:“请求党恢复我的党籍。”军统特务头子戴笠知道这个情况后,沉思说:“共产党人的可怕,就在这些地方。”中国共产党早期的工人运动领袖邓中夏,在被捕后对地下党负责人说:“就是把邓中夏的骨头烧成灰,邓中夏还是共产党员。”作为共产党员,在敌人的金钱利诱和严刑拷打之下,他以坚定信念和钢铁意志经受住了考验。杰出的共产党员张闻天,有着坚定的社会主义和共产主义信仰,他曾说:“自今日起,我希望能够在实现社会主义的历程中做一个小卒。”美国记者斯诺曾说,他在中国共产党身上发现了如磁铁一般团结的力量和品质,犹如“有某种东西使得个人的痛苦或胜利成了大家集体的负担或喜悦,有某种力量消除了个人的差别,使他们真正忘记了自己的存在,但是却又发现存在于他们与别人共自由同患难之中”①。1928 年 3 月,夏明翰烈士慷慨就义,留下了感人至深的绝笔诗:“砍头不要紧,只要主义真。杀了夏明翰,还有后来人。”1935 年 6 月,我党早期领导人瞿秋白笑言“此地很好”,慷慨赴死②,并在牺牲之际高呼:“为革命牺牲,是人生最大的光荣。”③1936 年冬,陈毅在身陷重围之际,写下了《梅岭三章》④这一“绝笔诗”,集中体现了中国共产党人对于儒家生死观的自觉传承。即使碧落黄泉都誓将正义事业进行到底的斗争精神——“此去泉台招旧部,旌旗十万斩阎罗”;功成不必在我但牺牲自我辈始的同志同道信念——“后死诸君多努力,捷报飞来当纸钱”;以及为人民的正义事业而死是死得其所的价值追求——“取义成仁今日事,人间遍种自由花”。1947 年 1 月,刘胡兰烈

---

① [美]埃德加·斯诺:《西行漫记》,三联出版社 1979 年版,第 49 页。

② 杨之华、洪久成:《回忆秋白》,人民出版社 1984 年版,第 166—167 页。

③ 沈乃煜选编:《百名英烈遗照遗书诗文选》,中国文联出版社 2000 年版,第 55 页。

④ 《陈毅同志诗词选》,湖北人民出版社 1977 年版,第 12 页。

士英勇捐躯，留下“怕死不当共产党员”[①]的豪迈遗言。1947 年 3 月 25 日，毛泽东听取任弼时关于刘胡兰事迹的汇报后，深受感动，挥笔写下“生的伟大，死的光荣”八个大字。[②] 这些事例，就是共产党人不怕牺牲观念的鲜活呈现。

共产党人不怕牺牲的观念，深刻影响了参加革命的同志。党在成立之初就确立了为人民利益奋斗的革命党性质，党“每一天都是为了保护人民的利益，为了人民的自由解放，站在革命战争的最前线”[③]。“广大群众就必定拥护我们，把革命当作他们的生命，把革命当作他们无上光荣的旗帜。国民党要来进攻红色区域，广大群众就要用生命同国民党决斗。”[④]1940 年中共中央、中央军委在《关于开展生产运动的指示》中要求，斗争已经进入更加艰苦的阶段，解决财政经济问题需提到一定政治高度来看待，要“一面战斗（非战斗机关一面工作）、一面生产、一面学习”[⑤]。毛泽东还指出，在红军的宣传工作中“要切合群众的斗争情绪，除一般地发布暴动口号外，还要有适合群众斗争情绪尚低地方的日常生活的口号，以发动日常斗争，去联系着那些暴动口号”[⑥]。长征中宿营时，干部用树枝或手指头在地上写打倒土豪劣绅、打倒刮民党、北上打东洋、为共产主义事业奋斗到底的标语，鼓舞战士，坚定远大的革命理想，激发前进的动力。

---

① 胡华：《中共党史人物传》第 18 卷，陕西人民出版社 1981 年版，第 293—295 页。按：当时刘胡兰还不是我党正式党员，1947 年 8 月 1 日，中共中央晋绥分局作出决定，追认刘胡兰为中国共产党正式党员。

② 中共中央文献研究室编：《毛泽东年谱（一八九三——一九四九）》修订本下卷，中央文献出版社 2013 年版，第 177 页。

③ 《毛泽东选集》第一卷，人民出版社 1991 年版，第 184 页。

④ 《毛泽东选集》第一卷，人民出版社 1991 年版，第 139 页。

⑤ 《中共中央文件选集（一九三九——一九四一）》，中共中央党校出版社 1989 年版，第 299 页。

⑥ 《毛泽东文集》第一卷，人民出版社 1993 年版，第 98 页。

第五节 革命必胜的信念

中国共产党从成立时的50多名党员,经过艰苦卓绝的斗争,夺取政权,不能不说是人类革命史上的一个奇迹。始终不渝秉持革命必胜的信念,无疑在其中发挥了重要的作用。毛泽东说:"我们从事战争的信念,便建立在这个争取永久和平和永久光明的新中国和新世界的上面。"[①]彭湃号召群众起来革命:"诸君!'有志者事竟成',我们既承认现社会之种种罪恶,种种缺陷,有不得不实行社会革命之决心,我们就应当赶快觉悟!互相研究!互相团结!互相联络!互相扶助而为之。社会者,社会人之社会也。社会革命,社会运动,合社会人而运动,而革命之谓也。"[②]徐向前曾这样描述彭湃:"他常说:失败了再干,跌倒了再爬起来!在共产党人面前,没有克服不了的困难。他个头不高,身着普通农民的衣服,脚穿草鞋,不论走到哪里,都能和群众谈心、交朋友,住在一起,吃在一起,像一家人似的。在农民家吃饭,饭碗上沾着鸡屎,他毫不在乎,端起碗来就吃。"[③]

"对马克思主义的信仰,是中国革命胜利的一种精神动力。"[④]列宁曾经指出:"革命政党的领导者也必须更广泛、更大胆地提出任务,使他们的口号始终走在群众的革命主动性的前面,成为他们的灯塔,向他们表明我们的民主主义理想和社会主义理想的无比宏伟和无比壮丽,向他们指出达到完全的无条件的彻底胜利的最近最直的道

① 《毛泽东选集》第二卷,人民出版社1991年版,第476页。
② 《彭湃文集》,人民出版社1981年版,第7页。
③ 徐向前:《历史的回顾》(上),解放军出版社1984年版,第64页。
④ 《邓小平文选》第三卷,人民出版社1993年版,第63页。

路。”[①]毛泽东认为,“共产主义是无产阶级的整个思想体系,同时又是一种新的社会制度。这种新的思想体系和社会制度,是区别于任何别的思想体系和任何别的社会制度的,是自有人类历史以来,最完全最进步最革命最合理的”[②]。“我们的将来纲领或最高纲领,是要将中国推进到社会主义社会和共产主义社会去的”[③]。正如毛泽东所说,“每个共产党员入党的时候,心目中就悬着为现在的新民主主义革命而奋斗和为将来的社会主义和共产主义而奋斗这样两个明确的目标”[④]。在民主革命胜利前夕,毛泽东更加坚定中国社会主义革命信念,如在《论人民民主专政》中指出:“资产阶级的民主主义让位给工人阶级领导的人民民主主义,资产阶级共和国让位给人民共和国。”[⑤]张闻天在谈到长征时说过,没有理想,红军连一千里都走不了。在向井冈山进军途中毛泽东进行了三湾改编。毛泽东运用典型示范法,用贺龙两把菜刀起义的例子,用小石头能打破大水缸的例子,进行革命英雄主义和乐观主义的教育。毛泽东说:“我们好比一块小石头,蒋介石好比一口大水缸。我们这块小石头总有一天会要打烂蒋介石那口大水缸的。中国有句古话:‘万事开头难’。要革命嘛,就不能怕困难。只要我们咬咬牙,挺过这一关,革命总有出头的一天。”[⑥]“必须使全国广大人民群众觉悟,甘心情愿和我们一起奋斗,去争取胜利。要使全国人民有这样的信心:中国是中国人民的,不是反动派的。”[⑦]

1947 年,毛泽东就清醒地估计了目前的形势,认为必须打败一切反对派,“天空中出现乌云,是一种短暂的现象,会很快消失的,黑暗即

① 《列宁选集》第一卷,人民出版社 1995 年版,第 616 页。
② 《毛泽东选集》第二卷,人民出版社 1991 年版,第 686 页。
③ 《毛泽东选集》第三卷,人民出版社 1991 年版,第 1059 页。
④ 《毛泽东选集》第三卷,人民出版社 1991 年版,第 1059 页。
⑤ 《毛泽东选集》第四卷,人民出版社 1991 年版,第 1471 页。
⑥ 朱成甲编:《中共党史研究论文选》(中册),湖南人民出版社 1983 年版,第 77—79 页。
⑦ 《毛泽东选集》第三卷,人民出版社 1991 年版,第 1101—1102 页。

将过去,曙光即在前头”[①]。毛泽东在《为人民服务》中表达了乐观的革命理想,“我们都是来自五湖四海,为了一个共同的革命目标,走到一起来了。我们还要和全国大多数人民走这一条路……我们的同志在困难的时候,要看到成绩,要看到光明,要提高我们的勇气”[②]。他在《星星之火,可以燎原》中写道:“中国革命高潮快要到来……是站在海岸遥望海中已经看得见桅杆尖头了的一只航船,它是立于高山之巅远看东方已见光芒四射喷薄欲出的一轮朝日,它是躁动于母腹中的快要成熟了的一个婴儿。”[③]毛泽东站在时代的最前沿,认为中国革命必须走农村包围城市、武装夺取政权的道路,并通过这条道路走向最终的胜利,“必须这样,才能树立全国革命群众的信仰”[④]。“坚决地领导民主革命,是争取社会主义胜利的条件……现在的努力是朝着将来的大目标的,失掉这个大目标,就不是共产党员了。然而放松今日的努力,也就不是共产党员。”[⑤]当井冈山的旗子在边界插起来的时候,毛泽东预测到它对全国革命的重要性,“边界的红旗子,业已打了一年”,“渐渐引起了附近省份工农士兵群众的希望”,“并且边界红旗子始终不倒,不但表示了共产党的力量,而且表示了统治阶级的破产,在全国政治上有重大的意义”。[⑥] 毛泽东在《湖南农民运动考察报告》中预测到了农民运动的兴起,他说:“很短的时间内,将有几万万农民从中国中部、南部和北部各省起来,其势如暴风骤雨,迅猛异常,无论什么大的力量都将压抑不住。他们将冲决一切束缚他们的罗网,朝着解放的路上迅跑。”[⑦]美国记者埃德加·斯诺在《红星照耀中国》一书中讲道,

---

① 吴鹏展:《毛泽东诗词鉴赏》,电子音像出版社 2002 年版,第 66 页。
② 《毛泽东选集》第三卷,人民出版社 1991 年版,第 1005 页。
③ 《毛泽东选集》第一卷,人民出版社 1991 年版,第 106 页。
④ 《毛泽东选集》第一卷,人民出版社 1991 年版,第 98 页。
⑤ 《毛泽东选集》第一卷,人民出版社 1991 年版,第 276 页。
⑥ 《毛泽东选集》第一卷,人民出版社 1991 年版,第 81 页。
⑦ 《毛泽东选集》第一卷,人民出版社 1991 年版,第 13 页。

早在1936年7月,毛泽东在同他的谈话中就预见抗日战争将会是很长久的,但最后日本还是要被打败。这里体现的是毛泽东革命必胜的信念。英国记者詹姆斯·贝特兰在《华北前线》中,讲到毛泽东与贝特兰的谈话时指出,要承认战争是长期的,并且中国在两三年之内便会建立起胜利的条件,日本帝国主义必定崩溃。毛泽东给贝特兰留下的最深印象,就是他对于中国人民和中国革命前途的极度信心以及他的革命乐观主义精神,这也从他的性格中表现出来。

大革命失败后,党的工作重心转移,我们党探索出"工农武装割据"的革命道路。但中国共产党和中国工农红军的力量都比较弱小,5万名共产党员只剩下7000人。毛泽东也在秋收起义后的一个月内失去了90%的工农武装力量,井冈山革命根据地又面临着蒋介石几十万大军的"围剿"。这些都让党内不少人对革命前途持悲观态度,担心"红旗到底能打多久"的问题,担心革命是否能胜利。毛泽东坚持认为"中国是全国都布满了干柴,很快就会燃成烈火"①。但这种悲观情绪直到1929年依然存在于党和军队中,林彪在一部分人当中散发了一封信,征求大家对红军前途的意见、看法。为了纠正这些错误,毛泽东在1930年年初给林彪写了回信。毛泽东在回信中写道:"这里用得着中国的一句老话:'星星之火,可以燎原。'这就是说,现在虽只有一点小小的力量,但是它的发展会是很快的。它在中国的环境里不仅是具备了发展的可能性,简直是具备了发展的必然性。"②在信的最后,毛泽东慷慨激昂地表示:中国革命高潮一定会到来,决不像有些人说的只是有可能到来或是可望而不可即的虚空的东西。毛泽东写这篇党内通信的目的,就是为了纠正以林彪为代表的党和军队内存在较长时间的悲观情绪。在写完信后,毛泽东不仅把信送达林彪,还把这封信公

① 《毛泽东选集》第一卷,人民出版社1991年版,第102页。
② 《毛泽东选集》第一卷,人民出版社1991年版,第99页。

开印发至各党支部,供全党学习,以便让更多的指战员了解他的观点,教育红四军所有党员和干部、战士,助力中国革命取得胜利。延安整风中,毛泽东主持编印的《六大以来党内秘密文件》中便收录了由毛泽东写给林彪的这封信,作为高级干部的学习文件。其后,在 1942 年的《军事文献》、1947 年的《毛泽东选集续编》等文献中,都选用了毛泽东这封给林彪的信。长征途中,也正是这种坚信革命必胜的信念和革命乐观主义的精神,鼓舞着全党在面对任何艰难险阻时也不惧怕并把革命进行到底。

战略转移前,根据地军民中弥漫着失败、悲观和失望的情绪。毛泽东没有就此放弃,10 月中旬,毛泽东在于都谢家祠召开的中央苏区最后一次会议中做了政治动员:他鼓励大家不要因为主力部队的转移而感到害怕和退缩,革命是一件长远的事情,不要只看到暂时的困难;他号召大家一定要有希望、有信心,红军主力一定会回来的,革命的最后胜利一定是属于我们的。1935 年,毛泽东带领部队向陕北进军的途中,为了鼓舞士气,他首先总结了长征一年来我军的成就,然后说:虽然人少,更不用悲观,我们现在比 1929 年红四军下井冈山时的人数还多哩!另外我们都是经过锻炼的,1 个可以当 10 个,10 个可以当 100 个。最后,他挥舞着拳头号召同志们向陕北进军,向胜利进军。

1937 年 7 月 7 日,日本发动了全面侵华战争,中华民族面临着前所未有的危难,全民族都走上了共同抗日的道路。面对敌强我弱的形势,很多人对抗战能否取得最后的胜利深表怀疑,对抗战的前途也感到迷惘,甚至有少数民族失败主义者散布"亡国论",溃散民众的信心。毛泽东在 1938 年发表的《论持久战》,就体现了他抗战必胜的信念。毛泽东坚定地提出"抗日战争是持久战,最后胜利是中国的"科学论断。他把抗日战争大致分为三个阶段,认为中国的抗战不会速胜,更不会亡国,这是一场持久的战争。此外,这场战争是正义战与非正义战之间的较量。日本帝国主义是侵略战,它的战争是退步和野蛮的,这决定了日本在国际上必定会失道寡助；而我们是反侵略战，是进步的正义的战争，在国际上便会得道多助。毛泽东坚信胜利最终属于中国人民："亡国论者看敌人如神物，看自己如草芥，速胜论者看敌人如草芥，看自己如神物，这些都是错误的。我们的意见相反：抗日战争是持久战，最后胜利是中国的——这就是我们的结论。"[①]正如宋庆龄所说："最大多数之人民，对抗战信念甚为坚定。"[②]在抗战即将取得胜利的时刻，国共两党都在思考抗战胜利结束之后中国的前途该走向哪里。1943 年，蒋介石署名出版了《中国之命运》。《中国之命运》其实是提出了中国该选择哪个政党的问题，主要内容是批判中国共产党，势必在全国形成一股只有国民党才能救中国的舆论态势。1943 年 8 月《解放日报》在头版刊载了两份材料，比较材料中列举的一些数字可以看出，共产党为抗战胜利所作的贡献远大于国民党，用数据事实有力地回击了蒋介石的言论。在比较了两党成绩之后，新华社得出结论，蒋介石所说的"没有国民党就没有中国"的言论是完全没有根据的。之后，以毛泽东为首的中共中央先后撰写了《抗日战争胜利后的时局和我们的方针》《关于目前国际形势的几点估计》等相关文章，使全国人民群众进一步认清蒋介石反动集团的本质，并做好应付内战的思想准备，毛泽东也多次在关键场合对《中国之命运》进行批判。在中国共产党第七次代表大会上，毛泽东在《两个中国之命运》一文中，明确对国共两党所代表的中国之命运前途进行区分，指出"在中国人民面前摆着两条路，光明的路和黑暗的路。有两种中国之命运，光明的中国之命运和黑暗的中国之命运"[③]。他认为共产党有能力建立一个新中国。在美帝国主义的支持援助下，以蒋介石为首的国民党反动派

① 《毛泽东选集》第二卷，人民出版社 1991 年版，第 514—515 页。

② 郑灿辉、季鸿生、吴景平：《宋庆龄与抗日救亡运动》，福建人民出版社 1986 年版，第 247 页。

③ 《毛泽东选集》第三卷，人民出版社 1991 年版，第 1025 页。

于1946年6月发动了全面内战,使人们期盼的和平建国梦想破灭。面对敌我之间的力量悬殊,党内有些人对战胜国民党反动派持怀疑甚至悲观的态度。针对这种情况,毛泽东提出了一系列战略思想,鼓励全党“敢于斗争、敢于胜利”,树立必胜信念,从而将革命进行到底。毛泽东在接受美国记者斯特朗采访时,明确指出“一切反动派都是纸老虎”。1949年,毛泽东在《将革命进行到底》中指出敌人是不会自行消灭的,他号召人民团结一致,用革命的方法,坚决彻底、干净全部地消灭一切反动势力,不动摇地坚持革命,把伟大的人民解放战争进行到底。紧接着,在《目前形势和党在一九四九年的任务》和《关于时局的声明》中,毛泽东都强调必须将革命进行到底,不容许半途而废。同年4月23日解放南京,毛泽东作《七律・人民解放军占领南京》,号召全党继续革命,消灭一切国民党反动军队。

第三章
艰苦奋斗的执政党与建设精神培育

中国共产党在1949年的胜利，带来了一个独立、统一和社会平等的中国，产生了一个不受他人欺侮、不再内战频仍、没有巨大贫富悬殊和具有高度行政效率、深得人民拥护的政府，中华大地上第一次出现了一个具有超强动员力、组织力和凝聚力的社会。在《关于建国以来党的若干历史问题的决议》中提道："我国的国民经济尽管受到沉重打击，不过在粮食产量上依然保持了稳定提升，在各项基础设施的建设与科技发展上也取得了重要成绩。"[①]这一切，离开党的领导无从谈起。而中国共产党人的建设精神，正是取得这些成就的深厚精神支撑。

第一节　从大庆精神、红旗渠精神、"两弹一星"精神到焦裕禄精神、雷锋精神

新中国成立以后，中国共产党取得全国政权，这也意味着党要积

① 《两个历史问题的决议及十一届三中全会以来党对历史的回顾》，中共党史出版社2013年版，第104页。

极寻求适合中国特点的现实道路把社会主义共产主义推向全国。邓小平在《今后的主要任务是搞建设》中指出:“我们前一个阶段做的事情是干革命。从去年农业、手工业和资本主义工商业的社会主义改造基本完成时起,革命的任务也就基本上完成了。今后的任务是什么呢?革命的任务还有一部分,但是不多了。今后的主要任务是搞建设。”①中国共产党带领全国人民踏上了社会主义革命和建设的新征程,续写着中华民族伟大复兴的宏伟篇章。在革命和建设的各个领域,中国共产党人以顽强的意志克服了一个又一个困难,取得了一个又一个胜利,并在艰苦奋斗的实践中孕育形成了大庆精神、红旗渠精神、“两弹一星”精神、焦裕禄精神和雷锋精神等新的精神形态,继承和发扬着中国共产党的革命精神。

大庆油田是我国最大的石油生产基地。一部大庆油田开发建设史,就是一部自力更生、艰苦创业的历史。1959 年 9 月 26 日,以松基三井喜获工业油流为标志,勘探发现了大庆油田。1960 年年初,石油大军从祖国四面八方挺进东北松嫩平原,头顶青天,脚踏荒原,展开了一场气吞山河、波澜壮阔的大会战。面对恶劣的自然环境和财力、物力的严重匮乏,以铁人王进喜为代表的老一辈石油人,“宁可少活二十年,拼命也要拿下大油田”,“有条件要上,没有条件创造条件也要上”,仅用三年半的时间就夺取了大会战的胜利,一举甩掉了中国贫油落后的帽子,实现了石油的基本自给,开创了我国石油工业发展的新纪元,并创造了以“为国争光、为民族争气的爱国主义精神,独立自主、自力更生的艰苦创业精神,讲究科学、‘三老四严’的求实精神,胸怀全局、为国分忧的奉献精神”为主要内容的大庆精神。伟大的实践产生伟大的精神。大庆精神形成于大庆石油会战时期,是石油战线老一辈领导人和广大石油职工在开发建设大庆油田的实践中逐步培育和形

① 《邓小平文选》第一卷,人民出版社 1994 年版,第 261 页。

成的中国石油人的精神，它是中国石油工人科学探索精神的继承和发展，也是王进喜等一大批英雄人物的理想、信念、情感和意志在广大职工中扩展而形成的群体意识。1964 年 4 月 20 日，《人民日报》刊发长篇通讯《大庆精神大庆人》，指出大庆精神就是无产阶级的革命精神。大庆人，是特种材料制成的人，就是用无产阶级革命精神武装起来的人。这里第一次正式提出了大庆精神这一概念。1981 年 12 月 18 日，中共中央转发国家经委党组《关于工业学大庆问题的报告》，肯定了国家经委党组对大庆精神的概括，即发愤图强、自力更生、以实际行动为中国人民争气的爱国主义精神和民族自豪感；无所畏惧、勇挑重担、靠自己双手艰苦创业的革命精神；一丝不苟、认真负责、讲究科学、“三老四严”、踏踏实实做好本职工作的求实精神；胸怀全局、忘我劳动、为国家分担困难、不计较个人得失的献身精神。1990 年 2 月，江泽民到大庆油田视察时，把大庆精神的内涵阐述为“为国争光、为民族争气的爱国主义精神，独立自主、自力更生的艰苦创业精神，讲究科学、‘三老四严’的求实精神，胸怀全局、为国分忧的奉献精神”，概括起来就是“爱国、创业、求实、奉献”八个字。2009 年 6 月 26 日，胡锦涛到大庆油田考察时强调，50 年来，以铁人王进喜同志为代表的一代又一代大庆油田创业者，怀着为国争光、为民族争气的远大理想，克服重重困难，创造了极不平凡的业绩，生产了大量国家经济发展所需要的宝贵石油产品，培育了爱国、创业、求实、奉献的大庆精神，锤炼了一支敢打硬仗、勇创一流的英雄队伍。大庆精神永远是激励我们不畏艰难、勇往直前的宝贵精神财富。2009 年 9 月 22 日，习近平在大庆油田发现 50 周年庆祝大会的讲话中指出，大庆油田的开发建设，铸就了以“爱国、创业、求实、奉献”为主要内涵的大庆精神和铁人精神，造就了一支敢打硬仗、勇创一流的优秀职工队伍，涌现了铁人王进喜、新时期铁人王启民等不少在全国很有影响的先进典型，形成了团结凝聚百万石油人的强大精神动力，集中展现了我国工人阶级的崇高品质和精神风貌。大庆精神、铁人精神已经成为中华民族伟大精神的重要组成部分，永远是激励中国人民不畏艰难、勇往直前的宝贵精神财富。

红旗渠位于河南省林县(今林州市)，地处河南、山西、河北三省交界处。林县境内山峦起伏、沟壑纵横、土薄石厚，自古干旱少雨、水源奇缺、资源贫乏，自然条件十分恶劣。20世纪60年代，为改变因缺水造成的贫困状况，林县人民在县委领导下，以“重新安排林县河山”的豪迈气概，依靠集体力量，凭借勤劳双手，一锤一钎、一刀一斧，在最险恶的地方劈山导河，引漳入林，建成了盘绕在太行山上的引水灌溉工程——红旗渠，从而彻底改变了十年九旱、贫穷落后的面貌。修建红旗渠的艰难历程，不仅积累了宝贵的社会主义建设经验，更培育了光耀后世的红旗渠精神。红旗渠修建于共和国历史上一个非常特殊的时期，历经三年困难时期和“文化大革命”时期。林县人民怀着“誓将林县河山重新安排”的坚定信念和对未来美好生活的无限憧憬，十年如一日，矢志不渝，以愚公移山的英雄气概，克服了一个又一个难以想象的困难，引来了祖祖辈辈用生命守望的幸福之水。十年的艰难筑渠历程，孕育形成了宝贵的红旗渠精神。胡锦涛1995年视察红旗渠时指出：“在改革开放的今天，我们仍然要继续大力弘扬当年的修渠精神。”江泽民1996年视察红旗渠时赞扬道：“红旗渠是自力更生、艰苦创业的典范，不仅给后人留下了可以浇灌几十万亩田园的水利工程，更重要的是留下了宝贵的红旗渠精神。这不仅是林州的、河南的精神财富，也是我们国家和民族的精神财富。今天，在我们搞现代化建设、发展社会主义市场经济的新实践中，物质技术条件虽然比过去好多了，但自力更生、艰苦创业、团结协作、无私奉献的红旗渠精神永远不能丢，应当在各项工作中继续发扬光大。”习近平在2011年第十一届全国人大第四次会议上指出：“红旗渠精神是我们党的性质和宗旨的集中体现，历久弥新，永远不会过时。”

1964年10月，中国第一颗原子弹爆炸成功，打破了超级大国的核垄断和核讹诈,极大地增强了民族自信心,提高了我国的国际地位;1966 年 10 月,我国第一颗装有核弹头的地地导弹飞行爆炸成功;1967 年 6 月,中国第一颗氢弹空爆试验成功;1970 年 4 月,中国第一颗人造卫星“东方红一号”发射成功,在宇宙中奏响了《东方红》乐曲。这就是中国的“两弹一星”伟业的标志。从此,我国“两弹一星”事业不断取得辉煌的发展,极大地鼓舞了中国人民的志气,振奋了中华民族的精神。与西方发达国家相比,20 世纪中叶的中国还很落后。在这样的条件下,中国人何以能在国防科技领域取得如此震惊世界的伟大成就?在党中央的高度重视和亲自指挥下,“两弹一星”研制者们在严峻的国内外形势下,高举爱国主义旗帜,满怀报国之志,甘当无名英雄,隐姓埋名,默默奉献,克服了难以想象的艰难险阻,用热血和生命铸就了“热爱祖国、无私奉献,自力更生、艰苦奋斗,大力协同、勇于登攀”的“两弹一星”精神。新中国成立前夕,刘少奇率领中共代表团秘密访苏。他提出参观苏联的核设施,遭到斯大林拒绝。斯大林说:“如今苏联已经足够强大,不必害怕美国的核讹诈了。”[①]苏联方面安排中共代表团观看了苏联核试验纪录片,就在刘少奇等离开不久后,苏联第一颗原子弹爆炸成功。新中国成立后,毛泽东第一次访苏时,斯大林再次表达了类似的观点。苏联当时在核武器方面对中国是封闭的,其力图保持在社会主义阵营内的核垄断地位,使自己成为社会主义的唯一有核国和领导国。赫鲁晓夫执政初期,当毛泽东提出对原子弹、核武器感兴趣时,赫鲁晓夫发出了与斯大林类似的声音:“搞那个东西太费钱了。我们这个大家庭有个核保护伞就行了,无须大家都来搞它。”“目前中国不必搞这些东西,还是集中力量搞经济建设……提高人民的生活水平比搞原子弹强。”[②]1949 年,周恩来提出中国要发展新兴科

① 参见孙丽:《中国研制“两弹一星”的文化透视》,经济科学出版社 2011 年版,第 56 页。
② 彭继超:《东方巨响:中国核武器试验纪实》,中共中央党校出版社 2005 年版,第 53 页。

学,如原子核科学、实验生物学等。1950年中国科学院近代物理研究所成立,“海归”人才钱三强任所长。同年毛泽东就指出:“看来原子弹能吓唬不少人。美国有了,苏联也有了,我们也可以搞一点嘛。”1952年起,中央开始筹划原子弹研制工作,并积极汇聚延揽人才,特别是海外科学家。毛泽东、周恩来等认为“这是一个大的政治战略,中国如果没有原子弹等尖端武器,人家瞧不起你”①。从这时起,原子弹就有了“争气弹”的色彩。当时,不只政界研制原子弹的愿望强烈,科学界要求研制原子弹的呼声也很高。许多科学家向中央建议研制原子弹。1953年,钱三强向中央建议发展原子能事业,后来归国的钱学森也向中央建议发展导弹事业。

县委书记的榜样焦裕禄,坚持群众路线和实事求是的领导方法,同全县干部群众一起,与严重的自然灾害进行顽强斗争,战胜了内涝、风沙、盐碱“三害”,彻底改变了兰考面貌。他与百姓心相连、情相依,全心全意为人民谋利益,不求名利,不图报答,有一种骨子里的爱民情怀;他在兰考县的475天中,靠一辆自行车和一双铁脚板,对全县149个生产大队中的120多个进行了走访和蹲点调研,面对面向群众请教、同群众商量;他身患肝癌,依旧忍着剧痛,顶风冒雪、走村串户、访贫问苦,深入基层、深入田间地头,切实为群众排忧解难,被誉为“党的好干部”“人民的好公仆”。“亲民爱民、艰苦奋斗、科学求实、迎难而上、无私奉献”的焦裕禄精神,不管是过去、现在还是将来都是我们党的宝贵精神财富。

雷锋是一位伟大的共产主义战士、全心全意为人民服务的楷模。他出生于贫苦家庭,对中国共产党怀有深厚的感情,牢固树立了全心全意为人民服务的思想和为共产主义奋斗终生的远大目标。他不忘阶级苦,懂得“怎样做人,为谁活着”,忠于党、忠于人民、忠于祖国、忠

① 参见孙丽:《中国研制“两弹一星”的文化透视》,经济科学出版社2011年版,第49页。

于社会主义；以“钉子”精神刻苦学习毛泽东著作和科学文化知识，不断提高为人民服务的本领；以甘当“螺丝钉”的精神，默默奉献，在平凡的岗位上做出了不平凡的事迹。他热爱集体，关心战友，关心群众，把“毫不利己、专门利人”看成人生最大的幸福和快乐，并身体力行，认真实践，“把有限的生命投入到无限的为人民服务之中去”。雷锋用短短22年的生命铸就了伟大的雷锋精神，这就是“热爱党、热爱祖国、热爱社会主义的崇高理想和坚定信念，服务人民、助人为乐的奉献精神，干一行爱一行、专一行精一行的敬业精神，锐意进取、自强不息的创新精神，艰苦奋斗、勤俭节约的创业精神”。

第二节　注重思想改造

中国共产党领导社会主义建设，非常注重党自身的思想改造和道德修养。马克思在《哥达纲领批判》中说过：“资产阶级的‘信仰自由’不过是容忍各种各样的宗教信仰自由而已，工人党则力求把信仰从宗教的妖术中解放出来。”①社会主义建设过程中，不断有人责难：“共产主义能够为现实生活带来什么，必须将其明白地拿出来才能够相信！”“共产主义怎样才能够真正实现，拿出证据证明共产主义实现的具体时间！”刚刚成立的新中国一穷二白，百废待兴。与此同时，因为战争胜利，也产生了骄傲自满的情绪，滋生了贪图享乐的思想。针对当时的状况，党围绕着当时的中心工作开展了轰轰烈烈的思想政治教育，坚持革命理想，注重思想引领，提升道德修养，激起了建设新中国的热情，社会主义建设蓬勃开展并取得了良好的成绩。

---

① 《马克思恩格斯选集》第三卷，人民出版社2012年版，第376—377页。

中华人民共和国成立后，以毛泽东为代表的中国共产党人，仍然坚持纯洁的革命理想。毛泽东认为："因为胜利，党内的骄傲情绪，以功臣自居的情绪，停顿起来不求进步的情绪，贪图享乐不愿再过艰苦生活的情绪，可能生长。因为胜利，人民感谢我们，资产阶级也会出来捧场。"①社会主义制度刚刚确立，使之得以巩固还需要很长一段时间。在1957年召开的全国宣传工作会议上毛泽东作了重要讲话，在其讲话中指出，中国正在建设社会主义，仍然需要"进行经常的、艰苦的社会主义革命斗争和社会主义教育"②。在当时资本主义世界的封锁和苏联的压力以及影响下，凭着革命战争经验，以阶级斗争和意识形态来鼓舞士气，通过"不断革命"来"赶英超美"，限制资产阶级法权，加速奔向共产主义，成为当时一些人的理想。"宁要社会主义的草，不要资本主义的苗"的思想，不符合历史发展阶段，也一定程度上影响了当时中国的发展。

社会主义建设时期的共产党人，高度重视思想引领。毛泽东曾经说过："掌握思想教育，是团结全党进行伟大政治斗争的中心环节。如果这个任务不解决，党的一切政治任务是不能完成的。"③在新民主主义革命时期，以毛泽东为核心的党的第一代中央领导集体针对"有许多党员，在组织上入了党，思想上并没有完全入党，甚至完全没有入党"④的现状，提出"着重从思想上建设党"的原则。中华人民共和国成立之初，刘少奇在第一次全国宣传工作会议上就曾指出："一个人的阶级觉悟仅仅从感性知识中、从实际生活中得来是不够的，还要提到理论的高度。"⑤中华人民共和国成立后，针对一些同志忙于事务，不注意学习的倾向，毛泽东提醒全党同志："不重视学习理论，天天搞事务，

① 《毛泽东选集》第四卷，人民出版社1991年版，第1438页。
② 《毛泽东文集》第七卷，人民出版社1999年版，第268页。
③ 《毛泽东选集》第三卷，人民出版社1991年版，第1094页。
④ 《毛泽东选集》第三卷，人民出版社1991年版，第875页。
⑤ 《刘少奇选集》下卷，人民出版社1985年版，第82页。

一定要迷失方向。”①不搞肉体消灭，也极少开除党籍，而是强调改造思想，党的干部统一思想，跟上中央精神。党的干部和知识分子要学会不断进行批评与自我批评，领会无产阶级的思想，即以无产阶级的立场、观点、方法作为判断和裁量的标准。毛泽东在《实践论》中就说过："无产阶级和革命人民改造世界的斗争，包括实现下述的任务：改造客观世界，也改造自己的主观世界——改造自己的认识能力，改造主观世界同客观世界的关系。”②1955 年 3 月，在中国共产党全国代表会议上的讲话中，毛泽东殷切地希望："所有的省委书记、市委书记、地委书记以及中央各部门的负责同志，都要奋发努力，在提高马克思列宁主义水平的基础上，使自己成为精通政治工作和经济工作的专家。一方面要搞好政治思想工作，一方面要搞好经济建设。”③邓小平也说过："我们忙于事务，不注意学习，容易陷于庸俗的事务主义中去。不注意学习，忙于事务，思想就容易庸俗化。如果说要变质，那末思想的庸俗化就是一个危险的起点。”④中华人民共和国成立初期，党领导了对知识分子的思想改造运动。按照党对知识分子团结、教育、改造的方针，各地先后举办军政大学、革命大学以及各种短期训练班，组织知识分子学习时事政策文件，开设社会发展史、历史唯物主义、新民主主义等理论课程。毛泽东赞扬文化教育界知识分子的自我教育和自我改造运动。总体上看，这次思想改造运动，符合旧知识分子希望重新学习、转变思想以适应新社会的要求。在党的团结、教育、改造方针的指引下，广大知识分子经受了实际斗争的锻炼，努力适应社会的变化，跟上时代的要求，为发展新中国的教育、科学、文化事业贡献了自己的知识和才智。1954 年至 1955 年，党在思想文化领域领导组织了对资产阶

---

① 《建国以来重要文献选编》第十五册，中央文献出版社 1997 年版，第 169 页。
② 《毛泽东选集》第一卷，人民出版社 1991 年版，第 296 页。
③ 《毛泽东文集》第六卷，人民出版社 1999 年版，第 396 页。
④ 《邓小平文选》第一卷，人民出版社 1994 年版，第 316 页。

级唯心主义思想的批判。对于学术界围绕《红楼梦》的争论,毛泽东极为重视。他认为,《人民日报》对批判俞平伯红学观点的文章不予转载,是对这种批判的"阻拦"。1954 年 10 月 16 日,毛泽东就此事给中央政治局委员和中宣部、国务院及有关部委负责人写信指出,驳俞平伯的两篇文章,是 30 多年以来向所谓《红楼梦》研究权威作家的错误观点第一次认真开火,是反对在古典文学领域毒害青年 30 余年的胡适派资产阶级唯心论的斗争。他认为,1951 年虽然批判了电影《武训传》,"却至今没有引出教训,又出现了容忍俞平伯唯心论和阻拦'小人物'的很有生气的批判文章的奇怪事情,这是值得我们注意的"①。1954 年 12 月,中国科学院和中国作家协会主席团举行联席会议,对批判胡适派唯心论作了部署。当时在思想理论界产生重大影响的,还有对胡风文艺思想的批判。这些批判,取得了成就,但也出现了一些问题。实践证明,在学术和文化领域,党如何在坚持以马克思主义为指导的前提下,进行有益的和有效的工作,是一个需要认真研究的问题。

提倡道德主义,追求道德的纯洁。党的"大我"高于个人的"小我"。毛泽东强调对广大群众进行集体主义、社会主义教育。1955 年 12 月,他在《中国农村的社会主义高潮》一书的"按语"中指出,"提倡以集体利益和个人利益相结合的原则为一切言论行动的标准的社会主义精神,是使分散的小农经济逐步过渡到大规模合作化经济的思想的政治的保证"。毛泽东善于通过整风运动即思想改造运动来推行道德主义。共产党的党员和党的领袖之所以在中华人民共和国成立后有那么高的威望,成为凝聚人们希望之所在,除了革命战争的考验之外,还有其所展现的强大的道德力量。毛泽东一再批评党的各级领导追求物质享受和物质利益,认为这就是"党内资产阶级"和修正主义的源头。

---

① 《建国以来重要文献选编》第五册,中央文献出版社 1993 年版,第 645、646 页。

思想和作风紧密相关,内在的思想改造和外在的整风结合起来,是共产党人的精神在建设时期的重要体现。中华人民共和国成立后,党面对新任务、新环境和新问题,在内部生态方面,整风整党、反腐肃贪。1949年中央决定成立中央纪律检查委员会和地方各级党的纪律检查委员会。1950年开始在全党范围进行大规模的整风运动,着重解决了组织状况和作风方面等问题。同时开展"三反"运动,比较有效地抵制了旧社会的恶习和资产阶级的腐蚀。在外部生态方面,重视发挥各民主党派的监督作用,重视在报纸刊物上开展批评和自我批评,重视文化建设与文化改造。中共宁夏省委就本省整风情况给中共中央西北局并中共中央的报告说,经过整风,宁夏党员干部普遍反映有两点重要收获,其一是"使领导上认识了官僚主义的严重性,纠正了重任务轻政策的观点";其二是纠正了部分干部特别是基层干部中存在的"认为强迫命令、贪污腐化等不算什么错误的认识",增强了党员干部为人民服务的思想。基层一线党员干部"大都能根据政策调查研究,开民主评议会,走群众路线,强迫命令、冒估冒算的现象大大减少"①。1950年5月1日,中共中央正式面向全党全军发布整风指示。指示指出:我党已取得全国胜利,成为执政全国的政党,党员队伍迅速壮大,"两年多以来党的发展已增加了党员约二百万人"。但现时新老党员中皆有一些问题存在。对于新党员,"还没有来得及给以有计划的教育训练",一些人的思想作风不纯;而老党员老干部中也有一些人"骄傲自满,发展了严重的命令主义作风,任意违反党与人民政府的政策,采取蛮横态度去完成工作任务,破坏了党与人民政府的威信,引起人民不满"。为此,中共中央要求各地方中央局、中央分局、省委、大市委、区党委、地委及各大军区党委,按照中共中央统一部署,"领导全党全军,进行一次大规模的整风运动,严格地整顿全党作风,首先是整顿

① 《宁夏省委关于整风运动的报告(1950年9月14日)》,《党内通讯》1950年第57期。

干部作风"[①]。党的八大提出全党整风。联系到延安整风,毛泽东在八大开幕词中指出,现在我们许多同志中间仍然存在主观主义、官僚主义、宗派主义的思想和作风,不利于党内团结和党同人民的团结,必须大力克服这些严重缺点,才能把我们面前伟大的建设工作做好。1957年4月27日,中共中央下发《关于整风运动的指示》,决定在全党进行一次反对官僚主义、宗派主义和主观主义的整风运动。应当看到,采取整风的办法来全面加强党的思想、组织、作风建设,是中国共产党的一个创造。在执政的条件下,党容易产生脱离群众的官僚主义等错误倾向,更需要采取整风的办法来加以解决。根据中共中央的设想,这次整风应当是一次既严肃认真又和风细雨的思想教育运动,是一次认真开展批评和自我批评的自我教育运动,通过发动群众向党员和党的各级组织提意见,帮助党来纠正官僚主义等问题。整风运动后来走上开展对敌斗争的大规模群众性政治运动的熟路,把思想和言论有着某些片面性却是真诚地帮助党整风的人错当成"右派分子"来处理,把历史转变时期新出现的大量人民内部矛盾特别是意识形态领域的人民内部矛盾,误判为敌我矛盾加以错误地处理,造成了不幸的后果。

第三节　从国家和集体的需要出发

中国共产党人在社会主义建设中,强调党员要舍弃个人利益,一切从国家和集体的需要出发。正如列宁所说,大多数人是根据实际生活得出自己的信念的,他们不相信书本和空话。"如果你不善于把理想与经济斗争参加者的利益密切结合起来,以该阶级的'公平的劳动

① 《建国以来重要文献选编》第一册,中央文献出版社1992年版,第217页。

报酬'这类'狭隘'琐碎的生活问题,即自命不凡的民粹主义者不屑理睬的问题结合起来,那么,最崇高的理想也是一文不值的。"①毛泽东也认识得很清楚:"一切空话都是无用的,必须给人民以看得见的物质福利。"②毛泽东指出:"领导农民的土地斗争,分土地给农民;提高农民的劳动热情,增加农业生产;保障工人的利益;建立合作社;发展对外贸易;解决群众的穿衣问题,吃饭问题,住房问题,柴米油盐问题,疾病卫生问题,婚姻问题。总之,一切群众的实际生活问题,都是我们应当注意的问题。"③毛泽东还说过,看一个人"是一个假马克思主义者还是一个真马克思主义者,只要看他和广大的工农群众的关系如何,就完全清楚了。只有这一个辨别的标准,没有第二个标准"④。进行爱国主义、集体主义、社会主义教育,要引导人们正确处理好国家、集体和个人的利益关系。1956 年毛泽东在《论十大关系》中指出:"国家和工厂、合作社的关系,工厂、合作社和生产者个人的关系,这两种关系都要处理好。为此,就不能只顾一头,必须兼顾国家、集体和个人三个方面,也就是我们过去常说的'军民兼顾'、'公私兼顾'。"⑤1957 年,在《关于正确处理人民内部矛盾的问题》中,他又指出,有些群众往往容易注意当前的、局部的、个人的利益,而不了解长远的、全国性的、集体的利益,因此,要对他们经常进行生动的和切实的政治教育。1959 年,在读苏联《政治经济学教科书》的谈话中他再一次指出:"要强调个人利益服从集体利益,局部利益服从整体利益,眼前利益服从长远利益。要讲兼顾国家、集体和个人,把国家利益、集体利益放在第一位,不能把个人利益放在第一位。"⑥1959 年 3 月 17 日,针对违背客观规律,脱

---

① 《列宁全集》第一卷,人民出版社 1984 年版,第 353 页。
② 《毛泽东著作选读》下册,人民出版社 1986 年版,第 563—564 页。
③ 《毛泽东选集》第一卷,人民出版社 1991 年版,第 136—137 页。
④ 《毛泽东选集》第二卷,人民出版社 1991 年版,第 567 页。
⑤ 《毛泽东文集》第七卷,人民出版社 1999 年版,第 28 页。
⑥ 《毛泽东文集》第八卷,人民出版社 1999 年版,第 136 页。

离实际，脱离群众，刮“共产风”，搞“一平二调三收款”的错误，毛泽东指出：“一定要每日每时关心群众利益，时刻想到自己的政策措施一定要适合当前群众的觉悟水平和当前群众的迫切要求。凡是违背这两条的，一定行不通，一定要失败。”①毛泽东在《为人民服务》中，高度赞扬为了集体利益而牺牲自己利益的人：“我们大家要学习他毫无自私自利之心的精神。从这点出发，就可以变为大有利于人民的人。一个人能力有大小，但只要有这点精神，就是一个高尚的人，一个纯粹的人，一个有道德的人，一个脱离了低级趣味的人，一个有益于人民的人。”②施拉姆在《毛泽东》中曾作了这样的评价，毛泽东是一个伟人，一百年以后，人们也会记得这位思想家。他一生都在操心全人类的幸福，体恤中国劳苦大众，费尽心血地实现世界人民的民族解放。

要调动人民的建设积极性，就要注意物质利益的问题。邓小平同志曾经指出：“革命精神是非常宝贵的，没有革命精神就没有革命行动。但是，革命是在物质利益的基础上产生的，如果只讲牺牲精神，不讲物质利益，那就是唯心论。”③为了国家和集体的利益，共产党人就要舍弃个人利益。邓小平在回答“中国共产党员的含意是什么”的问题时，明确提出：“中国共产党员的含意或任务，如果用概括的语言来说，只有两句话：全心全意为人民服务，一切以人民利益作为每一个党员的最高准绳。他的目的是要实现社会主义、共产主义。”④胡乔木也曾经说过：“决不能忘记我们每个共产党员的天职就是为共产主义的终极目标而奋斗终身，是全心全意地为最大多数人民的最大利益而献出自己的一切。”⑤

中华人民共和国成立后，通过思想改造和整风，知识分子和劳动

---

① 《毛泽东文集》第八卷，人民出版社 1999 年版，第 33 页。
② 《毛泽东选集》第二卷，人民出版社 1991 年版，第 660 页。
③ 《邓小平文选》第二卷，人民出版社 1994 年版，第 146 页。
④ 《邓小平文选》第一卷，人民出版社 1994 年版，第 257 页。
⑤ 《胡乔木文集》第二卷，人民出版社 2012 年版，第 571 页。

人民自觉自愿地追求成为道德上更为高尚的集体事业的齿轮和螺丝钉。毛泽东、刘少奇都多次强调儒家式的省察自身、道德修养，以及墨家式的劳动至上、兼爱尚同等话语形式。"平等"成为这一时期的重要价值追求。中华人民共和国成立以来，涌现了一批可歌可泣的建设者，如铁人王进喜（"宁可少活二十年，拼命也要拿下大油田"）、共产主义好战士雷锋（"人的生命是有限的，而为人民服务是无限的。我要把有限的生命，投入到无限的为人民服务之中去"）、人民的好县委书记焦裕禄（"把我运回兰考，埋在沙堆上，活着我没有治好沙丘，死了也要看着你们把沙丘治好"）。从国家和集体的需要出发，个人利益和地方利益随时可以为整体利益让步，是这一时期"全国一盘棋"的工业布局和统筹调节基本形成的一个重要原因。这个时期留下来反传统等级的平等观念、集体观念、劳动光荣、劳动人民至上观念、保护弱势群体观念，等等，在今天依然产生着重要的影响。

第四节　艰苦奋斗精神

在党的七届二中全会上，毛泽东同志高瞻远瞩地向全党特别是高级干部敲了警钟，提出了全党同志必须做到"两个务必"的著名论述。毛泽东同志在新民主主义革命即将取得全国胜利的时刻，富有洞察力地告诫全党："我们很快就要在全国胜利了。这个胜利将冲破帝国主义的东方战线，具有伟大的国际意义。夺取这个胜利，已经是不要很久的时间和不要花费很大的气力了；巩固这个胜利，则是需要很久的时间和要花费很大的气力的事情。资产阶级怀疑我们的建设能力。帝国主义者估计我们终久会要向他们讨乞才能活下去。因为胜利，党内的骄傲情绪，以功臣自居的情绪，停顿起来不求进步的情绪，贪图享乐不愿再过艰苦生活的情绪，可能生长。因为胜利，人民感谢我们，资产阶级也会出来捧场。敌人的武力是不能征服我们的，这点已经得到证明了。资产阶级的捧场则可能征服我们队伍中的意志薄弱者。可能有这样一些共产党人，他们是不曾被拿枪的敌人征服过的，他们在这些敌人面前不愧英雄的称号；但是经不起人们用糖衣裹着的炮弹的攻击，他们在糖弹面前要打败仗。我们必须预防这种情况。夺取全国胜利，这只是万里长征走完了第一步。如果这一步也值得骄傲，那是比较渺小的，更值得骄傲的还在后头。在过了几十年之后来看中国人民民主革命的胜利，就会使人们感觉那好像只是一出长剧的一个短小的序幕。剧是必须从序幕开始的，但序幕还不是高潮。中国的革命是伟大的，但革命以后的路程更长，工作更伟大，更艰苦。这一点现在就必须向党内讲明白，务必使同志们继续地保持谦虚、谨慎、不骄、不躁的作风，务必使同志们继续地保持艰苦奋斗的作风。我们有批评和自我批评这个马克思列宁主义的武器。我们能够去掉不良作风，保持优良作风。我们能够学会我们原来不懂的东西。我们不但善于破坏一个旧世界，我们还将善于建设一个新世界。”①社会主义建设时期，毛泽东指出：“社会主义是艰苦的事业。我们以后对工人、农民、士兵、学生都应该宣传艰苦奋斗的精神。”②邓小平指出：“我们过去几十年艰苦奋斗，就是靠用坚定的信念把人民团结起来，为人民自己的利益而奋斗。没有这样的信念，就没有凝聚力。”③雷锋坚持艰苦朴素的作风，时刻不忘帮助他人，为国家建设作贡献。雷锋精神感染了几代中国人，雷锋的名字刻在了全国亿万人民心中，他的生命虽然短暂，但他的英名将万古流芳，世代永存，他的死重于泰山。毛泽东号召向雷锋同志学习，学习他践行全心全意为人民服务的精神，学习他平凡中造就伟

---

① 《毛泽东选集》第四卷，人民出版社 1991 年版，第 1438—1439 页。
② 《毛泽东文集》第七卷，人民出版社 1999 年版，第 246 页。
③ 《邓小平文选》第三卷，人民出版社 1994 年版，第 190 页。

大的“螺丝钉”精神。

毛泽东还把勤劳节俭、艰苦奋斗提升到政治高度来对待。他认为没有这个传家宝，中国共产党不可能赢得一次又一次的伟大胜利。毛泽东曾经指出：“我们要提倡艰苦奋斗，艰苦奋斗是我们的政治本色。”他还指出：“实行增产节约，反对铺张浪费。这不但在经济上有重大意义，在政治上也有重大意义。”[①]对于勤劳节俭，毛泽东有过这样的经典论述：“我们的国家一要勤，二要俭，不要懒，不要豪华。懒则衰，就不好。”[②]毛泽东同志曾多次要求全党同志和领导干部要坚持艰苦奋斗。他说，“要使全体干部和全体人民经常想到我国是一个社会主义的大国，但又是一个经济落后的穷国，这是一个很大的矛盾。要使我国富强起来，需要几十年艰苦奋斗的时间”。1949年10月26日，毛泽东在给延安和陕甘宁边区人民的复电中指出：“我并且希望，全国一切革命工作人员永远保持过去十余年间在延安和陕甘宁边区的工作人员中所具有的艰苦奋斗的作风。”[③]毛泽东指出，鸦片战争以后，中国受帝国主义的侵略和欺辱，“其原因：一是社会制度腐败，二是经济技术落后。现在，我国社会制度变了，第一个原因基本解决了；但还没有彻底解决，社会还存在着阶级斗争。第二个原因也已开始有了一些改变，但要彻底改变，至少还需要几十年时间。如果不在今后几十年内，争取彻底改变我国经济和技术远远落后于帝国主义国家的状态，挨打是不可避免的”[④]。因此，他要求全党“保持过去革命战争时期的那么一股劲，那么一股革命热情，那么一种拼命精神，把革命工作做到底”[⑤]。凭借着艰苦奋斗和拼命精神，我们取得了抗美援朝战争的胜利，改造了旧社会、旧制度，在战天斗地中孕育出了兵团精神、北大荒精神、大庆

① 《建国以来毛泽东文稿》(6)，中央文献出版社1992年版，第355页。
② 《毛泽东选集》第五卷，人民出版社1977年版，第237页。
③ 《毛泽东文集》第六卷，人民出版社1999年版，第17页。
④ 《毛泽东文集》第八卷，人民出版社1999年版，第340页。
⑤ 《毛泽东著作选读》下册，人民出版社1986年版，第800—801页。

精神、红旗渠精神和“两弹一星”精神，在一穷二白的“白纸”上，书写了新中国建设的壮丽诗篇。

中华人民共和国成立之初，党中央从党的建设和执政党要坚持反腐倡廉的角度提倡艰苦奋斗。毛泽东认为应该把进行艰苦奋斗教育与加强党的建设联系起来，他曾经指出：“坚定正确的政治方向，是与艰苦奋斗的工作作风不能脱离的，没有坚定正确的政治方向，就不能激发艰苦奋斗的工作作风；没有艰苦奋斗的工作作风，也就不能执行坚定正确的政治方向。”[①]周恩来要求共产党员“应该知足常乐，要觉得自己的物质待遇够了，甚至于过了，觉得少一点好，人家分给我们的多了就应该居之不安。要使艰苦朴素成为我们的美德”，“我们应该把整个身心放在共产主义事业上，以人民的疾苦为忧，以世界的前途为念。这样，我们的政治责任感就会加强，精神境界就会高尚”。[②] 1950年，中共中央在全党开展整风运动，希冀克服上级机关的官僚主义和中下级机关的命令主义，纠正干部、党员中的居功自傲情绪和“革命到头”思想，密切党和人民群众的关系。1951年，中共中央又决定进行整党，重点解决党内思想不纯和组织不纯等方面的问题。由于当时整党运动与抗美援朝运动同时进行，为了全力进行抗美援朝，毛泽东提出“精兵简政、增产节约”。随着增产节约运动的深入开展，陆续发现党内存在着严重的贪污、浪费与官僚主义现象。中共中央于1951年12月1日发出了《关于实行精兵简政、增产节约、反对贪污、反对浪费和反对官僚主义的决定》。1951年11月30日，毛泽东为转发邓小平11月25日关于西南区党政军三个会议情况报告起草的批语指出：“反贪污、反浪费一事，实是全党一件大事，我们已告诉你们严重地注意此事。我们认为需要来一次全党的大清理，彻底揭露一切大、中、小贪污

① 参见胡锦涛：《坚持发扬艰苦奋斗的优良作风　努力实现全面建设小康社会的宏伟目标》，《求是》2003年第1期。

② 《周恩来选集》（下），人民出版社1984年版，第427页。

事件……才能停止很多党员被资产阶级所腐蚀的极大危险现象，才能克服二中全会所早已料到的这种情况，并实现二中全会防止腐蚀的方针，务请你们加以注意。”1951 年 12 月 8 日，毛泽东为中共中央起草关于“三反”斗争的电报中对斗争的性质、运动的方法及结果处理的原则、政策等，都作出了明确的指示。刘青山、张子善的被处决、轰轰烈烈的“三反”运动以及毛泽东发表的一系列重要指示，确定了执政后的中国共产党弘扬艰苦奋斗作风的着力点。

中华人民共和国成立后，毛泽东还从国家建设的角度，提出共产党人要厉行节约和勤俭建国方针。其时，在一些干部中出现了贪污和浪费的现象，所以毛泽东从国家长远建设的角度考量，在 1951 年谈及浪费现象时指出：“浪费和贪污在性质上虽有若干不同，但浪费的损失大于贪污，其结果又常与侵吞、盗窃和骗取国家财物或收受他人贿赂的行为相接近。故严惩浪费，必须与严惩贪污同时进行。浪费的范围极广，项目极多，又是一个普遍的严重现象，故须着重地进行斗争，并须定出惩治办法。”1957 年，毛泽东在最高国务会议第十一次会议上指出：“一九五二年‘三反’运动中，我们反对过贪污、浪费和官僚主义，而着重在反对贪污。一九五五年提倡过节约，重点是在非生产性的基本建设中反对了过高的标准……今年要求在全国各方面提倡节约，反对浪费。”1955 年 12 月，毛泽东为《勤俭办社》一文写“按语”，提出了“勤俭经营应当是一切经济事业的方针”，提出了“勤俭办工厂，勤俭办商店，勤俭办一切国营事业和合作事业，勤俭办一切其他事业，什么事情都应当执行勤俭的原则”。1956 年，毛泽东在党的八届二中全会讲话中针对 1949 年一位将军主张军队要增加薪水这件事时说：“我是历来主张军队要艰苦奋斗……艰苦奋斗是我们的政治本色。”1957 年，毛泽东在《关于正确处理人民内部矛盾问题》的讲话中再次指出：“要使我国富强起来，需要几十年艰苦奋斗的时间，其中包括执行厉行节约、反对浪费这样一个勤俭建国的方针。”勤俭建国成为人民、国家和执政党艰苦奋斗的时代特征。1957 年 3 月，毛泽东在济南党员干部会议上讲话时又强调指出："要经过整风，把我们党艰苦奋斗的传统好好发扬起来……人没有饿死，就要做革命工作，就要奋斗。一万年以后，也要奋斗。共产党就是要奋斗，就是要全心全意为人民服务，不要半心半意或者三分之二的心三分之二的意为人民服务。"1959 年 12 月至 1960 年 2 月，毛泽东倡导领导干部学习马克思主义经济理论，读一读苏联的《政治经济学教科书》，并就此书发表了许多谈话，就其中有关"厉行节约"的内容，毛泽东指出："这里把厉行节约，积累大量的物力和财力，当成只是在极为困难的情况下要做的事情，这是不对的。难道困难少了，就不需要厉行节约了吗？"①

在艰苦奋斗中，新中国的建设成就卓著，应该充分估计和肯定全国人民在以毛泽东同志为核心的党中央领导下对国家的建设成果。在当时美国封锁的国际环境下，中国共产党强调自力更生，建立了全国性的大型工业体系，农村修了大量水库，为今后的发展打下了重要基础。与苏联有相似又有不同，新中国社会主义建设时期注重发挥地方积极性，长期注意"条条"和"块块"的关系，实行统而不死的计划经济。当然，由于注重从国家和集体的需要出发，对个人的利益重视显得不够，人们的生活水平提高受到了一定的影响。同时由于人口剧增，问题有所加剧。但是，党中央坚持自上而下的艰苦奋斗，扩大再生产。毛泽东坚持取消工资制和恢复供给制。这个时期虽然有一些浪费，但是很少贪污。党中央高位推动，各级党的领导干部"保留意见、组织上服从"，这虽然存在一定局限性，但是毫无疑问保证了制度和政策的执行力。

---

① 参见祝志男：《毛泽东艰苦奋斗思想的形成发展探析》，《前线》2013 年第 12 期。

第四章

勇辟新路的领导党与改革开放精神

“改革开放精神”,是习近平总书记提出来用以概括改革开放 40 年的精神标识。2018 年 12 月,习近平总书记在庆祝改革开放 40 周年大会上的讲话中提出,改革开放铸就的伟大改革开放精神,极大丰富了民族精神内涵,成为当代中国人民最鲜明的精神标识![1] 江泽民也曾经概括性提出改革开放时期要弘扬的“五种精神”。2001 年 1 月 10 日,江泽民在与出席全国宣传部部长会议的代表座谈时提出,要在全社会大力宣传和弘扬为实现社会主义现代化而不懈奋斗的精神。他说,面向新世纪、新形势、新任务,特别需要在全党和全社会大力宣传和弘扬解放思想、实事求是的精神,紧跟时代、勇于创新的精神,知难而进、一往无前的精神,艰苦奋斗、务求实效的精神,淡泊名利、无私奉献的精神。[2]

邓小平是改革开放的开路者,也是改革开放精神的首位谱写者。邓小平曾经明确提出,如果现在再不实行改革,我们的现代化事业和社会主义事业就会被葬送。在邓小平同志领导下和老一辈革命家支持下,党的十一届三中全会冲破长期“左”的错误的严重束缚,批评

① 习近平:《在庆祝改革开放 40 周年大会上的讲话》,《人民日报》2018 年 12 月 19 日。
② 《江泽民文选》第三卷,人民出版社 2006 年版,第 197—198 页。

“两个凡是”的错误方针，充分肯定必须完整、准确地掌握毛泽东思想的科学体系，高度评价关于真理标准问题的讨论，果断结束“以阶级斗争为纲”，重新确立马克思主义的思想路线、政治路线、组织路线。从此，我国改革开放拉开了大幕。改革开放40多年，为我们党领导社会主义现代化积累了宝贵经验，也积淀下了党和人民弥足珍贵的精神财富。这段时期，一度高度重视爱国主义教育，强调市场经济和法治秩序按政策依据和规矩秩序运行。1992年10月召开的党的十四大，明确提出了中国经济体制改革的目标是建立社会主义市场经济体制，这标志着全党在经济体制改革目标上已形成共识。1997年9月召开的党的十五大提出的党领导人民治理国家的基本方略，就是广大人民群众在党的领导下，依照宪法和法律规定，逐步实现社会主义民主的制度化、规范化、程序化，使这种制度和法律不因领导人的改变而改变，不因领导人看法和注意力的改变而改变。这段时期，也开始高度重视人民群众的物质利益诉求。邓小平曾指出，“不讲多劳多得，不重视物质利益，对少数先进分子可以，对广大群众不行，一段时间可以，长期不行。革命精神是非常宝贵的，没有革命精神就没有革命行动。但是，革命是在物质利益的基础上产生的，如果只讲牺牲精神，不讲物质利益，那就是唯心论”①。纵观我国40多年改革开放的伟大历程，改革开放的每一次深度推进都离不开精神动力的强劲支撑：实践标准大讨论成为成功开启改革开放的精神引擎；人的主体性意识的唤醒涵养了伟大的改革开放精神；社会主义核心价值观为改革开放注入了鲜活的正能量精神元素；与时俱进的中国化马克思主义理论为改革开放提供了正确的精神指引。从唯物史观来看，改革开放强大精神动力的生成始终恪守以人民性为旨归的价值原理、以规律性为追求的科学原理、以开放性为原则的辩证原理、以先进性为坐标的进步原理和以变革性

① 《邓小平文选》第二卷，人民出版社1994年版，第146页。

为目的的实践原理。①

第一节 解放思想和精神觉醒

改革开放是中国共产党和中华民族的一次伟大觉醒。2018 年 12 月,习近平总书记在庆祝改革开放 40 周年大会上的讲话中指出:“改革开放是我们党的一次伟大觉醒,正是这个伟大觉醒孕育了我们党从理论到实践的伟大创造。”②信仰、信念、信心,任何时候都至关重要。小到一个人、一个集体,大到一个政党、一个民族、一个国家,只要有信仰、信念、信心,就会愈挫愈奋、愈战愈勇,否则就会不战自败、不打自垮。无论过去、现在还是将来,对马克思主义的信仰,对中国特色社会主义的信念,对实现中华民族伟大复兴中国梦的信心,都是指引和支撑中国人民站起来、富起来、强起来的强大精神力量。解放思想,冲破以往的教条主义束缚,中国共产党人开始重新思考中国式现代化的方向和道路,思想上和精神上都更加自觉和主动。

1956 年党的八大以后,我国社会主义现代化建设,没有依据当时生产力发展水平,而是过于追求理想生产关系,片面追求公平的理念。比如建立纯而又纯的公有制、计划经济体制以及“一大二公”的平均主义分配制度,甚至不敢追求财富,把贫穷与社会主义画等号等,在人们的思想上烙上了关于社会主义本质属性深刻的精神印记。突破这种深刻的思想教条的束缚和禁锢,成为开启改革开放伟大实践的思想前提。邓小平指出:“什么叫社会主义,什么叫马克思主义?我们过去对

---

① 范宝舟:《改革开放精神动力的唯物史观解读》,《马克思主义与现实》2019 年第 5 期。
② 习近平:《在庆祝改革开放 40 周年大会上的讲话》,《人民日报》2018 年 12 月 19 日。

这个问题的认识不是完全清醒的。”[①]邓小平还认为“革命是要搞阶级斗争,但革命不只是搞阶级斗争。生产力方面的革命也是革命,而且是很重要的革命”[②],“这种带有空想色彩的以平均主义为特征的社会主义构想,是根本行不通的,不能不受到党内许多同志不同程度的抵制”[③]。邓小平还反思了改革开放前出现问题的一些原因,他指出:“历史是人民创造的,但是这丝毫不排斥人民对于杰出的个人的尊敬;而尊敬,当然不是迷信,不是把他当作神。”[④]

共产党人勇于自我批评,敢于开辟新路,投身社会主义现代化建设的热情,也感染了人民大众。时任广东省委书记习仲勋回忆20世纪70年代末80年代初这段历史时说:“当时广东省委的同志分头到各地去调查研究,深感三中全会精神传达贯彻后,农村形势一片大好,广大干部、群众心情舒畅,‘稳定,高兴,充满希望’——这就是当时形势的概括。”[⑤]时任四川省南充县委书记康咸熙回忆当年在乡村推行改革时说:“过去对双包顾虑重重,现在迎刃而解。中央文件指出‘包产、包干都是责任制形式,允许搞’,真是大快人心,农民高兴。两个长期不变,农民特别满意。”[⑥]不只是农村改革和创立特区,包括在对外开放中的“三来一补”、经济调节中的集贸市场、1998年的抗洪抢险斗争、2008年的汶川特大地震抗震救灾、北京奥运会等改革开放时期重大历史事件中都在公众与领袖之间产生了广泛的群体性情感共振。改革开放后,针对部分党员中出现的群众感情淡薄问题,中共更加强调党员“带着感情做群众工作”“增进与人民群众的感情”的重要性。2004年,《人民日报》发文指出“这个情”是“对人民群众的无限深情,领导

---

① 《邓小平文选》第三卷,人民出版社1993年版,第63页。
② 《邓小平文选》第二卷,人民出版社1983年版,第311页。
③ 胡绳:《中国共产党的七十年》,中共党史出版社1991年版,第432—433页。
④ 《邓小平文选》第二卷,人民出版社1983年版,第173页。
⑤ 《习仲勋文选》,中央文献出版社1995年版,第480页。
⑥ 《改革纪事》,中国文史出版社2011年版,第102页。

干部尤其应当对人民群众充满感情”,并要求各级党员领导干部警惕“感情缺乏症”。[①] 邓小平曾指出:“农村搞家庭联产承包,这个发明权是农民的。农村改革中的好多东西,都是基层创造出来,我们把它拿来加工提高作为全国的指导。”[②]邓小平非常注重思想路线的问题,他指出:“只有解决好思想路线问题,才能提出新的正确政策,首先是工作重点的转移,还有农村政策、对外关系政策,以及相应的一整套建设社会主义的政策。”[③]在改革开放伟大实践进程中,中国共产党人还围绕“建设什么样的党、怎样建设党”“实现什么样的发展、怎样发展”以及“新时代坚持和发展什么样的中国特色社会主义、怎样坚持和发展中国特色社会主义”等一系列时代之问,不断地进行理论创新,与国际国内的各种思想观念进行交锋和斗争,正本清源,从思想基础上廓清了阻碍改革开放的观念迷雾,为改革开放伟大实践的顺利推进和健康发展提供了正确的精神指引。把“不忘本来、吸收外来、面向未来”的精神链条有机贯通起来。邓小平曾极富洞察力地指出:“右可以葬送社会主义,‘左’也可以葬送社会主义。中国要警惕右,但主要是防止‘左’。”[④]

从事社会主义现代化建设,人的因素很重要,人的思想解放和精神觉醒是重要的精神力量。邓小平在回答从事革命工作的经验时说:“人的因素重要,不是指普通的人,而是指认识到人民自己的利益并为之而奋斗的有坚定信念的人。”[⑤]邓小平还说过:“过去我们党无论怎样弱小,无论遇到什么困难,一直有强大的战斗力,因为我们有马克思主义和共产主义的信念。有了共同的理想,也就有了铁的纪律。无论

① 《警惕“感情缺乏症”》,《人民日报》2004 年 7 月 26 日。
② 《邓小平文选》第三卷,人民出版社 1993 年版,第 382 页。
③ 《邓小平文选》第三卷,人民出版社 1993 年版,第 10 页。
④ 《邓小平文选》第三卷,人民出版社 1993 年版,第 375 页。
⑤ 《邓小平文选》第三卷,人民出版社 1993 年版,第 190 页。

过去、现在和将来,这都是我们的真正优势。”①“在我们最困难的时期,共产主义的理想信念是我们的精神支柱,多少人牺牲就是为了实现这个理想。”②“根据我长期从事政治和军事活动的经验,我认为,最重要的是人的团结,要团结就要有共同的理想和坚定的信念。我们过去几十年艰苦奋斗,就是靠用坚定的信念把人民团结起来,为人民自己的利益而奋斗。没有这样的信念,就没有凝聚力。没有这样的信念,就没有一切。”③邓小平还强调要坚定理想,以及把理想和纪律结合起来,他说:“我们共产党人的最高理想是实现共产主义,在不同历史阶段又有代表那个阶段最广大人民利益的奋斗纲领。因此我们才能够团结和动员最广大的人民群众,叫做万众一心。”④“有理想,有纪律,这两件事我们务必时刻牢记在心。一定要让我们的人民,包括我们的孩子们知道,我们是坚持社会主义和共产主义的,我们采取的各方面的政策,都是为了发展社会主义,为了将来实现共产主义。”⑤

1978 年 5 月 10 日,中共中央党校内部刊物《理论动态》第 60 期刊登了一篇题为《实践是检验真理的唯一标准》的文章。5 月 11 日,《光明日报》以特约评论员文章发表。5 月 12 日,《人民日报》和《解放军报》同时转载。之后,全国大多数省级党报也陆续全文转载。这篇文章阐明,实践不仅是检验真理的“唯一标准”,而且是检验党的路线是否正确的“唯一标准”。这是从理论上对“两个凡是”的否定。这篇文章的发表,在全党引起了强烈反响,同时也遭到坚持“两个凡是”派的压制和阻挠。邓小平等老一辈革命家对这场讨论给予有力的支持和指导。“邓小平以无产阶级革命家的敏感和马克思主义者的洞察力,

---

① 《邓小平文选》第三卷,人民出版社 1993 年版,第 144 页。
② 《邓小平文选》第三卷,人民出版社 1993 年版,第 137 页。
③ 《邓小平文选》第三卷,人民出版社 1993 年版,第 190 页。
④ 《邓小平文选》第三卷,人民出版社 1993 年版,第 190 页。
⑤ 《邓小平文选》第三卷,人民出版社 1993 年版,第 112 页。

最早指出了(两个凡是)不行,但当时只有党内少数高层领导干部知道,并没有向下传达。”[①]1978年6月2日上午,邓小平在全军政治工作会议上发表讲话,再次不点名地批驳“两个凡是”,并反复引用毛泽东关于用实践来检验真理的论述,强调指出:“同志们请想一想,实事求是,一切从实际出发,理论和实践相结合,这是不是毛泽东思想的根本观点呢?这种根本观点有没有过时,会不会过时呢?如果反对实事求是,反对从实际出发,反对理论和实践相结合,那还说得上什么马克思列宁主义、毛泽东思想呢?那会把我们引导到什么地方去呢?很明显,那只能引导到唯心主义和形而上学,只能引导到工作的损失和革命的失败。”[②]6月6日,《人民日报》和《解放军报》发表了邓小平的这篇讲话的全文。邓小平的讲话,使坚持实践标准的同志们受到了巨大的鼓舞。这次讲话,实际上是给“两个凡是”的提出和坚持者上了一堂马克思主义认识论的理论课。当时,中共中央副主席邓小平兼任军委副主席和总参谋长(并兼总参谋部党委第一书记)。杨勇和迟浩田等为副总参谋长,迟浩田兼任总参谋部政治部主任。据《迟浩田传》记载:邓小平仔细审阅了总参的学习计划后,打电话给迟浩田说:“你们的计划我看了,非常好!过去我们经常讲,理论是行动的指南,这是不够的,还得强调实践是检验真理的标准,你们要联系实际想一想。”[③]

实践标准的实质在于解放思想。邓小平强调指出:“目前进行的关于实践是检验真理的唯一标准问题的讨论,实际上也是要不要解放思想的争论。”[④]在讲话中邓小平引用了毛泽东同志在整风运动中反复讲过的话——“一个党,一个国家,一个民族,如果一切从本本出发,思想僵化,迷信盛行,那它就不能前进,它的生机就停止了,就要亡党亡

---

① 谢武申:《〈实践是检验真理的唯一标准〉问世的前前后后》,《党史纵横》2018年第5期。

② 《邓小平文选》第二卷,人民出版社1994年版,第118页。

③ 《迟浩田传》,解放军出版社2009年版,第229—231页。

④ 《邓小平文选》第二卷,人民出版社1994年版,第143页。

国”,以此表达解放思想的重要性。“只有解放思想,坚持实事求是,一切从实际出发,理论联系实际,我们的社会主义现代化建设才能顺利进行,我们党的马列主义、毛泽东思想的理论也才能顺利发展。从这个意义上说,关于真理标准问题的争论,的确是个思想路线问题,是个政治问题,是个关系到党和国家的前途和命运的问题。”①1979年7月,邓小平同志接见中共海军委员会常委扩大会议全体同志时发表重要讲话,强调指出:“真理标准问题的讨论是基本建设,不解决思想路线问题,不解放思想,正确的政治路线就制定不出来,制定了也贯彻不下去。”“不要小看实践是检验真理的唯一标准的争论。这场争论的意义太大了,它的实质就在于是不是坚持马列主义、毛泽东思想。”②1980年2月,邓小平同志在中共十一届五中全会第三次会议上发表《坚持党的路线,改进工作方法》的讲话,强调真理标准问题的讨论要结合实际,解决新问题,加强党的领导。邓小平同志强调指出:“关于真理标准问题的讨论,现在越来越显示出它的重要性。这个讨论是针对‘两个凡是’的,意思是不要把马列主义、毛泽东思想当作教条。三中全会的提法,叫研究新情况,解决新问题。去年我们说,各地对于这个问题的讨论要结合实际,要结合具体情况解决问题。这就是说,坚持党的思想路线,也同样要求向前看。处理任何问题,都要使全党全国人民的注意力集中于怎样恢复和提高党的威信、加强和改善党的领导,怎样解决现在面临的国际和国内的新问题。”③1980年12月25日,邓小平同志在中共中央工作会议上发表题为《贯彻调整方针,保证安定团结》的重要讲话,从取得成效方面强调指出:“真理标准问题的讨论,对于我们这几年来在政治、经济、组织等各方面进行一系列改革,对于我们在各条战线上取得显著成绩,起了极大的推动作用。理论工作者、

① 《邓小平文选》第二卷,人民出版社1994年版,第143页。
② 《邓小平文选》第二卷,人民出版社1994年版,第191页。
③ 《邓小平文选》第二卷,人民出版社1994年版,第279页。

宣传工作者、新闻工作者、教育工作者、文艺工作者同党的各级干部一起，在这几年的富有成效的工作中，共同作出了重要的贡献，应该给予充分的肯定。总的说来，思想战线上各方面的工作，成绩是主要的。”①

第二节　遵循市场规律与尊崇法治精神

改革开放以来，对社会主义等于计划经济的模式进行了反思，认清了我国发展所处的历史方位。在这个过程中，邓小平市场经济思想对全党树立尊重市场的意识至关重要。邓小平市场经济思想的历史演变过程主要可以分为三个阶段，即从“计划经济为主，市场经济为辅”，到“计划与市场内在统一”，再到“全面实行社会主义市场经济”。1981 年由邓小平主持制定的《关于建国以来党的若干历史问题的决议》中讲，必须在公有制基础上实行计划经济，同时发挥市场调节的辅助作用。1982 年 4 月 3 日邓小平在一次讲话中说：“最重要的，还是陈云同志说的，公有制基础上的计划经济，市场调节为辅。”②1987 年 2 月 6 日邓小平与中央几位领导人谈话中提出：“我们以前是学苏联的，搞计划经济。后来又讲计划经济为主，现在不要再讲这个了。”③1987 年 10 月党的十三大没有再提计划经济为主，甚至连“计划经济”一词也没有提。被邓小平称作“一个字都不能改”的十三大报告指出，“社会主义有计划商品经济的体制，应该是计划与市场内在统一的体制”，“必须把计划工作建立在商品交换和价值规律的基础上”，“计划和市场的作用范围都是覆盖全社会的”。并且，明确提出了新的经济运行

① 《邓小平文选》第二卷，人民出版社 1994 年版，第 364 页。
② 《陈云年谱(修订本)》下，中央文献出版社 2015 年版，第 293 页。
③ 《邓小平文选》第三卷，人民出版社 1993 年版，第 203 页。

机制,即“国家调节市场,市场引导企业”。1990 年至 1992 年,邓小平突破传统认识,提出计划经济与市场经济“都是手段”。特别是在 1992 年南方谈话中,邓小平提出了举世瞩目的新论断:“计划经济不等于社会主义”,“市场经济不等于资本主义”,“计划和市场都是经济手段”。[①] 为了落实邓小平市场经济思想,1992 年 6 月 9 日江泽民在中央党校的讲话中,提出了“关于在我国建立社会主义市场经济体制”的建议。他从资源配置的角度将市场经济界定为“配置资源和提高激励的有效方式”,“通过竞争和价格杠杆把稀缺物资配置到能创造最好效益的环节中去”。同时指出,市场不是万能的,它有“自身的明显弱点和局限性”。1992 年党的十四大报告,确立了社会主义市场经济体制的目标模式,并将其概括为“就是要使市场在国家宏观调控下对资源配置起基础性作用”。并强调说明,社会主义市场经济就是市场经济与社会主义基本制度相结合。社会主义市场经济理论的提出,完全突破了将市场经济与私有制和资本主义绑定的传统观念,为社会主义经济体制改革和经济发展开辟了新的道路。

2013 年 11 月,党的十八届三中全会通过了《中共中央关于全面深化改革若干重大问题的决定》,提出“经济体制改革核心问题是处理好政府和市场的关系,使市场在资源配置中起决定性作用和更好发挥政府作用”,进一步发展了社会主义市场经济思想。我们现在实行的社会主义市场经济,是对市场经济作了新的界定的,既突破了其与私有制和资本主义制度是相联系的认识,也超越了完全由价值规律自发调节、“无政府”、“盲目性”生产的理解。全党形成这样的共识,显然是和邓小平的探索分不开的。党的十三大召开前,邓小平就曾明确指出,“计划和市场都是方法嘛,只要对发展生产力有好处,就可以利

① 《邓小平文选》第三卷,人民出版社 1993 年版,第 373 页。

用”[①]。1990年年底和1991年年初，邓小平还曾两次指出：“不要以为，一说计划经济就是社会主义，一说市场经济就是资本主义，不是那么回事，两者都是手段，市场也可以为社会主义服务。”[②]1992年邓小平在南方谈话中再一次强调：“计划多一点还是市场多一点，不是社会主义与资本主义的本质区别。计划经济不等于社会主义，资本主义也有计划；市场经济不等于资本主义，社会主义也有市场。计划和市场都是经济手段。”[③]

邓小平非常重视法治建设，要求党的领导干部要自上而下尊崇法治精神。邓小平说过：“我们这么大一个国家，怎么样才能团结起来、组织起来呢？一靠理想，二靠纪律。”[④]邓小平亲自主持了《关于建国以来党的若干历史问题的决议》的起草工作，纠正毛泽东晚年错误的同时，维护毛泽东的历史地位。同时指出：党内个人专断和“个人崇拜”现象的主要原因是，“我们没有能把党内民主和国家政治社会生活的民主加以制度化、法律化，或者虽然制定了法律，却没有应有的权威”[⑤]。邓小平认为，我们当前的共同理想是实现社会主义现代化，“有了共同的理想，也就有了铁的纪律。无论过去、现在和将来，这都是我们的真正优势”[⑥]。邓小平从我国社会主义现代化建设和改革开放的实际出发，立足国情，放眼世界，创造性地阐释了一系列具体而明确的法治观点，提出了社会主义法制建设“有法可依、有法必依、执法必严、违法必究”的十六字方针。1978年10月3日，在同胡乔木、邓力群、于光远谈话时指出：“法制确实需要建立和健全，民法、刑法要搞，

① 《邓小平文选》第三卷，人民出版社1993年版，第203页。
② 《邓小平文选》第三卷，人民出版社1993年版，第367页。
③ 《邓小平文选》第三卷，人民出版社1993年版，第373页。
④ 《邓小平文选》第三卷，人民出版社1993年版，第111页。
⑤ 中共中央文献研究室：《十一届三中全会以来党的历次全国代表大会中央全会重要文件选编》上，中央文献出版社1997年版，第188—189页。
⑥ 《邓小平文选》第三卷，人民出版社1993年版，第144页。

但都没有搞成。没有法，他就乱搞，确实不行。现在是领导人说的话就叫法，不赞成领导人说的话就叫违法，这种状况不能继续下去了。"①1978年12月13日，他在中央工作会议闭幕会上讲话指出："为了保障人民民主，必须加强法制。必须使民主制度化、法律化，使这种制度和法律不因领导人的改变而改变，不因领导人的看法和注意力的改变而改变"②，"应该集中力量制定刑法、民法、诉讼法和其他各种必要的法律……做到有法可依，有法必依，执法必严，违法必究"③。"现在立法的工作量很大，人力很不够，因此法律条文开始可以粗一点，逐步完善。有的法规地方可以先试搞，然后经过总结提高，制定全国通行的法律。修改补充法律，成熟一条就修改补充一条，不要等待'成套设备'。总之，有比没有好，快搞比慢搞好。"④1979年6月25日，邓小平在出席第五届全国人民代表大会第二次会议的党内负责人会议时强调："确实要搞法制，特别是高级干部要遵守法制。以后，党委领导的作用第一条就是应该保证法律生效、有效。没有立法以前，只能按政策办事；法立了以后，坚决按法律办事。"⑤

1996年，江泽民首次提出实行"依法治国，保障国家长治久安"的思想。1996年3月，八届人大四次会议通过的《经济和社会发展"九五"计划和2010年远景目标纲要》，根据党中央的建议，把"依法治国，建设社会主义法治国家"作为一个基本方针确定下来。1997年9月，江泽民在党的十五大报告中，第一次把这一方针确定为"党领导人民治理国家的基本方略"，并将"法制国家"的提法改为"法治国家"。江泽民科学地阐述了依法治国的内涵："依法治国，就是广大人民群众在党的领导下，依照宪法和法律的规定，通过各种途径和形式管理国家

---

① 《邓小平年谱(1975—1997)》上，中央文献出版社2004年版，第394页。
② 《邓小平年谱(1975—1997)》上，中央文献出版社2004年版，第450页。
③ 《邓小平年谱(1975—1997)》上，中央文献出版社2004年版，第451页。
④ 《邓小平文选》第二卷，人民出版社1983年版，第147页。
⑤ 《邓小平年谱(1975—1997)》上，中央文献出版社2004年版，第528页。

事务,管理经济文化事业,管理社会事务,保证国家各项工作都依法进行,逐步实现社会主义民主的制度化、法律化,使这种制度和法律不因领导人的改变而改变,不因领导人的看法和注意力的改变而改变。”[①] 1997年年底,江泽民在一次讲话中愤慨地谈道:“有法不依、执法不严、执法不公、吃拿卡要、索贿受贿、贪赃枉法、欺压百姓等问题时有发生,群众反映强烈,这些问题严重影响我们政法队伍的形象,损害党和政府的威信,对这些问题特别是司法腐败的危害性,必须有足够的认识”[②],“要坚决把那些素质差、执法犯法、贪赃枉法的害群之马清除出政法队伍”[③]。他还说:“坚持依法治国,一个重要的任务是要不断提高广大干部、群众的法律意识和法制观念。”[④]1999年3月,九届人大二次会议“宪法”修正案明文规定:“中华人民共和国实行依法治国,建设社会主义法治国家。”江泽民同志还指出:“干部依法决策、依法行政是依法治国的重要环节。”[⑤]

第三节　引领精神文明和价值导向

20世纪80年代末,苏东剧变,世界发生了大规模的转变,社会主义国家只剩下中国、朝鲜、古巴、越南和老挝五个国家,共产党的数量由180多个锐减为130多个,世界社会主义运动出现严重挫折。在国

① 江泽民:《高举邓小平理论伟大旗帜　把建设有中国特色社会主义事业全面推向二十一世纪》,人民出版社1997年版,第11页。

② 江泽民:《把维护稳定作为首要任务,建设一支高素质政法队伍》,《人民日报》1997年12月26日。

③ 江泽民:《在中纪委第八次全会的讲话》,《人民日报》1998年12月24日。

④ 江泽民:《实行和坚持依法治国、保障国家长治久安》,《人民日报》1996年2月9日。

⑤ 江泽民:《实行和坚持依法治国、保障国家长治久安》,《人民日报》1996年2月9日。

内,邓小平指出:“中国在粉碎‘四人帮’以后出现一种思潮,叫资产阶级自由化,崇拜西方资本主义国家的‘民主’、‘自由’,否定社会主义。”①他多次强调:“我们干的是社会主义事业,最终目的是实现共产主义。这一点,我希望宣传方面任何时候都不要忽略。”②邓小平严肃地指出:“经济建设这一手我们搞得相当有成绩,形势喜人,这是我们国家的成功。但风气如果坏下去,经济搞成功又有什么意义?会在另一方面变质,反过来影响整个经济变质,发展下去会形成贪污、盗窃、贿赂横行的世界。”③

邓小平虽然没有明确提出社会主义精神文明建设是一项系统工程的观点,但是在实际上,他是将其视为系统工程来考虑和设计的。他曾经明确地指出:“所谓精神文明,不但是指教育、科学、文化(这是完全必要的),而且是指共产主义的思想、理想、信念、道德、纪律,革命的立场和原则,人与人的同志式关系,等等。”④党的十一届三中全会以后,邓小平同志反复强调,要用革命的理想和精神教育干部和人民。他说,如果我们自己在精神上解除了武装,还怎么能领导国家和人民建设社会主义?他重申毛泽东同志关于“人是要有一点精神的”思想,要求在正确的政治方向指导下,大力弘扬党在长期革命斗争中形成的五种精神,这就是革命和拼命精神,严守纪律和自我牺牲精神,大公无私和先人后己精神,压倒一切敌人、压倒一切困难的精神,坚持革命乐观主义、排除万难去争取胜利的精神。他说:“如果一个共产党员没有这些精神,就决不能算是一个合格的共产党员。不但如此,我们还要大声疾呼和以身作则地把这些精神推广到全体人民、全体青少年中间去,使之成为中华人民共和国的精神文明的主要支柱,为世界上一切

① 《邓小平文选》第三卷,人民出版社 1993 年版,第 123 页。
② 《邓小平文选》第三卷,人民出版社 1993 年版,第 110 页。
③ 《邓小平文选》第三卷,人民出版社 1993 年版,第 154 页。
④ 《邓小平文选》第二卷,人民出版社 1983 年版,第 367 页。

要求革命、要求进步的人们所向往,也为世界上许多精神空虚、思想苦闷的人们所羡慕。”[①]江泽民指出:“人民群众的理想信念、精神状态和人心所向,最终决定建设有中国特色社会主义事业的成败”[②],“我们的国家已经进入社会主义现代化建设的新时期……我们要在建设高度物质文明的同时,提高全民族的科学文化水平,发展高尚的丰富多彩的文化生活,建设高度的社会主义精神文明”[③]。“不加强精神文明的建设,物质文明的建设也要受破坏,走弯路。”[④]江泽民认为:“需要用什么样的精神来进一步凝聚、激励广大干部和人民群众,同心同德,克服困难,开拓前进,去夺取改革开放和现代化建设的新胜利”[⑤],“我国的社会主义现代化建设处于艰巨的创业时期。伟大的创业实践,需要有伟大的创业精神来支持和鼓舞”[⑥]。他还提出“一个民族,没有振奋的民族精神,没有高尚的民族品格,没有坚定的民族志向,不可能自立于世界先进民族之林。我们必须不断增强全民族的精神力量,不断丰富全民族的精神世界”[⑦],“面对世界范围内各种思想文化的相互激荡,必须把弘扬和培育民族精神作为文化建设极为重要的任务,纳入国民教育全过程,纳入精神文明建设全过程,使全体人民始终保持昂扬向上的精神状态”[⑧]。在这些问题上,应该说邓小平和江泽民的认识是基本一致的。邓小平指出:“过去我们党无论怎样弱小,无论遇到什么困难,一直有强大的战斗力,因为我们有马克思主义和共产主义的

① 江泽民:《努力开创社会主义精神文明建设的新局面》,《党的文献》1998 年第 1 期。
② 《江泽民文选》第三卷,人民出版社 2006 年版,第 74 页。
③ 《邓小平文选》第二卷,人民出版社 1994 年版,第 208 页。
④ 《邓小平文选》第三卷,人民出版社 1994 年版,第 144 页。
⑤ 江泽民:《反腐败关系党和国家的前途,继续和保持发扬艰苦奋斗》,《人民日报》1997 年 1 月 30 日。
⑥ 《江泽民文选》第一卷,人民出版社 2006 年版,第 301 页。
⑦ 《江泽民文选》第三卷,人民出版社 2006 年版,第 400 页。
⑧ 江泽民:《全面建设小康社会,开创中国特色社会主义事业新局面》,人民出版社 2002 年版,第 39 页。

信念。有了共同的理想,也就有了铁的纪律。无论过去、现在和将来,这都是我们的真正优势。”①邓小平在1985年全国代表大会上的讲话上还提出:“当前的精神文明建设,首先要着眼于党风和社会风气的根本好转。”②正如邓小平所说的:“广东二十年赶上亚洲‘四小龙’,不仅经济要上去,社会秩序、社会风气也要搞好,两个文明建设都要超过他们,这才是有中国特色的社会主义。”③

对于精神文明建设和引导价值取向,党内形成了共识,但还要注重在全社会进行教育。一旦社会上形成了如此良好的风气,自然会反过来影响到党内。邓小平同志曾指出:“十年最大的失误是教育,这里我主要讲思想政治教育,不单纯是对党校、青年学生,是泛指对人民的教育。”④为抵御精神污染,邓小平同志明确指出:“我们主要通过两个手段来解决,一个是教育,一个是法律。”⑤江泽民也提出:“如果只讲金钱、只讲物质利益,而不讲理想、不讲精神动力,干部群众就会失去共同的奋斗目标,失去凝聚力,失去前进的创造力。”⑥江泽民针对理想信念教育工作的问题发表了自己的看法,曾明确提出:“解决思想政治领域的问题,解决精神领域的问题,是一个长期的过程,需要坚持不懈地进行努力,不可能一蹴而就,一劳永逸。”⑦江泽民还曾指出:“要紧密结合干部群众在思想认识和工作生活中产生的新问题,突出加强理想信念教育,不断增强全体人民的凝聚力”⑧,“现在干部有很多新的情况,战士也有新的特点,教育对象不一样了,教育没有新的内容不行。忆苦思甜当然要搞,但只搞忆苦思甜就不够了,要研究如何在新

---

① 《邓小平文选》第三卷,人民出版社1993年版,第144页。
② 《邓小平文选》第三卷,人民出版社1993年版,第144页。
③ 《邓小平文选》第三卷,人民出版社1993年版,第378页。
④ 《邓小平文选》第二卷,人民出版社1983年版,第306页。
⑤ 《邓小平文选》第三卷,人民出版社1993年版,第148页。
⑥ 《江泽民文选》第一卷,人民出版社2006年版,第577页。
⑦ 《江泽民文选》第三卷,人民出版社2006年版,第200页。
⑧ 《江泽民文选》第三卷,人民出版社2006年版,第89页。

的历史条件下提高战士的政治觉悟”①。

第四节　世界眼光和开放思维

改革开放以来,通过总结和反思以往的经验与教训,共产党人的世界眼光和开放思维得以极大地提高,并在全党形成了精神共识。

邓小平十分重视向世界上一切国家开放的问题。1984 年 11 月,针对某些人认为对外开放只是对西方开放的观点,邓小平指出,对外开放是三个方面的开放,一个是对西方发达国家的开放,我们吸收外资、引进技术等主要从那里来;一个是对苏联和东欧国家的开放;再一个是对第三世界发展中国家的开放。1987 年 6 月,邓小平又强调指出,开放是对世界所有国家开放,对各种类型的国家开放。在邓小平的领导下,在 1984 年 10 月召开的十二届三中全会上通过的《中共中央关于经济体制改革的决定》中,第一次把对外开放称为我国的一项“长期的基本国策”。1987 年 3 月召开的全国科学大会的开幕式上,邓小平指出:“必须清醒地看到,我们的科学技术水平同世界先进水平的差距还很大,科学技术力量还很薄弱,远不能适应现代化建设的需要”,“我们祖先的成就,只能用来坚定我们赶超世界先进水平的信心,而不能用来安慰我们现实的落后”。② 在 1987 年 10 月召开的党的十三大上,又将改革开放与四项基本原则并列为我们应该坚持的两个基本点。由此可见,邓小平是何等重视对外开放。邓小平在谈到引进外资这种方式时,认为既可以开办中外合资经营企业,也可以设立中外

① 《邓小平文选》第二卷,人民出版社 1983 年版,第 120 页。

② 《邓小平文选》第二卷,人民出版社 1983 年版,第 90 页。

合作经营企业,还可以举办外商独资企业等,并在他的领导下,制定和实施了一系列有关引进外资的方针、政策、法律、法规,从而增加了引进外资的可操作性。在谈到对外贸易这种开放方式时,邓小平论述得更加全面和具体,他指出,要多出口一点东西,特别要多出口一些石油、煤炭、化工产品及工艺美术等传统产品,换点高、精、尖的技术和设备回来;要增加外汇收入,减少外贸逆差;要发展外向型经济;要建立出口商品基地;要提高出口产品的质量,以增强在国际市场上的竞争能力;要改革外贸体制,给地方更多的外贸自主权;等等。总之,"要发展生产力,就要实行改革和开放的政策。不改革不行,不开放不行"①。

胡锦涛也多次强调党的世界眼光。有学者统计了党的十六大以来的文献中胡锦涛仅直接提到"世界眼光"之处,就包括但不限于以下:2003 年 1 月 28 日中央政治局集体学习世界经济形势和我国经济发展;2003 年 7 月 28 日在全国防治非典工作会议上的讲话;2003 年 11 月 24 日中央政治局集体学习 15 世纪以来世界主要国家发展历史考察;2003 年 12 月 26 日纪念毛泽东同志诞辰 110 周年座谈会上的讲话;2004 年 12 月 1 日中央政治局集体学习中国社会主义道路探索的历史考察;2004 年 2 月 23 日中央政治局集体学习世界格局和我国的安全环境;2005 年 5 月 31 日中央政治局集体学习经济全球化趋势与当前国际贸易发展;2006 年 1 月 9 日在全国科学技术大会上的讲话;2006 年 6 月 5 日在中国科学院第十三次院士大会和中国工程院第八次院士大会上的讲话;2006 年 11 月 12 日在孙中山先生诞辰 140 周年纪念大会上的讲话;2007 年 10 月 15 日党的十七大报告;2008 年 6 月 14 日同团中央新一届领导班子成员和团十六大部分代表座谈;2008 年 10 月 21 日同全国总工会新一届领导班子成员和中国工会十五大部分代表座谈;2008 年 12 月 18 日在纪念党的十一届三中全会召开 30

① 《邓小平文选》第三卷,人民出版社 1994 年版,第 138 页。

周年大会上的讲话等。体现党的十六大以来世界眼光的最具特色的地方，是中央政治局组织的关于国际问题的学习。这包括以下主要专题："世界经济形势和我国经济发展"（2003 年 1 月 28 日），"世界就业发展趋势和我国就业政策研究"（2003 年 3 月 28 日），"世界新军事变革的发展态势"（2003 年 5 月 23 日），"世界文化产业发展状况和我国文化产业发展战略"（2003 年 8 月 12 日），"15 世纪以来世界主要国家发展历史考察"（2003 年 11 月 24 日），"世界格局和我国的安全环境"（2004 年 2 月 23 日），"当今世界农业发展状况和我国农业发展"（2004 年 3 月 29 日），"经济全球化趋势与当前国际贸易发展的新特点"（2005 年 5 月 31 日），"国际能源资源形势和我国能源资源战略"（2005 年 6 月 27 日），"国外城市化发展模式和中国特色的城镇化道路"（2005 年 9 月 30 日），"世界马克思主义研究与我国马克思主义理论研究和建设工程"（2005 年 11 月 25 日），"国外安全生产的制度措施和加强我国安全生产的制度建设"（2006 年 3 月 27 日），"国际知识产权保护和我国知识产权保护的法律和制度建设"（2006 年 5 月 26 日），"世界教育发展趋势和深化我国教育体制改革"（2006 年 8 月 29 日），"国外医疗卫生体制和我国医疗卫生事业发展"（2006 年 10 月 23 日），"世界网络技术发展和我国网络文化建设与管理"（2007 年 1 月 23 日），"国外区域发展情况和促进我国区域协调发展"（2007 年 2 月 15 日），"世界金融形势和深化我国金融体制改革"（2007 年 8 月 28 日），"当代世界宗教和加强我国宗教工作"（2007 年 12 月 18 日），"国外政府服务体系建设和我国建设服务型政府"（2008 年 2 月 23 日）等。[①] 2009 年，《中共中央关于加强和改进新形势下党的建设若干重大问题的决定》中指出，世界在变化，形势在发展，中国特色社会主义实践在深入，不断学习、善于学习，努力掌握和运用一切科学的新思

① 陶文昭：《十六大以来的世界眼光》，《理论探索》2011 年第 5 期。

想、新知识、新经验,是党始终走在时代前列引领中国发展进步的决定性因素。必须按照科学理论武装、具有世界眼光、善于把握规律、富有创新精神的要求,把建设马克思主义学习型政党作为重大而紧迫的战略任务抓紧抓好。

习近平总书记在庆祝改革开放40周年大会上的讲话中,对于改革开放以来共产党人的世界眼光有深刻的总结和概括。他指出,40年来,我们始终坚持独立自主的和平外交政策,始终不渝走和平发展道路,奉行互利共赢的开放战略,坚定维护国际关系基本准则,维护国际公平正义。我们实现由封闭半封闭到全方位开放的历史转变,积极参与经济全球化进程,为推动人类共同发展作出了应有贡献。我们积极推动建设开放型世界经济、构建人类命运共同体,促进全球治理体系变革,旗帜鲜明反对霸权主义和强权政治,为世界和平与发展不断贡献中国智慧、中国方案、中国力量。我国日益走近世界舞台中央,成为国际社会公认的世界和平的建设者、全球发展的贡献者、国际秩序的维护者!习近平总书记强调,必须坚持扩大开放,不断推动共建人类命运共同体。改革开放40年的实践启示我们:开放带来进步,封闭必然落后。中国的发展离不开世界,世界的繁荣也需要中国。我们统筹国内国际两个大局,坚持对外开放的基本国策,实行积极主动的开放政策,形成全方位、多层次、宽领域的全面开放新格局,为我国创造了良好国际环境、开拓了广阔发展空间。前进道路上,我们必须高举和平、发展、合作、共赢的旗帜,恪守维护世界和平、促进共同发展的外交政策宗旨,推动建设相互尊重、公平正义、合作共赢的新型国际关系。我们要尊重各国人民自主选择发展道路的权利,维护国际公平正义,倡导国际关系民主化,反对把自己的意志强加于人,反对干涉别国内政,反对以强凌弱。我们要发挥负责任大国作用,支持广大发展中国家发展,积极参与全球治理体系改革和建设,共同为建设持久和平、普遍安全、共同繁荣、开放包容、清洁美丽的世界而奋斗。我们要支持开放、透明、包容、非歧视性的多边贸易体制,促进贸易投资自由化便利化,推动经济全球化朝着更加开放、包容、普惠、平衡、共赢的方向发展。我们要以共建“一带一路”为重点,同各方一道打造国际合作新平台,为世界共同发展增添新动力。中国决不会以牺牲别国利益为代价来发展自己,也决不放弃自己的正当权益。中国奉行防御性的国防政策,中国发展不对任何国家构成威胁。中国无论发展到什么程度都永远不称霸。[①]

① 习近平:《在庆祝改革开放40周年大会上的讲话》,《人民日报》2018年12月19日。

第五章 肩负使命的马克思主义政党与自我革命精神

习近平总书记关于自我革命的重要论述,把"勇于自我革命"标识为"我们党最鲜明的品格"和"我们党最大的优势",系统阐释了党的自我革命精神的科学内涵,明确提出了"以党的自我革命引领伟大社会革命"的历史任务,为我们党在新的历史方位上实现社会主义现代化和中华民族伟大复兴注入了强大精神动力。

新时代中国共产党人的自我革命精神,植根于马克思主义政党坚定的人民立场。为什么中国共产党能够且必须进行自我革命?为什么其他性质的政党往往缺乏自我革命精神?世界各国政党的实践告诉我们,不是任何政党都有自我革命精神,只有那些始终站在人民立场、没有任何自己特殊利益的政党才敢于进行自我革命。马克思主义的人民主体论,明确了人民群众在社会活动、物质生产实践和财富创造过程中的主体地位,提出人民群众是历史创造者的原理和人民群众是社会发展主体的观点。一个站稳了人民立场的共产党人,能够自觉把个人的命运维系于党和国家的发展命运。坚持把握规律、顺应人民意志和实现崇高理想的共产党人,在改造客观世界的同时始终不忘改造主观世界,坚持自我革命。习近平总书记明确提出:"我们党之所以有自我革命的勇气,是因为我们党除了国家、民族、人民的利益,没有任何自己的特殊利益。不谋私利才能谋根本、谋大利,才能从党的性质和根本宗旨出发,从人民根本利益出发,检视自己。”

新时代中国共产党人的自我革命精神,溯源于中国共产党人的革命精神传统。共产党人具有与生俱来的革命基因。马克思、恩格斯在《共产党宣言》中指出:“共产党人为工人阶级的最近的目的和利益而斗争,但是他们在当前的运动中同时代表运动的未来。”中国共产党靠革命起家,革命精神流淌于党的血液之中,熔铸为党的历史传统和文化底色。毛泽东同志曾形象地把我们党比喻为“革命党”。邓小平同志明确提出“实现四个现代化是一场深刻的伟大的革命”“改革是中国的第二次革命”等论断。革命者必先自我革命。毛泽东同志说过:“我们同志的思想,我们党的工作,也会沾染灰尘的,也应该打扫和洗涤。”中国共产党的党史就是一部自我革命史,党每每遇到重大挑战时,都是通过自我革命迈过难关,焕发新的生机和活力。中国共产党之所以能不断地走向成功,成为一个伟大的党,并不是说党从来不会犯错误,而是党能够始终牢牢把握历史规律和人民利益,始终守望共产主义远大理想,从而不断勘误纠错,经受一次次挫折而又一次次奋起,并从失误中学习,获得了持续前行的动力与更大的生机和活力。习近平总书记明确指出:“勇于自我革命,是我们党最鲜明的品格,也是我们党最大的优势。中国共产党的伟大不在于不犯错误,而在于从不讳疾忌医,敢于直面问题,勇于自我革命,具有极强的自我修复能力。”

新时代中国共产党人的自我革命精神,主动回应新时代实践的伟大召唤。如今,中国共产党正领导人民开启全面建设社会主义现代化国家新征程,肩负实现中华民族伟大复兴的历史使命。新的实践对我们党提出了前所未有的新挑战新要求。与此同时,影响党的先进性、弱化党的纯洁性的各种因素仍然顽固存在,党面临“四大考验”“四种危险”。党员干部队伍中还存在这样或那样的问题和局限,与完成任务、攻坚克难的要求尚有一定差距,因而要树立危机意识、忧患意识和问题意识。一个国家最大的危机是缺乏危机意识,一个民族最大的忧患是缺乏忧患意识,做好工作之最大的问题是缺乏问题意识。中国共产党人要把新时代坚持和发展中国特色社会主义这场伟大社会革命进行好,必须勇于进行自我革命。

第一节 不忘初心

改革开放以来,一些党的领导干部和部分党员,遗忘初心,不仅给党和国家的事业造成重大损失,而且严重影响了党在人民心目中的形象。习近平总书记曾经指出,改革开放以来,"比较突出的一个问题就是一些人价值观缺失,观念没有善恶,行为没有底线,什么违反党纪国法的事情都敢干,什么缺德的勾当都敢做,没有国家观念、集体观念、家庭观念,不讲对错,不问是非,不知美丑,不辨香臭,浑浑噩噩,穷奢极欲"①。新时代中国共产党人要不忘初心。习近平总书记指出:"改革开放40年的实践启示我们:为中国人民谋幸福,为中华民族谋复兴,是中国共产党人的初心和使命,也是改革开放的初心和使命。"②以习近平总书记为代表的新时代中国共产党人的世界观与方法论,一是坚持马克思主义的世界观与方法论,二是具有引领中华民族走向伟大复兴的民族精神、世界眼光、人类情怀。我们党历来重视自我监督,在1927年党的五大上,共产党就设立了中央监察委员会,这是党内历史上第一个纪律监察机构,也是当时党内最高纪律监察机关。习近平总

① 习近平:《在文艺工作座谈会上的讲话》,《习近平总书记在文艺工作座谈会上的重要讲话学习读本》,学习出版社2015年版,第25页。

② 习近平:《在庆祝改革开放40周年大会上的讲话》,《人民日报》2018年12月19日。

书记指出:“如果没有自己的精神的独立性,那政治、思想、文化、制度等方面的独立性就会被釜底抽薪。”[①]邓小平也曾经强调:“解决思想战线混乱问题的主要办法,仍然是开展批评和自我批评。”[②]习近平总书记认为,衡量一名共产党员、一名领导干部是否具有共产主义远大理想,是有客观标准的,那就要看他“能否坚持全心全意为人民服务的根本宗旨,能否吃苦在前、享受在后,能否勤奋工作、廉洁奉公,能否为理想而奋不顾身地去拼搏、去奋斗、去献出自己的全部精力乃至生命”[③]。他曾经说过:“理想信念不是拿来说、拿来唱的,更不是用来装点门面的,只有见诸行动才有说服力”[④],强调党的领导干部要“正确立身、正确用权、正确做事”[⑤]。习近平总书记强调,党性说到底就是立场问题,抓落实,是党的政治路线、思想路线、群众路线的根本要求,也是衡量领导干部党性和政绩观的重要标志。党的十九大明确提出,“加强纪律教育,强化纪律执行,强化党员干部的纪律意识,知敬畏、存戒惧,并能守底线,进而能够养成在监督和约束的环境中学习和工作的习惯”[⑥]。

党的十八大以来,以习近平为代表的新时代中国共产党人把“实现中国梦”提升为重要的奋斗目标和精神追求。作为心灵的真情与灵魂的悸动,梦是超越现实的理想,是超越实然达致应然的追求,是超越实有追求应有的动力。没有梦想的生活是黯淡沉沦的生活,没有梦想的民族是没有希望的民族。在当代中国,中国梦提出以后,产生了两

---

① 中央文献研究室编:《习近平关于全面深化改革论述摘编》,中央文献出版社2014年版,第88页。

② 《邓小平文选》第三卷,人民出版社1994年版,第46页。

③ 习近平:《毫不动摇坚持和发展中国特色社会主义在实践中不断有所发现有所创造有所前进》,《人民日报》2013年1月6日。

④ 习近平:《在党的十九届一中全会上的讲话》,《求是》2018年第1期。

⑤ 习近平:《扎实做好保持党的纯洁性各项工作》,《求是》2012年第6期。

⑥ 习近平:《决胜全面建成小康社会　夺取新时代中国特色社会主义伟大胜利——在中国共产党第十九次全国代表大会上的报告》,人民出版社2017年版,第38页。

种反应:一是在民众中迅速引起了强烈的积极反响,认为中国梦释放出强大的号召力、感染力。二是产生了某种歧解和误解,对中国梦一知半解,不知所云,一些人的思想认识还达不到中央所要求的高度和水平。后者意味着应积极为中国梦提供理论阐释和学理支撑。不然,就会在一定程度上影响人们对中国梦的认知、理解、认同和传播。这里,我们循着在当代中国为什么要提出中国梦(时代背景)、究竟如何从学理上理解中国梦(基本内涵)、中国梦与以往的政治命题表述以及与美国梦、欧洲梦等其他国家或地区的梦想具有什么不同(主要特征)的研究理路,致力于走向中国梦研究的理论深处。“一切划时代的体系的真正的内容都是由于产生这些体系的那个时期的需要而形成起来的。所有这些体系都是以本国过去的整个发展为基础的”①。一个理论的提出往往具有深刻的时代背景,尤其是重大政治命题的提出更是针对着突出的时代问题。马克思曾经指出:“理论在一个国家实现的程度,总是取决于理论满足这个国家的需要的程度。”②时代不同,一个国家的理论需要也会发生变化。一种理论或一个政治命题只有捕捉到“一个时代的迫切问题”,把“人民的最美好、最珍贵、最隐蔽的精髓”都汇集在理论体系里,并成为“自己的时代、自己的人民的产物”③,才能满足一个国家的真正需要,这样的理论自身才能得到最大程度的实现,这样的政治命题才能发挥最大的吸引力、感召力、凝聚力和作用力。

2013年8月19日,习近平在全国宣传思想工作会议上的讲话中援引“明者因时而变,知者随事而制”,强调宣传思想工作要做到“因势而谋、应势而动、顺势而为”。这里强调思想理论的提出与宣传应把握“势”的思想,就是要求我们理解任何一个政治理论都要首先深刻体

① 《马克思恩格斯全集》第三卷,人民出版社1960年版,第544页。
② 《马克思恩格斯选集》第一卷,人民出版社2012年版,第11页。
③ 《马克思恩格斯全集》第一卷上,人民出版社1995年版,第219—220页。

会其出场的时代境遇，即其“出场之势”。在当代中国，为什么要提出中国梦？它的提出究竟给我们释放和传递的是什么样的重要信息？其背景及精神实质是什么？经过深深思索，我们认为，提出中国梦的时代背景主要体现在六个方面，这里从国际国内两个部分进行阐述：从国际背景来看，一是在全球化时代我们面临的一个突出问题，就是一些西方发达国家占领着制高点，掌握着话语权，由此常常蓄意抹黑中国、攻击中国，往往抓住一些问题拿我们说事。中国梦的提出，蕴含一种新思维或政治智慧，这就是要积极学习吸收世界人类文明的一切优秀成果，在理论生产、理论传播方面比西方发达国家站得更高，并显示我们中国的比较或独特优势，以占据意识形态的制高点，在国际舞台上唱响中国声音。二是在我们中国逐渐强大以后，针对来自各方对我们中国的误读、误判，我们需要以温和的方式来塑造中国的鲜明形象，传播中国的正能量，使各方理性认识本真的中国。因而，中国梦是对塑造温和的中国形象的一种自觉努力，是散发中国魅力的一种主动方式。从国内背景来看，一是对我们中国逐渐强大以后显示出一种自信，且是在新的历史起点上对实现未来更高目标、更大梦想的一种政治动员与民众表达。中国梦是对中国特色社会主义道路、理论体系和制度，对实现中华民族伟大复兴具有决定作用的坚定自信。改革开放的成就证明，中国特色社会主义道路、理论体系和制度是实现中华民族伟大复兴的最有效方式和必由之路，中国道路是实现中国梦的唯一正确道路，因而应坚定不移地坚持和发展中国特色社会主义。此外，我们已经具备实现中华民族伟大复兴的物质基础和政治基础。然而，进一步实现中华民族伟大复兴的难度会越来越大，因而需要全体中国人民攻坚克难。提出中国梦，就是一种政治动员，就是为攻坚克难注入精神动力。二是在中国实现现代化的进程中，针对出现的“西化”和民族虚无主义倾向，明确强调，我们要用自己的理论破解我们自己的问题，我们要走自己的路且实现我们自己的目标，这使我们走向了成功。因此,我们要进一步用中国特色社会主义来实现中国梦,在实现中国梦中进一步坚持和发展中国特色社会主义。三是在中国实现现代化的进程中,针对出现的“物化生存、精神懈怠”的现象,需要我们树立一种批判和超越精神,重建中国人的精神家园。提出中国梦,就是要为广大民众提供一种精神支柱,且是对重建中国人的精神家园的一种自觉追求。四是在中国实现现代化的进程中,针对我们要攻坚克难、凝聚力量、建成小康社会的紧迫要求,强调必须用一种共同的奋斗目标来团结凝聚海内外中华儿女的力量。因而,中国梦是团结凝聚海内外中华儿女的一面精神旗帜,它为实现中华民族伟大复兴赢得广泛认同。实现中华民族伟大复兴需要攻坚克难,攻坚克难需要凝聚力量,凝聚力量需要达成共识、赢得认同。达成共识、赢得认同有两种拥有“最大公约数”的基本思路:一是从汇聚正能量方面提出中国梦。中国梦,是为实现中华民族伟大复兴而凝聚力量、达成共识、赢得认同的最有效的方式。因为实现中国梦是所有中华儿女的共同追求,凝聚了国家、民族、人民、个人的共同理想,聚焦着中国与世界的共同成长,易赢得全体中国人的文化认同,具有凝聚人心的巨大作用。二是针对负能量,集中克服当前党和国家面临的“精神懈怠、能力不足、脱离群众、消极腐败”四大危险。

习近平对中国梦的表述是新时代中国共产党人从学理上理解、深化和阐释这一命题的主要来源与基本依据。党的十八大以来,习近平在不同的时间场合对中国梦主要进行过三次重要表述。第一次是2012年11月29日,在参观《复兴之路》展览时,习近平指出:每个人都有理想和追求,都有自己的梦想。现在,大家都在讨论中国梦,我以为,实现中华民族伟大复兴,就是中华民族近代以来最伟大的梦想。这个梦想,凝聚了几代中国人的夙愿,体现了中华民族和中国人民的整体利益,是每一个中华儿女的共同期盼。习近平最后强调,我坚信,到中国共产党成立100年时全面建成小康社会的目标一定能实现,到新中国成立100年时建成富强民主文明和谐的社会主义现代化国家的目标一定能实现,中华民族伟大复兴的梦想一定能实现。[①] 这里,习近平首次公开提出了实现中华民族伟大复兴的中国梦,并用两个100年的时间表规划了中国梦的实现规划。第二次是2013年3月17日,在第十二届全国人民代表大会第一次会议闭幕会上,习近平再次阐释中国梦的内涵:“实现全面建成小康社会、建成富强民主文明和谐的社会主义现代化国家的奋斗目标,实现中华民族伟大复兴的中国梦,就是要实现国家富强、民族振兴、人民幸福,既深深体现了今天中国人的理想,也深深反映了我们先人们不懈奋斗追求进步的光荣传统”;并指出了中国梦的根本:“中国梦归根到底是人民的梦,必须紧紧依靠人民来实现,必须不断为人民造福”;他还用了“三个必须”来指明实现中国梦的路径:实现中国梦必须走中国道路;实现中国梦必须弘扬中国精神;实现中国梦必须凝聚中国力量。[②] 第三次是2013年3月23日,在出访俄罗斯时,习近平首次在国际场合指出:我们要实现的中国梦,不仅造福中国人民,而且造福各国人民。习近平还强调,实现中华民族的伟大复兴,是近代以来中国人民最伟大的梦想,我们称之为中国梦,基本内涵就是实现国家富强、民族振兴、人民幸福。[③] 这里不仅再次明确了中国梦的基本内涵,而且提出了中国梦的世界意义。习近平在三个重要时间节点和三个重要地点对中国梦进行了三次重要阐述,这足以表明中国梦是以习近平为领导核心的新一届中央领导集体提出的重大政治命题和重要战略判断。

从学理上看,作为一个既具有深厚的历史底蕴,又具有鲜明的时代感的命题,我们需要深入细致地挖掘和逻辑严密地揭示中国梦的基

① 参见《承前启后　继往开来　继续朝着中华民族伟大复兴目标奋勇前进》,《人民日报》2012年11月30日。

② 习近平:《在第十二届全国人民代表大会第一次会议上的讲话》,《人民日报》2013年3月18日。

③ 参见《习近平:中国发展带给世界更多机遇而非威胁》,中国新闻网2013年3月23日。

本内涵,这里从内在本质与基本结构两个维度系统阐释中国梦的基本内涵。从内在本质来看,无论是超越现实的理想,超越实然达致应然的追求,还是超越实有追求应有的动力,梦在理性上都标示着一种"应然状态",中国梦即"中国的应然状态",这种应然状态包容世界、国家、个人等多个层次,涵摄过去、现在、未来等多个向度。因此,我们需要在多维视角中审视中国梦的内在本质:首先,从世界维度看,中国梦不是对封闭式现代化建设的图景描绘,而是要占据世界发展的制高点、拓宽中国在世界上的发展空间、赢得世界的认同。同美国梦、欧洲梦一样,中国梦也会在国际上散发出巨大的吸引力和感召力,中国梦也在告诉世人中国同样可以成为人们实现自己梦想的理想国度。里夫金曾在美国梦与欧洲梦的比较中畅想未来:"冒着同时激怒大西洋两岸的危险,我要说:或许双方有可分享的教训。我们美国人或许会愿意对人类同胞和我们居住的地球承担更多的集体责任感。我们的欧洲朋友或许会愿意对他们在世界上个人的行为承担更多的个人责任感。我们美国人或许会在处世态度上更加谨慎、有分寸,而欧洲或许会在他们的处世态度上变得更加充满希望和乐观。通过分享两种梦想的长处,我们或许会处在更有利的位置,共同踏上通往人类意识第三阶段的旅途。"[①]值得我们深思的是:中国梦是否能够踏上"通往人类意识第三阶段的旅途"?中国梦是否以及如何能够为发展中国家甚至整个世界的未来发展提供指示方向的"路标"?对这些问题的回答,还有待于中国梦的实现。然而,我们深信:中国梦必将造福世界,这是因为:中国梦公平正义地对待人民大众的利益诉求与财富要求,这样的梦想及其实现有利于普遍提高中国人即世界近五分之一比例人口的生活水平,也必然会得到其衷心支持;中国梦坚持走中国道路

① 杰里米·里夫金:《欧洲梦:21世纪人类发展的新梦想》,重庆出版社2006年版,第343页。

以实现国家繁荣与人民幸福,显示出中国梦与美国梦和欧洲梦的差异,为整个世界探寻新的发展方向贡献了中国元素,尤其是为广大发展中国家提供了新的发展思路;中国梦坚持和平发展以实现中华民族的伟大复兴,这种梦想不会谋求任何世界霸权,而是必然会客观合理地处理全球化时代的国家关系,为世界和平发展更好地贡献中国力量。其次,从民族维度看,中国梦不是谋求世界霸权的发展方向,而是在国家或民族维度上实现国家目标、民族愿景和人民期待,即实现国家富强、民族振兴和人民幸福。实现中国梦的民族目标,必须破解中国问题。实现中国梦所需要的中国道路、中国精神和中国力量就是在为解决中国问题寻求现实路径、精神支撑和力量源泉。实现中国梦必须解决的中国问题,从根本性上看,主要是“结构转型”和“力量转移”的问题:从中国社会结构来看,中国的诸多问题长期解决却解决不了,根源在于体制性问题,而体制性问题长期解决却没有解决好,根源在于其背后的结构。中国传统的权力至上的、至上而下的、金字塔式的社会层级结构是产生中国问题的一个“根”。而中国传统的社会层级结构之核心是以权力为本且政治权力过大,经济权力、社会权力较小的权力层级结构。从中国社会发展依赖力量来看,改革开放以前的中国社会,行政权力支配一切,是权力驱动型社会。改革开放以后,在市场经济条件下,资本力量逐渐增强,是物质驱动型社会。在新的历史起点上,当代中国提出以人为本、自主创新,实际上就意味着我们逐渐走向创新能力驱动型社会。如何破解当代中国的“结构转型”和“力量转移”的问题,是深化理解和阐释中国梦的民族内涵的重要着力点。可以肯定的是,作为引领当代中国向何处去的总任务与总目标,中国梦具有凝聚人心、汇聚能量、引领发展的中国意义,这必将有利于不断破解中国问题进而实现中华民族伟大复兴的民族梦想。再次,从民众维度看,中国梦不是无视贫富差距的发展理想,而是期望建构一个具有公平正义的好的政府和社会,在这一社会里,民众能各显其能、各得其所、和谐相处。中国梦立足和归宿于中国人民大众,这不仅是因为中国梦的实现离不开中国人民群众的历史创造作用,而且是因为中国梦的出发点就是为了造福中国人民,中国梦首先就是要为中国人民实现自己的梦想提供一个公平正义的经济、政治、社会和文化环境。对此,习近平曾明确指出:“中国梦归根到底是人民的梦,必须紧紧依靠人民来实现,必须不断为人民造福”,“生活在我们伟大祖国和伟大时代的中国人民,共同享有人生出彩的机会,共同享有梦想成真的机会,共同享有同祖国和时代一起成长与进步的机会”。[①] 最后,从历史维度看,中国梦不是对昔日美国梦、欧洲梦的单纯模仿,而是基于中国的基本国情与历史方位,对当代中国究竟向何处去的总体判断。实现中华民族伟大复兴的中国梦,“既深深体现了今天中国人的理想,也深深反映了我们先人们不懈追求进步的光荣传统”[②]。从中国历史来看,中国梦承载过去、面向现实、指引未来:回首过去,中国古代许多朝代都领先于当时世界其他国家,可以说,古代的中国属于“辉煌中国”。1840年鸦片战争爆发,中国沦落到被宰割、被侮辱的境地,可以说,近代中国属于“没落中国”。由辉煌到没落、由强大到屈辱,巨大的历史反差,转化为中国人坚定的民族性格与宏大的历史梦想——睡狮当醒,实现中华民族的伟大复兴;面向现实,1919年以后,中国一批具有先进理念的仁人志士开始强调重塑国民性,提出立国先立人的观念,从文化上唤醒睡狮,注重文化立国。1921年以来,中国共产党人的奋斗历程实质上就是从政治上唤醒睡狮的过程,相对注重政治立国。1978年以后,中国实行改革开放,强调以经济建设为中心,主要解决物质财富积累和人民群众物质生活水平提高的问题,则是从经济上进一步唤醒睡

① 习近平:《在第十二届全国人民代表大会第一次会议上的讲话》,《人民日报》2013年3月18日。

② 习近平:《在第十二届全国人民代表大会第一次会议上的讲话》,《人民日报》2013年3月18日。

狮,相对注重经济立国。经过30多年的努力,中国已经成为世界第二大经济体,我们已处在一个新的历史起点上。这不仅意味着我们离实现中华民族伟大复兴的目标日趋切近(天时),而且意味着我们具备了实现中国梦的物质基础(地利),还体现了中华儿女的共同追求(人和)。展望未来,执政党在执政过程中,总是要先提出奋斗目标。既然我们离实现中华民族伟大复兴的目标日趋切近,又具备实现中华民族伟大复兴的物质基础,还体现了中华儿女的共同追求,那么,未来的中国所要实现的理想目标,就是国家富强、民族振兴和人民幸福。具体而言,到中国共产党成立100年时实现全面建成小康社会的目标,到新中国成立100年时实现建成富强民主文明和谐的社会主义现代化国家的目标,实现中华民族伟大复兴的梦想。

从基本结构来看,中国梦即中国人民通过中国道路实现民族复兴。其一,主体性因素:中国人民。中国梦要依靠人民、造福人民,中国梦就是中国人民的梦。对此,习近平曾明确指出:“中国梦归根到底是人民的梦,必须紧紧依靠人民来实现,必须不断为人民造福。”[①]人民群众是社会历史的主体,是历史的创造者,这是马克思主义的基本观点。从毛泽东思想到中国特色社会主义理论,都高度重视作为历史创造者的人民群众的地位与作用。中国梦的政治命题不仅在内容上延续了这一思想,还在形式上第一次把中国人民作为“主语”(毛泽东思想、邓小平理论、“三个代表”重要思想和科学发展观的主语都不是中国人民),这实际上凸显了中国人民作为中国梦的主体性因素的重要地位与功能。这里的中国人民是民众与个人的统一,也就是说,中国梦是每个中国人的梦汇聚成的中国人民的梦。其二,目的性因素:民族复兴。这里的民族复兴具体包括国家富强、民族振兴和人民幸福。

---

① 习近平:《在第十二届全国人民代表大会第一次会议上的讲话》,《人民日报》2013年3月18日。

对此，习近平曾明确指出："实现中华民族伟大复兴的中国梦，就是要实现国家富强、民族振兴、人民幸福。"[①]从治国理政来说，中央提出中国梦，首先注重的是目标定位。在实现"两个一百年"奋斗目标战略框架下，本届中央领导集体的战略目标可归纳为"建成小康→实现现代化→实现中华民族伟大复兴"。基于中国国情，中国特色社会主义现代化战略被设计为由两个阶段构成的渐进式模式，第一步实现"中国式现代化"；第二步与"国际通用现代化标准"接轨。反映在政策上，就是"小康社会"战略和"民族复兴"战略。在新旧三步走战略框架中，"小康社会"战略起点为20世纪90年代，终点为2020年，中间由三个阶段性目标构成，即1990—2000年"进入小康"、2002—2012年"全面建设小康社会"、2012—2020年"全面建成小康社会"。实现第三个阶段性目标时间短，担子重，困难多。"民族复兴"战略起点为2021年，预期实现时间点为2049年，由两个阶段性目标构成，即2020年起，完成"中国式现代化"进程；在此基础上，到2050年实现现代化，实现中华民族伟大复兴。由此，新一届中央领导集体以"建成小康"为现实的直接奋斗目标，以"实现现代化"为中期目标参照，以"实现中华民族伟大复兴"为战略目标，既立足现实，又着眼长远；既满怀理想，又真抓实干；既表现出认识上的理性和谨慎，又在积极进行政治动员和力量凝聚。从民族复兴的具体内容来看，以习近平为总书记的新一届中央领导集体承载着新的使命与担当："国家好，民族好，大家才会好。"这体现的是一种"国家富强—民族振兴—人民幸福"的理性认知和实践逻辑。综观党的十八大以来习近平总书记50余次重要讲话及一系列重大政策部署，可以看到，"国家—民族—人民"这一认知模式已经成为新一届领导人的基本认同。在这一模式中，"国家富强"居

① 习近平：《在第十二届全国人民代表大会第一次会议上的讲话》，《人民日报》2013年3月18日。

首,是实现伟大历史使命的着力点;“民族振兴”是奋斗目标,是凝聚力量的焦点;“人民幸福”是落脚点。着力点、焦点、落脚点,三者有机协同,既体现出理论认知上的自觉,又表现出“实干兴邦”的价值取向。其三,实践性因素:中国道路。中国梦及其实现绝不能完全照搬西方模式,绝不能走封闭僵化的老路或改旗易帜的邪路,我们要用中国特色社会主义来实现中国梦,在实现中国梦中进一步坚持和发展中国特色社会主义,这就决定了实现中国梦必须走中国道路。同时,实现中国梦必须破解中国问题,而解决中国问题也必须走中国道路。在当代中国,只有不断破解中国问题,实现中国梦的道路才能越走越宽。对此,习近平曾明确指出:“实现中国梦必须走中国道路。这就是中国特色社会主义道路。”①实际上,实现中国梦所必需的中国道路、中国精神和中国力量就是在为解决中国问题寻求现实路径、精神支撑和力量源泉。这里值得注意的是,一方面,中国道路是实践,中国精神是精神支柱,中国力量是力量源泉,后两者作为精神因素与力量因素统一于中国特色社会主义建设实践中;另一方面,实践不能缺乏精神支柱与力量源泉,因此,中国精神与中国力量是中国道路不可或缺的,三者共同构成中国梦在实践维度上的基本内容。“中国梦→中国道路→中国精神→中国力量”,四者递次推出,并在不同场合被反复提及,折射出其背后蕴含着以习近平为总书记的新一届中央领导集体一以贯之的核心执政理念,即一种由“战略目标、实施路径、精神保障、依靠力量”四个要素所支撑起来的执政理念的总构想。从总体上看,“中国梦”在这一构想中担当“战略目标”角色。该“战略目标”具有时空两方面的含义。在时间上,它既凝聚着历史、当下的诉求,又深含着对中国未来的强烈预期;在空间上,它既体现了中国对其自身在世界中“大国地位”

① 习近平:《在第十二届全国人民代表大会第一次会议上的讲话》,《人民日报》2013 年 3 月 18 日。

的自觉意识，同时表达了新一届中国领导人的“国际新秩序观”：既主张“把中国事情办好”，也懂得参与建立“更好世界”的重要性。在逻辑上，一旦战略目标确定，其后的路径、保障、力量等因素就自然被提上日程。实际上，随着中国梦命题的提出，“实施路径、精神保障、依靠力量”也陆续设置，这就是中国领导人多次强调的“中国道路”“中国精神”“中国力量”。“中国道路”在这一构想中担当“实现路径”角色。中国道路，即中国特色社会主义道路。实现中国梦，必须走中国道路。这是中国共产党人经过历史和实践检验以及总结国内外经验教训得出的唯一的、必然的正确结论。“中国精神”在这一构想中担当“精神支撑”角色。中国精神，即以爱国主义为核心的民族精神和以改革创新为核心的时代精神。民族精神是中国人最核心的文化认同，时代精神是对当今时代特征的理性认知。民族精神立足于“中华民族”这一空间平台；时代精神立足于“自然经济—商品经济—产品经济”这一历史序列的“商品时代”时间区间。“中华民族”是中国梦的首要主体，中国梦首先是中华民族的梦；“商品时代”是中国梦的历史坐标系，中国梦其次是现代的与时俱进之梦。实现中国梦，一要紧靠“中华民族”这一主体，二要紧扣“商品时代”这一脉搏。在这个意义上，中国精神是实现中国梦的精神保证。“中国力量”在这一构想中担当“根本依靠”角色。中国力量，就是中国各族人民大团结的力量。实现中国梦需要强大的依靠力量，人民就是这一力量的主体。中国梦是民族的梦，也是每个中国人的梦，还是所有中华儿女的梦。随着中国社会的发展，社会各阶层不断壮大，如何把全国各族人民、社会各阶层群体积极动员起来，最大可能地团结在一起，就成为当前治国理政及实现中国梦的一个重要课题。总之，中国梦就是“中国的应然状态”，就是中国人民通过中国道路实现民族复兴。具体而言，中国梦不是对昔日封建时期盛世王朝的沉溺与留恋，而是实现民族复兴以自立自强于世界民族之林的理想信念；不是对古代中国鼎盛时期的疆域版图的幻想与不舍，而是中国人民追求和平发展的形象表征；更不是什么海市蜃楼般的空想或心血来潮，而是昂首阔步于已经开辟并拥有旗帜目标的道路上的坦然心态与自信状态。

中国梦是对中国特色社会主义一脉相承中的理论创新，它既坚持了中国特色社会主义，又发展了中国特色社会主义。中国梦与中国特色社会主义是一脉相承的。“一切划时代的体系的真正的内容都是由于产生这些体系的那个时期的需要而形成起来的。所有这些体系都是以本国过去的整个发展为基础的”①。中国梦的提出离不开中国特色社会主义的实践基础。中国梦坚持以人民主体为根本立场、以公平正义为价值导向、以中国道路为实现路径，就充分体现了其对于中国特色社会主义的继承与坚持：首先，坚持人民主体地位是中国特色社会主义建设实践的内在逻辑要求，这种“人民主体”集中体现为坚持以人为本及其人民立场，具体体现为“注重民众参与”“尊重合理诉求”“关注民生”。人民群众是社会历史的主体，是历史的创造者，这是马克思主义的基本观点。从毛泽东思想到中国特色社会主义理论，都高度重视人民群众的地位与作用。中国梦具有以人民主体为根本立场的基本特征，对此，习近平在第十二届全国人民代表大会第一次会议上的讲话中曾明确指出，“中国梦归根到底是人民的梦，必须紧紧依靠人民来实现，必须不断为人民造福”②。其次，党的十八大报告明确提出，公平正义是中国特色社会主义的内在要求。习近平在第十二届全国人大第一次会议上阐释中国梦时强调：“生活在我们伟大祖国和伟大时代的中国人民，共同享有人生出彩的机会，共同享有梦想成真的机会，共同享有同祖国和时代一起成长与进步的机会。”③这表明，中国

---

① 《马克思恩格斯全集》第三卷，人民出版社 1960 年版，第 544 页。

② 习近平：《在第十二届全国人民代表大会第一次会议上的讲话》，《人民日报》2013 年 3 月 18 日。

③ 习近平：《在第十二届全国人民代表大会第一次会议上的讲话》，《人民日报》2013 年 3 月 18 日。

梦作为中国特色社会主义事业的民众表达与引领当代中国向何处去的总任务和总目标,中国梦是以公平正义为价值导向的。最后,习近平强调实现中国梦必须走中国道路,这条道路就是改革开放以来开辟的中国特色社会主义道路。中国梦也是对中国特色社会主义的理论创新。马克思曾经指出:“理论在一个国家实现的程度,总是取决于理论满足这个国家的需要的程度。”①时代不同,一个国家的理论需要也会发生变化。一种理论或一个政治命题只有捕捉到“一个时代的迫切问题”,把“人民的最美好、最珍贵、最隐蔽的精髓”都汇集在理论体系里,并成为“自己的时代、自己的人民的产物”②,才能满足一个国家的真正需要,这样的理论自身才能得到最大程度地实现,这样的政治命题才能发挥最大的吸引力、感召力、凝聚力和作用力。中国梦的提出就是依据当今世情国情,针对重大的时代问题,把握当下形势需要,对中国特色社会主义作出的理论创新。这种理论创新主要体现为:首先,在结构形式上,第一次把中国人民作为“主语”(毛泽东思想、邓小平理论、“三个代表”重要思想和科学发展观的主语都不是中国人民)。其次,在语言表达上,以民众话语为表达方式。用中国梦来表达中国特色社会主义事业的总任务、总目标和总主题,实际上是用通俗易懂、简单质朴、喜闻乐见的“三贴近”的大众化语言,让群众所理解、所接受,以此来引导群众、感召群众、动员群众。这是用平民百姓的话来表达“中国目标”和“中国理想”,因而涉及当代中国话语体系转换与思想传播、价值认同问题。最后,在本质特征上,我们曾经指出,中国梦的本质特征,就是“目标凝聚”“共生共进”“外圆内方”“人民主体”,相应蕴涵的思维方式是战略思维、和合思维、功能思维和人本思维,这些特征也在一定程度上体现了中国梦的理论创新。

---

① 《马克思恩格斯选集》第一卷,人民出版社 1995 年版,第 11 页。

② 《马克思恩格斯全集》第一卷,人民出版社 1995 年版,第 219 页。

习近平总书记在庆祝改革开放40周年大会上的讲话中指出，前进道路上，我们要坚持用时代发展要求审视自己，以强烈忧患意识警醒自己，以改革创新精神加强和完善自己，在应对风险挑战中锻炼提高，在解决党内存在的突出矛盾和问题中净化纯洁，不断提高管党治党水平。事物的发展是前进性和重复性的统一，表现为螺旋式或波浪式的发展过程。40年改革开放的历程，也是一部党带领人民在应对诸种风险挑战中披荆斩棘、奋勇前进的历史。党的十八大以来，习近平总书记多次强调我们党要做好应对任何形式的矛盾风险挑战的准备，时刻准备进行具有许多新的历史特点的伟大斗争，并在领导改革开放和社会主义现代化建设伟大社会革命的同时坚定不移推进党的伟大自我革命。我们面临的重大风险，既包括国内的经济与金融、政治和意识形态、社会风险以及来自自然界的风险，也包括国际经济、政治、军事风险等。我们面临的挑战，既包括一些既成大国及有关国家警惕、防范甚至打压而威胁我国总体安全的挑战，也包括国内改革发展稳定进程中遇到的诸多矛盾、难题的挑战，还有国内外各种社会思潮对我国意识形态安全或文化安全的挑战。对于我们党而言，执政考验、改革开放考验、市场经济考验和外部环境考验等"四大考验"，以及精神懈怠危险、能力不足危险、脱离群众危险和消极腐败危险等"四大危险"，如果不能有效应对，都有可能成为关涉党之生死存亡的风险和挑战。2016年10月21日，习近平总书记在纪念红军长征胜利80周年大会上的讲话中指出："实现伟大的理想，没有平坦的大道可走。夺取坚持和发展中国特色社会主义伟大事业新进展，夺取推进党的建设新的伟大工程新成效，夺取具有许多新的历史特点的伟大斗争新胜利，我们还有许多'雪山'、'草地'需要跨越，还有许多'娄山关'、'腊子口'需要征服，一切贪图安逸、不愿继续艰苦奋斗的想法都是要不得的，一切骄傲自满、不愿继续开拓前进的想法都是要不得的。"明者防祸于未萌，智者图患于将来。在新时代，我们党只有在应对风险挑战中，不断提高统揽全局、协调各方、抓住重点、统筹推进的政治领导力、思想引领力、群众组织力和社会号召力，才能更好坚持党的全面领导，进而以中国方式实现现代化。

其一，精神状态和奋斗姿态。今天，面临各种各样的风险和挑战，我们强调党的全面领导，强调中国共产党领导全国各族人民，统揽伟大斗争、伟大工程、伟大事业、伟大梦想。作为一个在14亿多人口大国长期执政且有着9600多万名党员的党，最有资格建立世界上最强大的政党。我们的党肩负历史使命、时代担当和人民重托，没有任何为政党组织、为个人的私利，也没有特殊的利益诉求。在中国共产党和中国特色社会主义已经成为21世纪世界社会主义运动发展的中流砥柱的情况下，我们党面临的是前所未有的复杂形势，干的是前无古人的创造性事业，追求的是数代中国人梦寐以求的夙愿。要肩负这样的使命担当，需要我们党培育永不懈怠的精神状态和一往无前的奋斗姿态。其二，直面矛盾和问题。矛盾是事物发展的推动力，分析矛盾、发现问题和解决问题，形成党和国家事业发展的强大动力。坚持问题导向是党的十八大以来以习近平同志为核心的党中央治国理政的鲜明特色。习近平总书记在主持十九届中央政治局第一次集体学习时就强调，领导干部既要敢于直面矛盾和问题，又要善于化解矛盾和问题。今天，我们要清醒地认识到，我们的党员干部队伍中还存在这样或那样的问题和局限，与完成任务、攻坚克难的要求还有很大差距，因而要树立危机意识、忧患意识和问题意识。一个国家最大的危机是缺乏危机意识，一个民族最大的忧患是缺乏忧患意识，做好工作之最大问题是缺乏问题意识。面临严峻形势和艰巨任务且要攻坚克难，首要的是加强和改进党自身的建设，使自身硬起来。这种硬，主要是硬在担当，硬在精神，硬在能力，硬在作风，硬在先进，硬在凝聚，硬在国家治理现代化。其三，敢于斗争和善于斗争。矛盾普遍存在于一切事物之中，并贯穿于事物运动变化过程的始终。要解决矛盾，就离不开斗争。在新时代要提高斗争的能力与水平，首要的是提高站位和胸怀全局。只要全党心往一处想，劲往一处使，就没有攻克不了的难题。然而，在现实社会中，一些党员干部在作风上脱离群众，行为上存在腐败现象，人们的思想认识有所分化，民众凝聚力有所下降，一些人在思想行动上还没有真正统一到中央的路线方针政策上来，统一到中央的精神和部署上来。人心齐泰山移，我们必须进一步统一思想认识和凝聚力量，既要培养斗争精神，又要增强斗争本领，进而顺利推进新时代的各项事业。其四，勇于自我革命。面对诸种风险挑战，中国共产党之所以能不断地走向成功，成为一个伟大的党，并不是说我们党从来不会犯错误，而是我们党能够始终依靠对历史规律和人民利益的遵循与坚持，并凭借不忘共产主义远大理想的价值取向和境界追求，从而不断勘误纠错，经受一次次挫折而又一次次奋起，并从失误中学习，获得了持续前行的动力与更大的生机和活力。坚定的理想信念和自我革命精神，正在推动着中国共产党人在改造客观世界的伟大实践过程中，同时坚持改造主观世界，以达致共产党人的崇高境界。坚持自我革命也是共产党人的优良传统。马克思曾经说过，无产阶级革命运动要靠自我批评壮大起来。列宁也讲过："一个政党对自己的错误所抱的态度，是衡量这个党是否郑重，是否真正履行它对本阶级和劳动群众所负义务的一个最重要最可靠的尺度。公开承认错误，揭露犯错误的原因，分析产生错误的环境，仔细讨论改正错误的方法——这才是一个郑重的党的标志。"毛泽东同志曾形象地指出："房子是应该经常打扫的，不打扫就会积满了灰尘；脸是应该经常洗的，不洗也就会灰尘满面。我们同志的思想，我们党的工作，也会沾染灰尘的，也应该打扫和洗涤。"邓小平在党的八大上也曾强调指出："我们需要实行党的内部的监督，也需要来自人民群众和党外人士对于我们党的组织和党员的监督。"党的十八大以来，习近平总书记把推进党的自我革命提升到了战略高度，他多次强调要以自我革命的政治勇气，做勇于自我革命的战士,并把勇于自我革命标识为我们党最鲜明的品格和最大的优势。

坚守初心、勇担使命的中国共产党人,通过一系列历史性贡献,推动中国特色社会主义进入了新时代。在习近平新时代中国特色社会主义思想的指导下,不忘初心、牢记使命的中国共产党人将在中华大地上,继续绘就党和人民同心同德的同心圆,谱写党和人民血肉联系的命运交响曲。

中国共产党人是"为中国人民谋幸福、为中华民族谋复兴"的历史接力者和合格担当者。追求人民幸福和民族复兴,是近代以来中国人民的美好理想,也是无数仁人志士奋不顾身前赴后继的炽热追求。历经无数次的失败和抗争,历史和人民把这一接力棒传递到了中国共产党人这里。对于中国共产党人的初心和使命,党的十九大报告明确概括为"就是为中国人民谋幸福,为中华民族谋复兴"。这个初心和使命是激励中国共产党人不断前进的根本动力。从初心来看,中国共产党人坚持马克思主义的指导地位,从党成立时起就把为共产主义、社会主义而奋斗确定为自己的纲领。中国共产党人是马克思主义的忠实继承者和丰富发展者,马克思主义所揭示的人类社会发展趋势及其规律成为中国共产党人始终不渝的遵循和奋斗指向。坚信"凡是历史性产生的终将历史性地灭亡"的信念,坚决同一切背离人民幸福和违反历史发展规律的现象或对象进行斗争的胆识,以及遇到任何困难也毫不畏惧不怕牺牲的大无畏的乐观精神,逐渐沉淀和铸就了中国共产党人的胸襟、气魄和情怀。同时,中国共产党人也是中华优秀传统文化的忠实传承者和发扬光大者。中国传统文化的精华薪火相传,成为流淌在中国共产党人身上的鲜血和沉淀在灵魂深处的基因。从使命来看,从党的十八大闭幕后不久,习近平总书记带领中央政治局常委全体成员参观了《复兴之路》展览,提出"实现中华民族伟大复兴,就是中华民族近代以来最伟大的梦想",到党的十九大报告明确提出"中国共产党一经成立，就把实现共产主义作为党的最高理想和最终目标”，中国共产党人明确宣示了对肩负使命的历史自觉意识和勇于担当精神。2017 年 10 月 31 日，党的十九大闭幕仅一周，习近平总书记带领新一届中共中央政治局常委，专程来到上海和浙江嘉兴，追寻我们党的根脉和基因。习近平同志曾以“开天辟地、敢为人先的首创精神，坚定理想、百折不挠的奋斗精神，立党为公、忠诚为民的奉献精神”[①]，高度概括了象征共产党人初心和使命的“红船精神”。兴业路的小楼和南湖上的红船，寄托着共产党人的初心，承载着共产党人的使命，是共产党人的精神家园和精神支柱。有了这样的初心自觉和使命担当，中国共产党人接过历史接力棒，并经受住历史和人民的检验。第一步，中国共产党人意识到，必须首先推翻压在中国人民头上的三座大山，实现民族独立和人民解放。有了这样的历史自觉，我们党团结带领中国人民进行浴血奋战，1949 年建立了中华人民共和国，彻底结束了旧中国半殖民地半封建社会的屈辱历史，实现了中国从几千年专制政治和传统生活向人民民主和现代生活的伟大飞跃。这是我们党坚守初心肩负使命作出的第一个伟大历史贡献。第二步，中国共产党人意识到，必须建立符合我国实际的先进社会制度。我们党团结带领人民完成社会主义革命，实现了中华民族由近代不断衰落到根本扭转命运、持续走向繁荣富强的伟大飞跃。这是我们党作出的第二个伟大历史贡献。第三步，中国共产党人意识到，必须勇于改革开放，让党和人民事业始终充满奋勇前进的强大动力。我们党团结带领中国人民进行改革开放，探索实现现代化的中国方式，开辟了中国特色社会主义道路，使中国大踏步赶上时代。这是我们党作出的第三个伟大历史贡献。这一步一个脚印的三大步，完成了三次重大的历史抉择，实现了三次伟大飞跃，作出了三个伟大历史贡献。这些成就，使具有五千多

① 习近平：《弘扬“红船精神” 走在时代前列》，《光明日报》2005 年 6 月 21 日。

年博大精深源远流长的中华文明在现代化进程中重新焕发勃勃生机，使具有500多年历史的社会主义理念和主张在这个世界上人口最多的国家扎稳根基并开辟出了现实可行的道路，使具有100多年历史的中国共产党凝聚起最广大的民心并树立起了崇高的威望，使具有70多年历史的新中国迅速崛起为世界第二大经济体。历史和实践充分证明，中国共产党人是“为中国人民谋幸福、为中华民族谋复兴”的合格担当者。

习近平新时代中国特色社会主义思想指明“不忘初心、牢记使命”的新时代担当和历史性任务。党的十八大以来，历史接力棒传到了以习近平同志为核心的中国共产党人手里。党和国家的各项事业取得历史性成就和发生历史性变革，中国特色社会主义进入了新时代，中华民族开启了由文明大国迈向文明强国的历史进程，第一次站在了实现强起来的历史起点上。今天，我们比历史上任何时期都更接近、更有信心和能力实现中华民族伟大复兴的目标。这是怎样的一个新时代？这个时代需要怎样的一个新思想？一种思想，唯有把握规律和顺应民心，才能成为时代精神的精华；唯有与时俱进和引领时代，才能永葆生机和彰显磅礴伟力。如果说在历史的航道上，总有某些重要的时间节点，犹如高高耸立的灯塔，标示出历史前行的方向，那么在人类思想发展史上，总有一些思想，能够成为实践基础上理论创新的标识和指引新时代发展的思想路标。顺应时代发展的要求和思想引领的需求，以习近平同志为核心的党中央从理论和实践结合上系统回答了新时代坚持和发展什么样的中国特色社会主义、怎样坚持和发展中国特色社会主义这个重大时代课题，形成了习近平新时代中国特色社会主义思想。习近平新时代中国特色社会主义思想的“八个明确”的基本内容和“十四个坚持”的基本方略，是习近平同志系列重要讲话精神和治国理政新理念新思想新战略的集大成，是各种经验性成果的集中展示和理论提升。值得注意的是，在党的十九大报告第三部分“新时代中国特色社会主义思想和基本方略”，具体阐释“八个明确”和“十四个坚持”的15个段落中，中华民族伟大复兴和中国梦出现6次，“人民”出现27次。习近平新时代中国特色社会主义思想对中国共产党人的初心与使命的重视由此可见一斑。用习近平新时代中国特色社会主义思想武装全党，成为当前的重大政治任务。“八个明确”的基本内容和“十四个坚持”的基本方略，实际上为“不忘初心、牢记使命”的中国共产党人指明了历史性任务。这“八个明确”，既有对党的十八大以来治国理政新理念新思想新战略的集中概括，又有对过去目标进行提升、对过去模糊认识进行澄清的新理论判断，高度凝练、系统完备地点明了习近平新时代中国特色社会主义思想的基本内容。这“十四个坚持”，既是习近平新时代中国特色社会主义思想的重要组成部分，也是贯彻落实习近平新时代中国特色社会主义思想的实践要求，每一条都具有很强的现实针对性和实践指导性，为我们描绘了实现“两个一百年”奋斗目标、实现中华民族伟大复兴中国梦的“路线图”和“方法论”。这“八个明确”和“十四个坚持”，坚持人民主体地位，尊重人民首创精神，注重从人民群众中汲取智慧和力量，饱含着深厚的人民情怀，并且坚持把人民对美好生活的向往作为奋斗目标，把满足人民的需求作为全部工作的出发点和落脚点，充分体现了和中国共产党人的初心与使命的自觉结合。习近平新时代中国特色社会主义思想，也为“不忘初心、牢记使命”的中国共产党人指出了新时代的担当。新的历史方位，新的时代担当，面临充满机遇与挑战的时代境况，要坚定地传递好实现中华民族伟大复兴的历史使命这一历史接力棒，必须进行伟大斗争、建设伟大工程和推进伟大事业。党的十九大报告主要是从原因和结果关系的维度，强调整体性推进“四个伟大”。因为要实现伟大梦想，所以必须进行伟大斗争、建设伟大工程和推进伟大事业。进行伟大斗争、建设伟大工程和推进伟大事业，是实现中华民族伟大复兴的中国梦的必要条件。一是实现伟大梦想，必须进行伟大斗争。党的十八大报告提出“发展中国特色社会主义是一项长期的艰巨的历史任务,必须准备进行具有许多新的历史特点的伟大斗争”。社会是在矛盾运动中前进的,有矛盾就会有斗争。在新时代,我们党要团结带领人民有效应对重大挑战、抵御重大风险、克服重大阻力、解决重大矛盾,必须进行具有许多新的历史特点的伟大斗争。伟大斗争是实践抓手和精神动力。与“伟大斗争”密切相关的精神状态和奋斗姿态,是我们战胜各种困难、风险的优良传统和重要法宝。只有坚持不懈地进行具有许多新的历史特点的伟大斗争,实现伟大梦想才能获得源源不断的支撑和持久的动力。二是实现伟大梦想,必须建设伟大工程。没有中国共产党的领导,民族复兴必然是空想。我们党要始终成为时代先锋、民族脊梁,始终成为马克思主义执政党,不断增强党的政治领导力、思想引领力、群众组织力、社会号召力,确保我们党永葆旺盛生命力和强大战斗力。党的十九大报告明确提出,伟大斗争,伟大工程,伟大事业,伟大梦想,紧密联系、相互贯通、相互作用,其中起决定性作用的是党的建设新的伟大工程。建设伟大工程,为实现伟大梦想奠定坚实的基础,是新时代中国共产党人推进实现中华民族伟大复兴的历史使命的基本要求。党的领导是中国特色社会主义最本质的特征。只有始终与人民保持血肉联系,除了人民的利益没有自身特殊利益的政党,才能带领人民和依靠人民而最终成就人民的事业。办好中国的事情,关键在党。伟大工程是实现伟大梦想的政治保证,是制度优势的根本保障。有了党的坚强领导,实现伟大梦想就有了“主心骨”。三是实现伟大梦想,必须推进伟大事业。中国特色社会主义是改革开放以来党的全部理论和实践的主题。中国特色社会主义道路是实现社会主义现代化、创造人民美好生活的必由之路,中国特色社会主义理论体系是指导党和人民实现中华民族伟大复兴的正确理论,中国特色社会主义制度是当代中国发展进步的根本制度保障,中国特色社会主义文化是激励全党全国各族人民奋勇前进的强大精神力量。推进伟大事业是基础条件，是我国改革开放和社会主义现代化建设取得巨大成就的根本原因。离开了伟大事业的扎扎实实推进，伟大工程和伟大斗争就成了离线的风筝，伟大梦想就变成了空想。全党坚定信念，增强“四个自信”，在举旗定向上咬定青山不放松，始终坚持和发展中国特色社会主义。

习近平新时代中国特色社会主义思想和中国共产党人的初心与使命的自觉结合，成为合力助推新时代共产党人把握规律、顺应民心和凝聚威望的精神发动机。习近平新时代中国特色社会主义思想和中国共产党人的初心与使命的自觉结合，彰显了新时代共产党人把握规律和顺应民心的精神优势。被历史和实践证明的优秀精神传统，加上明确新时代共产党人的历史性任务和时代担当的最新指导思想，必将铸就新时代共产党人回归本质和凝聚威望的精神发动机，在中华大地上共同奏响党和人民同心协力的命运交响曲。《共产党宣言》发表以来 170 年的实践证明，揭示了人类历史发展趋势的马克思主义，一旦和具体国情相结合、与时代发展同进步、与人民群众共命运，就能焕发出强大的生命力、创造力和感召力。中国共产党人秉承初心牢记使命，以永不懈怠的精神状态和一往无前的奋斗姿态，引领着承载中华民族伟大梦想的航船，乘风破浪驶向光明的前程。习近平总书记曾经指出，人心向背、力量对比是决定党和人民事业成败的关键，是最大的政治。中国共产党人的初心和使命所承载的，也正是近代以来中国人梦寐以求的理想和追求。习近平新时代中国特色社会主义思想关涉世界观、人生观、价值观，是最新的“总开关”，也是中国共产党人初心与使命的最新载体。党的十九大修改的《中国共产党章程》，新加入了中国共产党统揽伟大斗争、伟大工程、伟大事业、伟大梦想的内容。今天的中国共产党人为什么要把正在做的事强调为伟大？伟大，即不计私利，敢于担当和勇于奉献。一方面，我们的党肩负历史使命、时代担当和人民重托，没有任何为政党组织、为个人的私利，也没有特殊的利益诉求。在中国共产党和中国特色社会主义已经成为21世纪世界社会主义运动发展的中流砥柱的情况下,我们党面临的是前所未有的复杂形势,干的是前无古人的创造性事业,追求的是数代中国人梦寐以求的夙愿。这样的事业和梦想,可以名副其实地称之为"伟"。另一方面,作为一个在14亿多人口大国长期执政且有着9600多万名党员的党,最有资格建立世界上最强大的政党。同时,在经济总量方面,我们这个世界第二大经济体,在2016年占世界经济比重已经达到14.9%,对世界经济增长贡献率更是高达34.7%。因此,这样的事业和梦想,当然称得上"大"。伟大不是追求地位或特权,而是意味着牺牲、奉献、责任和义务,意味着情怀、觉悟、使命和担当,意味着宣示排除万难追求理想的精神状态和奋斗姿态。有了强劲的精神发动机,新时代的中国共产党人就能站稳人民的立场,就能勇于进行自我革新。一个站稳了人民立场的政党,不该有也不会考虑自身的利益,这个政党的成员会自觉地把个人的命运紧紧维系于本政党组织和国家民族的发展命运。在人民的利益、国家的利益和历史发展规律的面前,坚守人民立场的中国共产党人,在需要作出自我革命的抉择时,绝不会有丝毫的动摇或任何的犹豫。人民立场是中国共产党人坚持自我革命精神的基石。马克思曾告诫共产党执政后不能懈怠或退化,要防止党员领导干部从"人民的公仆"演变成"人民的主人"。毛泽东同志在《为人民服务》一文中曾指出:"因为我们是为人民服务的,所以,我们如果有缺点,就不怕别人批评指出","只要我们为人民的利益坚持好的,为人民的利益改正错的,我们这支队伍就一定会兴旺起来"。[①] 面对党内腐败与人民利益的对立,习近平同志鲜明地表达了这样的态度:不得罪成百上千的腐败分子,就要得罪13亿人民。他还曾指出,我们党之所以有自我革命的勇气,是因为我们党除了国家、民族、人民的利益,

① 《毛泽东选集》第三卷,人民出版社1991年版,第1004页。

没有任何自己的特殊利益。不谋私利才能谋根本、谋大利，才能从党的性质和根本宗旨出发，从人民根本利益出发，检视自己。[①] 坚持人民立场，始终把人民放在心中，中国共产党人就不会患得患失，即使在错综复杂的形势中，也能找到坚守自我革命精神的动力和支柱。新时代中国共产党人的自我革命精神，不仅不会削弱党在社会主义现代化建设工程中的主体性地位，也不会影响党在中国特色社会主义事业中的坚强领导、核心担当。恰恰相反，它会不断铸就中国共产党人的精神品格和精神优势。在曲折中发展和前进，是事物发展的基本趋势和历史发展的客观规律。中国共产党之所以能不断地走向成功，成为一个伟大的党，并不是说我们党从来不会犯错误，而是我们党能够依靠对历史规律和人民利益的遵循与坚持，凭借不忘共产主义远大理想的价值取向和境界追求，从而不断勘误纠错，经受一次次挫折而又一次次奋起，并从错误中学习，获得了更大的生机和活力。坚定的理想信念和自我革命精神，推动着中国共产党人在改造客观世界的伟大实践过程中，坚持改造主观世界，达致共产党人的崇高境界。有了共产党人的回归本质和凝聚威望，再加上中国人民多年奋斗积累而成的世界第二大经济体量，承载使命的中华文明必将迎来更加辉煌灿烂的明天。

第二节　斗争精神

在党的十八大报告中，我们党第一次提出“必须准备进行具有许

---

① 《以解决突出问题为突破口和主抓手　推动党的十八届六中全会精神落到实处》，《人民日报》2017年2月14日。

多新的历史特点的伟大斗争”①这一重大论断。习近平总书记高度重视这一论断。习近平总书记在主持新产生的中央政治局第一次集体学习时,又强调我们“必须准备进行具有许多新的历史特点的伟大斗争”②。在2013年中央召开的全国宣传思想工作会议上,习近平总书记又一次强调“我们正在进行具有许多新的历史特点的伟大斗争”③。以习近平为代表的中国共产党人,坚持强调斗争精神,这成为我党在新时代的一面精神旗帜。

习近平总书记之所以三番五次强调要进行具有许多新的历史特点的伟大斗争,是由下述三方面的因素决定的。我们党面临“四大挑战”,使我们必须进行具有新的历史特点的伟大斗争。第一个是世界上一些国家对我国打压的挑战。今天,我国已成为世界第二大经济体。尽管我国一再强调“和谐世界”“和平发展”“合作共赢”,但作为新兴大国自然会对既成大国及有关国家构成某种挑战。在当今世界“一切都服从国家利益”的实际背景下,一些既成大国及有关国家就会警惕、防范中国甚至打压中国。目前一些既成大国围绕“钓鱼岛”“南海问题”“国际贸易”等所挑起的国际事端,围绕意识形态所进行的斗争,以及针对其他国内问题给我国制造的种种麻烦等,足以说明一些既成大国及有关国家是在有意识地打压中国,这种打压会持续下去甚至升级。这既影响我国国际安全,也会影响国内各项建设的正常秩序,影响我国聚精会神搞建设、一心一意谋发展。第二个是国内改革发展稳定进程中遇到的诸多矛盾、难题的挑战。改革发展稳定,是中

---

① 胡锦涛:《坚定不移沿着中国特色社会主义道路前进 为全面建成小康社会而奋斗——在中国共产党第十八次全国代表大会上的报告》,《人民日报》2012年11月18日。

② 习近平:《紧紧围绕坚持和发展中国特色社会主义学习宣传贯彻党的十八大精神》,《人民日报》2012年11月19日。

③ 《习近平在全国宣传思想工作会议上强调:胸怀大局 把握大势 着眼大事 努力把宣传思想工作做得更好》,《人民日报》2013年8月21日。

国特色社会主义建设和社会主义现代化建设进程中所要解决的总问题。在改革进程中所遇到的难题，主要是各种体制机制弊端、利益固化藩篱和全面深化改革的执行阻力。不仅历史长期形成的各种体制机制弊端和利益固化藩篱难以轻易破除，而且还会遇到各种既得利益集团对改革所制造的巨大阻力。在发展进程中所遇到的难题，主要是经济发展与环境保护的矛盾（人与自然），社会发展与人的发展的矛盾（人与社会），因利益占有、分配和诉求而产生的矛盾（人与人的矛盾），人自身的矛盾（人的身与心）。当今，一些地方的经济发展以牺牲环境为代价，我国整个社会物质财富的积累以牺牲一部分人的发展为代价，人的物质世界发展以牺牲人的精神世界为代价。解决这种发展中的代价、成长中的烦恼是一个难题。在保稳定进程中所遇到的难题，主要是民众诉求日趋觉醒和增强，但我国资源人均占有率偏低且资源配置还不够公平，难以真正、完全满足这种诉求，这会引起一些人不满；我们的理论和理论宣传强调的是先进理念和思想，但所存在的“现实”和发生的“事实”却与这些先进理念和思想有不小差距，这会引起一些人的怨气，不利于社会稳定。这一系列难题严重阻扰着我国改革发展稳定进程。第三个是国内外各种社会思潮对我国意识形态安全或文化安全的挑战。当今，西方“新自由主义”“宪政民主”“历史虚无主义”“新闻自由”“普世价值”等思潮在我国大行其道，国内“否定两个 30 年”的思潮也乘兴而起。一定意义上，“西方社会思潮”实际上是用学术外衣为我们设置政治陷阱，从本质上是要消解我国意识形态进而破坏我国文化安全乃至政治安全，是西化、分化我国的政治策略，已给我国带来严重的消极影响，致使一些人崇拜“西方标准”。第四个是民族分裂主义的挑战。当今，国际国内分裂主义抬头，一些既成大国中的敌对势力又在背后纵容民族分裂主义，致使国内一些民族分裂主义肆意挑衅并制造各种事端，严重影响民族团结和社会生活秩序。上述“四大挑战”是非常严峻的，不可观望，不可懈怠，不可掉以轻心,必须进行具有新的特点的伟大斗争。我们党面临的"四大考验",使我们必须进行具有新的历史特点的伟大斗争。这讲的是我们所面临的复杂环境和艰巨任务。这"四大考验"是执政考验、改革开放考验、市场经济考验和外部环境考验。执政的考验,主要是在党的执政环境日趋复杂和党的执政基础有所变化的背景下,如何加强和改进党自身的建设,克服党自身存在的问题尤其是腐败问题,破解党所面临的危险,以巩固党的执政地位。党的执政地位不是与生俱来的,也不是一劳永逸的。改革开放的考验,主要是改革开放既是革我们自己的命,又是我们党所进行的伟大革命,还是决定中国命运的关键性抉择,这对我们党来说是一个具有艰巨性和考验性的课题,它检验着我们党的先进性和执政能力状况。市场经济的考验,主要是我们党既要经受住市场经济对党自身负面影响的考验,又要经受住市场经济所引发的意识形态安全和政治安全的考验。外部环境的考验,主要是我们党面临的国际环境和周边环境日趋复杂严峻,包围、遏制、打压、分化、分裂、唱衰中国的声音和行径日趋激烈。要有效应对上述四大考验,我们必须积极进行具有新的历史特点的伟大斗争。要有效破解我们党面临的"四大危险",也必须进行具有新的历史特点的伟大斗争。这讲的是我们党自身面临的且影响党的执政地位的危险。这四大危险是:精神懈怠;能力不足;脱离群众;消极腐败。[①] 危险,意味着它已经影响着我们党的执政安全。精神懈怠,会使我们一些党员干部缺乏理想信念,缺乏自信,缺乏凝聚力,缺乏斗志;能力不足,使一些党员干部难以胜任他所肩负的历史重任和使命,难以应对"四大挑战"和"四大考验";脱离群众,会失去人民群众对我们党的认同、支持和拥护;消极腐败,必然会侵蚀我们党的肌体,烂掉我们党的"根",使我们党自己葬送

① 胡锦涛:《在庆祝中国共产党成立 90 周年大会上的讲话》,《人民日报》2011 年 7 月 1 日。

自己。要破解或消除这“四大危险”,必须进行具有新的历史特点的伟大斗争。总之,无论应对“四大挑战”,还是经受“四大考验”,还是破解“四大危险”,都意味着我们党面对的形势格外严峻,所处的环境格外复杂,面临的任务格外沉重,都是难啃的硬骨头。这要求我们党必须以壮士断腕的决心、勇气和斗志来攻坚克难,从而为实现中华民族伟大复兴开辟道路。

习近平总书记强调“我们正在进行具有许多新的历史特点的伟大斗争”,意味着新一届中央领导人正在思考和解决具有重大方向性和战略性问题。习近平总书记提出这一重要论断究竟要解决什么问题、达到什么目的?其实质是什么?要求我们对党目前面临的形势与任务作出科学研判。对形势作出准确判断,是作出科学决策并提出任务的基本前提。今天,要以冷静而清醒的头脑科学研判今天我们面临的国内外形势,在此基础上,明确我们前进的正确方向和必须完成的历史任务。当前,我们共产党人面临的形势主要是:力量较量日趋激烈,和平与冲突交织,但冲突增加,抢占世界发展制高点的紧迫感在增强;变化迅速导致不确定因素增加,机遇与挑战并存,但挑战严峻,难以预测的风险增多;结构调整成为常态,传统与现代博弈,但阵痛增强,我们时刻面对严峻考验;社会断裂无序,成长与烦恼同在,但烦恼增多,从两难和烦恼中寻求成长应成为不懈追求;集中资源干大事,既有成功也有危机,成功与危机共存,但风险增大,我们遇到许多决定命运的根本问题,这要求我们绝不能出现颠覆性错误;改革发展使进步与艰难同在,但难题突显,我们在攀登一座没有探测过的险峻高山,不进则退。严峻的形势意味着我们党肩负着十分艰巨的任务。如果说,邓小平时期面临的是意识形态难题,江泽民时期面临的是如何坚持社会主义制度和巩固党的执政地位的难题,胡锦涛时期面临的是如何实现科学发展和构建和谐社会的难题,那么,新一届中央领导集体面临的难题与肩负的任务更多更艰巨,即主要是如何通过全面深化改革,破除体制机制弊端和利益固化藩篱，进而解决发展动力、创新活力与和谐稳定难题，是推进“伟大事业、伟大工程”以实现“伟大梦想”（中国梦）的目标。严峻形势与艰巨任务，要求我们党要积极凝聚力量、攻坚克难。党的十八大报告主题中，有一个关键词是“攻坚克难”。这意味着我们今天已进入“攻坚克难”期。今天，既是我们党执政以来取得最大的历史成就时期，也是面临难题和艰巨任务最集中的时期，“攻坚克难”，是摆在我们党面前的一个基本事实。对此，我们党应有十分清醒的认识。要清醒认识我们党员干部队伍中还存在这样或那样的问题和局限，与完成任务、攻坚克难的要求还有很大差距，因而要树立危机意识、忧患意识和问题意识。一个国家最大的危机是缺乏危机意识，一个民族最大的忧患是缺乏忧患意识，做好工作之最大问题是缺乏问题意识。然而，我们一些人对此缺乏清醒的头脑和认识，形式主义、享乐主义、官僚主义、奢靡之风盛行；一些人对我们党面临的“四大挑战”“四大考验”和“四大危险”不屑一顾，无动于衷，缺乏应对措施。这样做，是难以胜任历史赋予我们的重大使命和任务的。面临严峻形势和艰巨任务且要攻坚克难，就必须克服我们党自身存在的局限，加强和改进党自身的建设，使自身硬起来。这种“硬”体现在许多方面，其中一个重要方面，就是要硬在斗志。这种斗志，既是一种精神状态，也是一种攻坚克难的行动。就是说，要用体现历史特点和时代特征的方式进行斗争，使斗争精神具有历史和时代的实现形式，具有历史和时代特点；就是在今天，依然要发扬“下定决心、不怕牺牲、排除万难、争取胜利”的传统精神。

习近平总书记所讲的“伟大斗争”，在当今具有许多新的历史形式。一是争夺资源。即争夺资源的斗争。当今世界竞争的一种形式是资源竞争。在当今世界，人口日益增长，人们的欲望也日趋增大。然而，地球上储存的资源相对有限。缺乏资源，会严重影响一个国家的发展以及竞争力。所以，当今各个国家大都围绕资源而展开激烈的竞争。第一次世界大战、第二次世界大战,一定意义上就是争夺资源的战争。当年日本侵略中国,今天围绕钓鱼岛而发生的领土争端,主要就是日本企图掠夺、侵占我国的资源。即使南海等领土争端和一些贸易争端,也大多是围绕资源争夺而展开的。石油、天然气及新能源等问题日趋突出,也表明争夺资源的斗争日趋激烈。二是货币战争。美国注重金融立国,搞美元霸权,极力维护美元在世界霸主中的核心地位。2007 年美国发生次贷危机、2008 年发生国际金融危机以后,美国力图用美元打压欧元和人民币。有研究证明,今天围绕钓鱼岛及南海领土所发生的国际争端,其背后主要目的之一,就是刺激货币流向美国,把世界上的钱都装到美国人的腰包。中国房地产问题的背后,也有货币战争在涌动。三是争夺市场。即为争夺世界市场和中国市场而展开的斗争。中国拥有世界上最大的市场。发展经济,必须拥有广阔的市场,因为市场对经济发展具有巨大拉动作用。改革开放之初,我们试图用我国的市场换西方的先进技术,但先进技术没换来多少,倒是市场被西方占有了不少,如汽车、手机、电脑、电视等。当今,西方发达国家围绕我国市场展开的争夺从来没有停止过,而且会更加激烈。四是意识形态斗争。当今西方试图对中国打一场没有硝烟的战争。这种战争是力求通过传播西方各种社会思潮,且以文化渗透和文化征服的方式,围绕"自由、民主、人权"主题而展开的。其目的,就是动摇社会主义制度,动摇中国共产党领导,动摇马克思主义,动摇理想信念,摧毁中国人的自信心,分化人心。当前意识形态领域的斗争是复杂而尖锐的,尤其是思想理论领域斗争的复杂性、尖锐性前所未有。一些错误的社会思潮暗流涌动,此起彼伏,竞相发声,直逼我国意识形态。一些人用西方的新自由主义、普世价值、新闻自由、历史虚无主义等,明目张胆地攻击中国特色社会主义、社会主义核心价值观、中国式民主。苏联的解体昭示我们,一个国家、一个政权的瓦解往往是从思想领域或意识形态领域开始的。五是反腐败斗争。即腐败与反腐败之间的斗争。1978年以来,我国的腐败现象比较严重,我们党也不断加大反腐败的力度。尤其是新一届中央领导集体所展开的反腐败斗争,其力度、手段、方式和效果前所未有。与此同时,一些腐败势力及既得利益集团也暗中抵触,甚至会找到机会进行反扑。这种腐败与反腐败的斗争,今后会更加激烈。因为腐败势力为维护自己的利益会不择手段。六是网络斗争。当今人们善于在网络空间中表达自己。因人的素养不同,在网络空间表达的内容也有所不同。在网络空间中,我们既能看到传播正能量的"文明元素",也能看到发泄不满、谩骂他人、传播黄色信息、招摇撞骗、混淆是非、散播虚假信息等释放负能量的"魔鬼""恶搞"。网络世界中的"文明"与"魔鬼"为争夺网民和阵地而展开的斗争日趋突显。此外,西方敌对势力也正在进行"网络策反",现实世界的"斗争"也会转移到网络世界的"斗争"中来。七是力量博弈。即市场力量、社会力量与政府力量之间的博弈。随着我国现代化发展进程的日益推进,领域分离现象会日趋明显。实际上,现代化进程本质上就是领域分离进程。其中最主要的分离,是政企分开和政社分开,即经济领域与政治领域、社会领域与政治领域相对分开。在这种分离进程中,市场力量和社会力量会日趋增大,当大到一定程度的时候,既会形成"水涨船高"效应,外逼政府转变职能,也会对政府力量形成一种监督、制衡的力量。如果对这种"外逼""监督""制衡"力量不加以规范和正确引导,就有可能动摇政府的根基。在这种情况下,就会出现政府力量与市场力量、社会力量之间的博弈,这种博弈有时会激化为"冲突"。八是反民族分裂主义的斗争。即民族分裂主义与反民族分裂主义之间的斗争。我国是一个多民族国家。西方敌对势力亡我之心不死,经常挑起各种事端以制造民族裂痕,搞民族分裂主义。民族振兴是实现中国梦的一个目标。由此,反对民族分裂主义的斗争是我国面临的一个长期而艰巨的重要任务。九是空间争夺。即为争夺国家发展空间而展开的斗争。领土争端是争夺发展空间的一种形式。越南、菲律宾争夺原属于中国的南海领土,日本争夺本属于中国固有的领土钓鱼岛,国外一些大企业试图占领中国广大的市场空间等,一定意义上都是为了争夺发展空间。对此,我们必须奋力反击,力求保卫本属于我国固有的国土。这种围绕国家发展空间的斗争会持续下去。十是应对挑战。即我们中国共产党人既要积极应对"四大考验""四大危险",又要努力破解推进中国特色社会主义伟大事业和实现中华民族伟大复兴进程中出现的诸多矛盾、难题。"四大考验""四大危险"与诸多难题都是坚硬的"铁",需要我们进行艰苦卓绝的斗争。

我们正在进行的伟大斗争具有许多新的历史特点。一是斗争对象和形式全面多样,处处是斗争的"战场"。今天我们正在进行的"伟大斗争"之对象,既有国外的,也有国内的;既有党外的,也有党内的;既有经济、政治的,也有文化、社会的;既有对真正的敌对势力做斗争,也有与挑战、考验、危险和困难做斗争。经济、政治、文化、社会各领域处处是斗争的战场,资源、货币、市场、意识形态、腐败、网络"魔鬼"、民族分裂、领土都是斗争的对象。二是许多斗争的主要武器是文化征服,动摇中国人的理想信念,摧毁中国人的自信心,瓦解人心,消磨斗志。尽管斗争的对象和形式是多样的,但有一个共同点,那就是如前所述,大多以传播西方社会思潮且以文化渗透和文化征服为方式,以"自由、民主、人权"为突破口。其步骤是:第一步,让中国人崇拜西方"标准";第二步,用西方"标准"裁判中国现实;第三步,使中国人认为西方的"月亮"是圆的,中国的"月亮"是缺的,对中国现实社会看不惯;最后一步,使一些民众对社会主义制度、中国共产党领导和马克思主义产生不满,从而达到使中国人动摇理想信念、摧毁中国人的自信心和分化人心的目的。三是斗争方式隐蔽巧妙,许多斗争是用文明、学术外衣设置政治陷阱,以文明、学术思想掩盖政治意图,具有诱惑性和欺骗性。一些"敌对"势力对我们的"斗争"往往以"文明""学术思想”的形式出现，或披着文明、学术思想的外衣，使你甘愿上钩，不知不觉掉入其设置的政治陷阱。具体体现在：(1)以文化、文明诱惑掩盖政治图谋。西方“敌对”势力从未放弃西化、分化中国的政治图谋，但感到用赤裸裸的军事和政治手段扼杀、“围剿”中国难以行得通，也不合时宜，转而想打一场没有硝烟的战争。当今时代，由于世界范围内各种思想文化交流、交融、交锋日趋频繁，西方“敌对”势力抓住这种机会，就通过各种名目的基金会、社会组织，以考察访问和教育为旗号，培植代理人进行文化渗透；且利用其在经济、政治、文化、思想、科技、军事上所谓的“文明优势”或“话语权优势”，诱惑一些中国人尤其是专家学者、领导干部和企业家，力图使他们对中国的历史、传统、文化、文明、理论、思想失去自信，以成为西方文化、思想的附庸和俘虏。(2)用学术思想遮蔽政治图谋，冠以学术创新诱惑我国专家学者，掉进西方所设计的政治陷阱。创新是学术的本质和生命。一些西方思想家及西方社会思潮确实提出了具有一定的创新性和学术性的思想。但他们常常打着学术创新、理论创新的旗号，以学术研究、学术交流、学术访问的面具来掩饰其政治意图，容易迷惑我们一些专家学者，使一些专家学者丧失判断力和鉴别力，最终达到瓦解我们党和全国人民共同奋斗的思想基础之目的。

学习研究习近平总书记关于“进行具有许多新的历史特点的伟大斗争”这一重要论断，对我们具有重要启示。总体来讲，就是要做好进行新的历史特点的伟大斗争的各种准备。我们要时刻保持政治上、理论上、认识上的清醒，认清复杂而严峻的斗争形势，认清“伟大斗争”的新形式新特点，进而树立危机意识和忧患意识，在注重统一、和平发展的同时不能忽视斗争，不能放松警惕和消磨斗志。今天，我们面临着许多特别难打的“铁”，面临具有新的历史特点的伟大斗争，“铁”能否打好，“伟大斗争”能否胜利，事关党和国家的前途命运，事关人民幸福。由此，我们要对具有新的历史特点的复杂而严峻的斗争形势时刻保持政治上理论上认识上的清醒,努力为进行好“伟大斗争”做好各种准备。在我们的队伍中,一些人精神懈怠、高枕无忧、小富即安,事不关己高高挂起,当一天和尚撞一天钟,缺乏危机意识,不注重提高应对危机和“伟大斗争”的能力,一些人的能力和素质也跟不上“进行伟大斗争”的要求和步伐。这应引起我们关注!应彻底戳穿当今西方以学术思想(文化、文明)外衣设置政治陷阱的本质。西方敌对势力是最讲“政治”且有政治图谋的,本质上就是要动摇中国人的理想信念、摧毁中国人的自信心、瓦解人心和消磨文明的斗志,最终颠覆社会主义制度和中国共产党领导。为此,他们往往以所谓先进的“文化”“文明”和“学术思想”的名义和形式进行。他们以“普世价值”的名义征服人心,对抗社会主义核心价值观;以“新自由主义”的名义消解中国特色社会主义,动摇中国人的共同理想和理想信念;以“历史虚无主义”的名义颠覆中国历史、中国传统、中国文化、中国共产党领导、中国社会主义制度,摧毁我们中国人的自信,分化人心;以“公民社会”的名义鼓励和支持非理性且具有不满情绪的民粹主义,制造对政府甚至对党的不满;以“新闻自由”的名义对抗我国意识形态,消解党对意识形态及新闻宣传的领导权;以“宪政民主”的名义使中国人崇拜西方式民主,否定中国式民主,制造民众对中国共产党及中国政府的对立情绪。遗憾的是,我们一些学者被西方所谓先进的“文化”“文明”和“学术思想”所迷惑,忽视了其文化、文明和学术思想所掩盖的政治图谋。对此,我们应提高政治敏锐性和政治判断力,应透过他们所谓先进的文化、文明和学术思想的外衣,识别其真正的政治图谋。应具有进行“伟大斗争”的高昂精神状态,统一思想、凝聚力量、攻坚克难。认清形势、识别本质后,需要全党全社会统一思想、凝聚力量、攻坚克难,为进行好“伟大斗争”奠定坚实基础。统一思想、凝聚力量是进行好“伟大斗争”的前提,也是进行好“伟大斗争”的关键一招。人心齐泰山移。然而,在现实社会中,人们的思想认识有所分化,民众凝聚力有所下降,一些人在思想上行动上政治上还没有真正统一到中央的路线方针政策上来，统一到中央的精神和部署上来。对此，我们必须进一步统一思想认识和凝聚力量，为进行好“伟大斗争”奠定共同的思想基础。应拥有应对具有新的历史特点的伟大斗争的智慧。在认清形势、识别本质、凝聚力量的基础上，还需要具备应对具有新的历史特点的伟大斗争的智慧。其一，要充分依靠广大人民群众，调动且凝聚一切积极因素，为进行新的历史特点的伟大斗争共同奋进。因为人民是推动历史前进的决定性力量，离开人民群众，什么事也办不成。其二，端正用人之风，公正用人。事业是靠人来干的，人是一切历史活动的主体，人才资源是第一资源，具有创新能力的人才是核心竞争力，用好人才是进行好“伟大斗争”的关键。万事成功，根在用人。由此，必须树立以德为前提、能绩为本的公正用人理念，大力推进干部人事制度改革，真正把敢于担当、勇于碰硬、能干成事、德才兼备、群众认同的人才用起来。凭“关系”用人，人人讲关系不讲能力，拉关系而不提高能力，拉帮结派而不努力学习，琢磨人不去琢磨事；有关系的人就靠关系而不靠能力，有能力没关系的老实人会吃亏，心气不顺，因而就不去好好干，工作也做不好，问题会成堆，最终会产生腐败；按照公平正义理念用人，使有能力有贡献的老实人有宽广舞台，使会来事的人守规矩，使爱挑事的人受制度约束，使无所事事的人有压力，人人就会讲能力讲贡献，就会注重琢磨事且做老实人，就会积极做好各自的本职工作，积极解决问题，进而会形成各尽其能、各得其所、安定有序的局面，这最终有利于消除腐败。其三，讲究战略和策略。就是要坚定历史自信、文化自信、道路自信、理论自信和制度自信，同时注重软实力建设，真正创立出我们自己的经典理论，真正有效传播我们自己的思想，真正建构我们自己的学术话语体系。应加强和改进党的建设，使我们党自身硬，真正把进行“伟大斗争”的“铁”给打好。这种硬，主要是硬在担当，硬在精神，硬在能力，硬在作风，硬在先进，硬在凝聚，硬在国家治理现代化。

在打坚硬的“铁”并使自身硬上，我们要始终做到不动摇、不懈怠、不折腾，顽强奋斗、艰苦奋斗、不懈奋斗。

第三节 “四个自我”“五个过硬”和“四个统一”

围绕“四个自我”，解决了自我革命精神的定位问题。革命，其要义即革故鼎新。中国共产党是马克思主义政党，共产党人是革命者，要解决党内存在违反党性和违背初心使命的各种问题，就得有直面问题和刀刃向内的能力与气魄。斗争精神体现在党内就包括自我革命，敢于斗争就要勇于自我革命。习近平总书记明确提出并且写入《中国共产党章程》的“四个自我”，即自我净化、自我完善、自我革新和自我提高，环环相扣且逻辑严谨，是自我革命基本内容的逻辑展开，构筑了自我革命精神的基本内涵。自我净化精神，强调过滤杂质、清除毒素、割除毒瘤，不断纯洁党的队伍，保证党的肌体健康。这是一种坚持自我审视、敢于自我否定、无私无畏的高度清醒和政治勇气。自我完善精神，强调补短板、强弱项、固根本，防源头、治苗头、打露头，堵塞制度漏洞，健全监督机制，提升党的长期执政能力。这既是一种永不懈怠、一往直前的精神状态和奋斗姿态，也是一种坚持全方位、全过程的实践自觉。自我革新精神，强调深刻把握时代发展大势，坚决破除一切不合时宜的思想观念和体制机制弊端，勇于推进理论创新、实践创新、制度创新、文化创新以及各方面创新，通过革故鼎新不断开辟未来。这是一种坚持真理、修正错误、守正出新的崇高追求和行动自觉。自我提高精神，强调自觉向书本学习、向实践学习、向人民群众学习，加强党性锻炼和政治历练，不断提升政治境界、思想境界、道德境界，全面增强执政本领，建设一支忠诚、干净、担当的高素质专业化干部队伍。这里蕴涵着自强不息、止于至善和持恒追远的精神品格。不回避自身的问题,勇于检视自身,是共产党人的传统。列宁曾说"自我批评对于任何一个富有朝气、生气勃勃的政党都是绝对必要的"①。毛泽东认为批评与自我批评这个"马克思列宁主义的武器"是"抵抗各种政治灰尘和政治微生物侵蚀我们同志的思想和我们党的肌体的唯一有效的办法"②。1937年8月,毛泽东在《矛盾论》中首次完整而全面地提出"批评与自我批评"。毛泽东指出:"我们决不能一见成绩就自满自足起来。我们应该抑制自满,时时批评自己的缺点,好像我们为了清洁,为了去掉灰尘,天天要洗脸,天天要扫地一样。"③1945年4月,在延安中央党校的一次讲话中,毛泽东创新性地把"惩前毖后,治病救人"的方针概括为"团结—批评—团结"这一富有哲理性的公式并引起巨大反响。1992年,邓小平在南方谈话中严肃指出:"中国要出问题,还是出在共产党内部。"④江泽民指出批评与自我批评就是"打扫灰尘","一切不健康的思想,通过批评与自我批评,可以防微杜渐"⑤。习近平总书记曾经强调:"批评和自我批评是一剂良药,是对同志、对自己的真正爱护。开展批评和自我批评需要勇气和党性,不能把我们防身治病的武器给丢掉了。"⑥

实现"五个过硬",主要解决自我革命精神的检验标准问题。打铁必须自身硬。中国共产党人坚持自我革命,就是为了自身首先硬起来、强起来。在学习贯彻党的十九大精神研讨班上,习近平总书记这样讲过:"我在党的十九大报告中强调:'我们党要始终成为时代先锋、

---

① 《列宁全集》第八卷,人民出版社1986年版,第421页。
② 《毛泽东选集》第三卷,人民出版社1991年版,第1096页。
③ 《毛泽东选集》第三卷,人民出版社1991年版,第935页。
④ 《邓小平文选》第三卷,人民出版社1993年版,第380页。
⑤ 《十三大以来重要文献选编(中)》,人民出版社1991年版,第586—587页。
⑥ 《坚持用好批判与自我批评的武器提高领导班子解决自身问题的能力》,《人民日报》2013年9月26日。

民族脊梁,始终成为马克思主义执政党,自身必须始终过硬。'怎样才算过硬,就是要敢于进行自我革命,敢于刀刃向内,敢于刮骨疗伤,敢于壮士断腕,防止祸起萧墙。这就是为什么我们党要不断进行自我革命的根本意义所在。"并提出了"五个过硬"的具体要求。信念过硬,主要是在掌握马克思主义科学理论、正确认识历史发展规律和准确把握基本国情的基础上,坚定理想信念;政治过硬,主要体现在政治觉悟高、党性坚定和政治能力强,保证全党服从中央,坚定维护党中央权威和集中统一领导;责任过硬,主要着眼于培养更加强烈的担当精神,树立正确政绩观,真正做到对历史和人民负责,以及树立"功成不必在我"的境界;能力过硬,主要在于掌握辩证唯物主义和历史唯物主义的世界观和方法论,全面增强执政本领,塑造把握全局、谋划发展的战略能力;作风过硬,主要体现在始终把人民群众放在心中,从思想上、作风上和制度上坚决反对形式主义、官僚主义,坚持清正廉明、洁身自好、慎独慎微。

坚持"四个统一",侧重解决自我革命精神的推进策略问题。中国共产党继承和发展马克思主义建党学说,形成了关于党的自我革命的重要经验和丰富思想成果,如坚定理想信念,加强党性修养,从严管党治党,严肃党内政治生活,坚持经常性教育和集中性教育相结合,勇于开展批评和自我批评,加强党内监督,接受人民监督,不断纯洁党的思想、纯洁党的组织、纯洁党的作风、纯洁党的肌体,等等。在总结这些具体方法成果的基础上,习近平总书记在十九届中央政治局第十五次集体学习时强调指出:推进党的自我革命,要坚持加强党的集中统一领导和解决党内问题相统一、坚持守正和创新相统一、坚持严管和厚爱相统一、坚持组织推动和个人主动相统一。这"四个统一",强调既要敢于斗争和克服党内突出问题,又不能削弱甚至否认党的领导;既要坚守党的宗旨理想和初心使命,又要勇于开拓解决党内矛盾的新思路新方法;既要不断完善监督管理机制,又要激发党员干部的积极性和创造性;既要依靠组织的教育、管理和监督,又要激发党员干部的自我意识和自觉行动,实际上明确了自我革命精神的原则和方法问题。

第四节　以党的自我革命引领伟大社会革命

中国共产党在领导人民进行革命、建设和改革的过程中,积淀和凝聚出从红船精神到伟大的改革开放精神的革命精神谱系。这是中国人民在中国共产党的领导下,以马克思主义为指导,在推翻三座大山、争取民族独立以及实现社会主义现代化和中华民族伟大复兴的过程中所积累的宝贵精神财富,是中国共产党屹立不倒、发展壮大的精神支柱和灵魂。习近平总书记多次强调的自我革命精神,是新的历史方位上我们党勇于进取、敢于追求理想的精神状态和奋斗姿态的凝练,成为新时代中国共产党人的精神风貌和精神形象的典型。党的自我革命精神,汇聚磅礴的精神力量,铸就中国共产党人的精神品格和精神优势。在新时代弘扬自我革命精神,既要进一步完善相应的体制机制,也要注重中国共产党人精神境界的不断提升,还要坚持在解决问题和自觉行动中贯彻落实。新时代的自我革命精神,是为了建设强大政党,领导人民推动伟大社会革命。历史潮流,浩浩荡荡。新时代,中国共产党必须以党的自我革命来引领党领导人民进行的伟大社会革命。能够成就一番事业的人,往往存有一股激励人心和鼓舞士气的精气神。中国共产党人的自我革命精神,是新时代实现社会主义现代化和中华民族伟大复兴的强大精神动力。天行健,君子以自强不息。中国共产党的自我革命精神,必将在新时代中国特色社会主义的伟大实践中焕发出强大的精神力量。

搞好党的建设与搞好党和国家的事业是有机统一的。党的十九大修改的《中国共产党章程》,新加入了中国共产党统揽伟大斗争、伟大工程、伟大事业、伟大梦想的内容,显示了把"四个伟大"作为中国共产党人新时代担当的责任与勇气。实际上,习近平总书记在"7·26"重要讲话中,最早开始提出这个新的亮点:在新的时代条件下,我们要进行伟大斗争、建设伟大工程、推进伟大事业、实现伟大梦想。把党的十八大以来多次提到并积极付诸实践的这四项行动方略,作为一个有机整体加以论述,在党的重要文献史上还是第一次。

其一,植根于改革开放的实践过程。改革开放以来,在党的许多重要文献中把"伟大事业"同"伟大工程"联系起来讲,意在强调改造客观对象与发挥领导主体力量的内在关联。党的十八大报告提出"发展中国特色社会主义是一项长期的艰巨的历史任务,必须准备进行具有许多新的历史特点的伟大斗争"。党的十八大以后不久,习近平总书记在参观《复兴之路》基本陈列时指出:"实现中华民族伟大复兴,就是中华民族近代以来最伟大的梦想。"至此,随着社会主义现代化建设实践的稳步推进,四项伟大的实践战略依次出现并逐渐成型。党的十八大以来,以习近平同志为核心的党中央,带领中国人民统筹推进"五位一体"和协调推进"四个全面",中国特色社会主义实践进入了新的历史阶段。2016 年 10 月 21 日,习近平总书记在纪念红军长征胜利 80 周年大会上的讲话中指出:"实现伟大的理想,没有平坦的大道可走。夺取坚持和发展中国特色社会主义伟大事业新进展,夺取推进党的建设新的伟大工程新成效,夺取具有许多新的历史特点的伟大斗争新胜利,我们还有许多'雪山'、'草地'需要跨越,还有许多'娄山关'、'腊子口'需要征服,一切贪图安逸、不愿继续艰苦奋斗的想法都是要不得的,一切骄傲自满、不愿继续开拓前进的想法都是要不得的。"这里,开始把这些伟大的战略集中起来放在一起讲。党的十八届六中全会,首次在党的重要文献中将"伟大斗争、伟大工程、伟大事业"并提,在公报中明确提出:为更好进行具有许多新的历史特点的伟大斗争、推进党的建设新的伟大工程、推进中国特色社会主义伟大事业，经受“四大考验”、克服“四种危险”，有必要制定一部新形势下党内政治生活的准则。直到为党的十九大“放风”和“定调”的“7·26”重要讲话，习近平总书记首次明确地把“四个伟大”概括为一个整体。

其二，凝聚成结构严谨的有机整体。党的十八大以来，在新的历史起点上，“四个伟大”日益形成一个结构严谨、逻辑严密的有机整体，具有引领全局、指导长远和关涉根本的重要地位和重大作用，同时又对实践基础之上的理论创新提出了新的要求。“四个伟大”各有侧重又联系紧密，需要贯通理解、总体把握和协同贯彻。在党的十九大报告中，习近平总书记对四个伟大的关系进行了系统的论述。他提出，实现伟大梦想，必须进行伟大斗争；实现伟大梦想，必须建设伟大工程；实现伟大梦想，必须推进伟大事业。他还指出，伟大斗争，伟大工程，伟大事业，伟大梦想，紧密联系、相互贯通、相互作用，其中起决定性作用的是党的建设新的伟大工程。推进伟大工程，要结合伟大斗争、伟大事业、伟大梦想的实践来进行。“四个伟大”是一个环环相扣的有机整体。推进伟大事业的目标是实现伟大梦想，中国特色社会主义道路是实现中华民族伟大复兴的必由之路；随着伟大事业的推进，“我们比历史上任何时期都更接近中华民族伟大复兴的目标，比历史上任何时期都更有信心、有能力实现这个目标”，在这样的关键时期，“必须积极进行具有许多新的历史特点的伟大斗争”；历史和事实一再证明，要取得关键时期伟大斗争的最终胜利，离不开党的领导。换一个维度，进行伟大斗争的精神状态和奋斗姿态，是建设伟大工程的重要推动力；建设伟大工程，是推进伟大事业的领导主体力量支撑；只有不断顺利推进伟大事业，才能越来越接近实现伟大梦想的目标。从联系和发展的基本环节来看，一方面，既要看见原因对于结果的作用，还必须看到结果对原因的反作用：伟大工程与伟大事业，需要伟大斗争；伟大斗争，有助于实现伟大工程与伟大事业。另一方面，可能不等于现实,我们把握规律,发挥主观能动性,实现可能向现实的转化:抓好现实的伟大斗争、伟大工程和伟大事业,伟大梦想才能由可能转化为现实。具体而言,从以下三个方面可以清晰地看出"四个伟大"之间的内在关联和逻辑脉络:第一,伟大斗争是实践抓手和精神动力。与"伟大斗争"密切相关的良好精神状态和奋斗姿态,是我们战胜各种困难、风险的优良传统和重要法宝。只有坚持不懈地进行具有许多新的历史特点的伟大斗争,伟大工程、伟大事业和伟大梦想才能获得源源不断的支撑而立于不败之地。第二,伟大工程和伟大事业是主体结构。党的领导是中国特色社会主义最本质的特征。伟大工程和伟大事业体现了改造客观对象与发挥领导主体力量的统一。只有始终与人民保持血肉联系,除了人民的利益没有自身特殊利益的政党,才能带领人民和依靠人民而最终成就人民的事业。一方面,办好中国的事情,关键在党。伟大工程是进行伟大斗争、推进伟大事业和实现伟大梦想的政治保证,是制度优势的根本保障,是"四个伟大"的关键枢纽。在"7·26"重要讲话中,习近平总书记明确指出:党要团结带领人民进行伟大斗争、推进伟大事业、实现伟大梦想,必须毫不动摇坚持和完善党的领导,毫不动摇推进党的建设新的伟大工程,把党建设得更加坚强有力。另一方面,推进伟大事业是基础条件,是我国改革开放和社会主义现代化建设取得巨大成就的根本原因。离开了伟大事业的扎扎实实推进,伟大工程和伟大斗争就成了离线的风筝,伟大梦想就变成了空想。第三,实现伟大梦想是奋斗目标,是能够攻坚克难和凝聚力量的共识,是激发广大人民群众的积极性主动性创造性的强大动力。伟大梦想是伟大斗争、伟大工程和伟大事业的灯塔和归宿,在"四个伟大"中具有战略愿景的意义。伟大斗争、伟大工程和伟大事业,归根结底就是要实现中华民族伟大复兴的中国梦。

其三,构筑出治国理政的基本逻辑。"四个伟大"构筑出党的十八大以来习近平总书记系列重要讲话精神和党中央治国理政的基本逻辑,也成为进一步推进理论创新的新实践基础。对此，在“7·26”重要讲话中，习近平总书记这样规划“事关党和国家事业继往开来，事关中国特色社会主义前途命运，事关最广大人民根本利益”的行动纲领：在新的时代条件下，我们要进行伟大斗争、建设伟大工程、推进伟大事业、实现伟大梦想，仍然需要保持和发扬马克思主义政党与时俱进的理论品格，勇于推进实践基础上的理论创新。在新的历史条件下治国理政，首要的是研判时代形势需要什么样的精神状态和奋斗姿态，然后明确如何能够发挥、组织和动员最广大人民群众的力量，进而扎扎实实地抓住哪些重点工作和推进什么样的事业，最后在把握历史发展趋势和人民期待的基础上，确定实现什么样的理想目标和推动中国向何处去。对这些环环相扣和内在关联的问题，从战略高度进行系统的分析和回答，并付诸实践行动，就构筑成治国理政的基本逻辑。“四个伟大”就是对这些问题的依次回答：研判形势所需，以伟大斗争的精神状态和奋斗姿态，在全面从严治党中建设伟大工程，使党不忘初心和回归本质，进而能够凝聚力量攻坚克难，扎扎实实地推进伟大事业，实现中华民族的伟大复兴。这个基本逻辑也可以简化为：为了实现中华民族的伟大复兴，中国共产党人带领和依靠最广大的人民群众，通过进行具有许多新的历史特点的伟大斗争，奋力推进中国特色社会主义事业。“四个伟大”作为治国理政的基本逻辑，蕴含在治国理政的各个方面，贯穿于治国理政的诸多环节。在统筹推进“五位一体”和协调推进“四个全面”的过程中，有了“四个伟大”的使命担当意识、领导力量自觉和实践行动纲领，自然在信心方面有“四个自信”，在意识自觉方面能够增强“四个意识”，在实践行动中能够做到“三严三实”。党的十八大以来，正如习近平总书记在“7·26”重要讲话中所指出的，在新中国成立特别是改革开放以来我国发展取得的重大成就基础上，党和国家事业发生历史性变革，我国发展站到了新的历史起点上，中国特色社会主义进入了新的发展阶段。在这样的历史条件和时代形势下，如何在治国理政的过程中深入把握和系统推进“四个伟大”的时代担当？推进“四个伟大”的时代担当，首先需要每一个共产党员都能够认知、认同、接受和自觉践行中国共产党人的这一新时代担当。“四个伟大”初步回答了举什么旗、走什么路、以什么样的精神状态、担负什么样的历史使命、实现什么样的奋斗目标等关系党和国家发展的命运性问题。每一个共产党员都应该自觉地全面把握和深入理解“四个伟大”的内在关联、重要地位及其现实意义，用实际行动坚持推进“四个伟大”。推进“四个伟大”的时代担当，还需要牢牢依靠最广大人民群众这个力量源泉。民心向背决定着伟大斗争的胜利或失败；能否持续保持和人民群众的血肉联系，决定着伟大工程是否能够和如何可能顺利竣工；以人民为中心是推进伟大事业的方向保证和动力源泉；一切为了人民是实现伟大梦想的出发点和最终归宿。推进“四个伟大”的时代担当，更离不开实践基础和理论创新的良性互动。在实践“四个伟大”的过程中，我们应提出新的指导理念，进而在新理论指导下更加自觉地推进“四个伟大”。要想成就“伟大”，必然需要坚定的理论自觉和行动自觉及其关联互动。习近平新时代中国特色社会主义思想，为进一步推进“四个伟大”的时代担当提供了更加清晰和明确的指引。

在新时代，以习近平为代表的中国共产党人，通过以习近平新时代中国特色社会主义思想指导全面深化改革，为全党指明了奋斗的方向。习近平指出：“改什么、怎么改必须以是否符合完善和发展中国特色社会主义制度、推进国家治理体系和治理能力现代化的总目标为根本尺度，该改的、能改的我们坚决改，不该改的、不能改的坚决不改。”① 人类世界始终处在普遍联系和运动发展之中。当我们深思熟虑地考察当代中国，呈现在我们眼前的是一幅由诸多要素和关系交织起来的图景、一派生机勃勃的变化发展景象。马克思主义关于联系的观点和发展的观点，启发我们的改革不能顾此失彼或时断时续，而应该坚持

① 习近平：《在庆祝改革开放40周年大会上的讲话》，《人民日报》2018年12月19日。

全面性、综合性和不间断性的改革,即全面深化改革。实践发展催生思想创新,新的思想理论又指导着新的实践,新思想和新实践就在这样良性互动的过程中不断前进。在当前,习近平新时代中国特色社会主义思想为全面深化改革提供了思想引领、方法启迪、智慧滋养和精神激发。

习近平新时代中国特色社会主义思想为全面深化改革提供思想引领。改革开放40年的光辉历程,也是中国特色社会主义形成和发展的过程。在新的历史方位上,“坚持和发展什么样的中国特色社会主义、怎样坚持和发展中国特色社会主义”,成为摆在中国共产党人面前的历史性课题。作为对这一重大时代课题的思想理论回应,习近平新时代中国特色社会主义思想的“八个明确”的基本内容和“十四个坚持”的基本方略,是习近平总书记系列重要讲话精神和治国理政新理念新思想新战略的集大成,是各种实践成果的集中展示和理论提升,是对党的十八大以来以习近平同志为核心的党中央治国理政经验的本质性原理性概述。从总体上看,根据中国共产党第十八届中央委员会第三次全体会议通过的《中共中央关于全面深化改革若干重大问题的决定》,全面深化改革,要坚持社会主义市场经济改革方向,以促进社会公平正义、增进人民福祉为出发点和落脚点,进一步解放思想、解放和发展社会生产力、解放和增强社会活力,坚决破除各方面体制机制弊端,并且必须更加注重改革的系统性、整体性、协同性,加快发展社会主义市场经济、民主政治、先进文化、和谐社会、生态文明,让一切劳动、知识、技术、管理、资本的活力竞相迸发,让一切创造社会财富的源泉充分涌流,让发展成果更多更公平惠及全体人民。这样综合性的系统改革工程,离不开统一的思想和协调的行动,离不开系统的设计和统筹规划。习近平新时代中国特色社会主义思想,系统回答了新时代坚持和发展中国特色社会主义的总目标、总任务、总体布局、战略布局和发展方向、发展方式、发展动力、战略步骤、外部条件、政治保证等基本问题,并且根据新的实践对经济、政治、法治、科技、文化、教育、民生、民族、宗教、社会、生态文明、国家安全、国防和军队、“一国两制”和祖国统一、统一战线、外交、党的建设等各方面作出了深入的理论分析和具体的政策指导。有了习近平新时代中国特色社会主义思想的总体引领,全面深化改革就有了坚定的思想指导、理论支撑和战略支持。具体而言,在习近平新时代中国特色社会主义思想的基本内容中,既明确了全面深化改革的总目标是完善和发展中国特色社会主义制度、推进国家治理体系和治理能力现代化,还把全面深化改革提升为在各项工作中全面贯彻落实的基本方略之一。这就为实现全面深化改革的“六个关键”(即习近平总书记在关于《中共中央关于全面深化改革若干重大问题的决定》的说明中提出的:“全面深化改革,关键是要进一步形成公平竞争的发展环境,进一步增强经济社会发展活力,进一步提高政府效率和效能,进一步实现社会公平正义,进一步促进社会和谐稳定,进一步提高党的领导水平和执政能力”)提供了具体的目标引领和理念支撑。

习近平新时代中国特色社会主义思想为全面深化改革启迪思维方法。全面深化改革,要求我们善于处理整体和局部、当前和长远、重点和非重点、普遍和特殊等关系,提高驾驭复杂局面、处理复杂问题的本领。习近平总书记在主持中央政治局第二十次集体学习时强调,辩证唯物主义是中国共产党人的世界观和方法论,必须不断接受马克思主义哲学智慧的滋养,更加自觉地坚持和运用辩证唯物主义世界观和方法论,增强辩证思维、战略思维能力,努力提高解决我国改革发展基本问题的本领。辩证唯物主义方法论和辩证思维能力、战略思维能力,为推进全面深化改革提供了具体的方法指导和思维能力需求。

在习近平新时代中国特色社会主义思想中,在主线上对中国特色社会主义“既要坚持又要发展”的强调,对社会主要矛盾的新论断,在布局上对“五位一体”全面工作和“四个全面”重点工作的统筹,对总任务和总目标的明确,对“最本质的特征”和“最大优势”的鲜明界定,以及要求在各项工作中都要全面准确贯彻落实、实际上提升为基本理念层面的“十四个坚持”等内容,蕴涵着丰富的辩证思维方法,如归纳与演绎、分析与综合、抽象与具体、逻辑与历史的统一等。辩证思维方法是科学思维方法的方法论前提。在解决具体问题的过程中,全党应在系统掌握辩证思维方法的前提下,深入学习和灵活运用包括控制方法、信息方法、系统方法、结构—功能方法、模型化方法和理想化方法等在内的现代科学思维方法这个巨大的方法群。此外,针对当前的形势与任务,习近平总书记还曾具体提出过诸多思维方式。其中,“战略思维”“系统思维”“创新思维”和“底线思维”与全面深化改革密切相关。这四种思维以全面深化改革为核心,分为三个层次,即“战略思维→系统思维和创新思维→底线思维”。战略思维,主要针对当前我国全面深化改革的定位,是从大尺度和“高度”上来看待全面深化改革;系统思维针对的是关于全面深化改革的总体性、关联性和系统性等问题,主要解决关于全面深化改革的全局与一域、普遍和特殊、抓住重点带动一般等一系列重大关系的思维原则;创新思维,源于全面深化改革的新的实践基础和历史方位,是解决改革的与时俱进问题的思维原则;底线思维,即针对改革要有边界约束,在改革中既要保持社会主义制度的边界,也要保持力度、速度节奏和秩序等方面的可控性。这四种思维还体现出这样的层次关联,即历史定位(战略思维)—总体框架(系统思维和创新思维)—操作规范(底线思维)。

习近平新时代中国特色社会主义思想为全面深化改革输送理论智慧。党的领导干部熟稔于实践工作,擅长于解决具体问题,而对于运用理论框架、培养世界眼光和掌握现代综合治理能力则相对存在一定的不足之处。在这方面,习近平新时代中国特色社会主义思想为我们输送了大量理论智慧。其中,有些理论智慧对于推进全面深化改革至关重要且非常管用。其一,“定位、定标、定法”的战略框架。习近平新时代中国特色社会主义思想,既有着明确的历史方位感,即中国特色社会主义进入了新时代,也有着清晰的总任务,即实现社会主义现代化和中华民族伟大复兴,还提出了全面深化改革总目标和全面推进依法治国总目标,同时也明确了在各项工作中全面准确贯彻落实的基本方略。这里贯穿着鲜明的"定位、定标、定法"的战略框架。历史唯物主义注重从社会结构和历史过程的角度研究问题,强调社会结构状况决定社会历史发展状况,社会历史发展是一个有规律可循的历史过程。历史唯物主义的总体方法,从"静态"讲,是社会结构分析;从"动态"讲,是历史过程分析。历史过程分析,就是既要划清社会发展的不同历史阶段,把握各个历史阶段之间的历史演进关系,又要确定一定历史发展阶段中的历史任务或目标,还要选定实现这一历史任务或目标所需要的相应路径和方法,这就要求我们把社会发展看作一个具有规律可循的历史过程。在推进全面深化改革的过程中,"定位、定标、定法"是我们分析问题解决问题的一个重要的理论框架。定位,就是确定历史方位和历史发展阶段;定标,就是确定一定历史方位和历史发展阶段中的首要根本任务和目标;定法,就是确定实现首要根本任务和目标的基本途径与方法。其二,"改革、发展、稳定"的良性互动。一般而言,改革、发展、稳定三者之间,改革是手段,发展是目的,稳定是条件。改革、发展、稳定良性互动,以改革促进发展和促进稳定,在稳定中推进改革和发展。这是我们在改革开放过程中积淀出的基本经验,也是习近平新时代中国特色社会主义思想所蕴涵的一个重要智慧。我们要推进的全面深化改革,其性质是社会主义制度的自我完善,对象是束缚生产力发展的经济体制以及政治体制、文化体制等,目的是解放生产力、发展生产力,不断解决社会的主要矛盾,即人民日益增长的美好生活需要和不平衡不充分的发展之间的矛盾,从而促进经济社会全面进步和人的全面发展。这样的全面深化改革不能偏离"改革、发展、稳定"的良性互动这一基本经验和重要智慧。其三,"动力、平衡、优化”的运行机制。从机制上看，习近平新时代中国特色社会主义思想，蕴涵着综合运用动力机制、平衡机制和优化机制的内在要求。2017 年年初，习近平主席在达沃斯论坛上发表主旨演讲，曾运用三大机制的分析框架，分别从动能不足、发展失衡、治理滞后三个根本层面，分析导致世界经济陷入困境的三大矛盾，认为这是全球发展的三大根本问题。改革开放之初，我们主要是通过改革，以解决我国社会主义建设中“发展动力不足”的问题。我们通过解放思想与政策动员、组织动员，以及运用市场机制与资本运作的驱动作用，使人们聚精会神搞建设、一心一意谋发展，让一切创造财富源泉涌流，让一切创新能力迸发，有效激发了我国经济社会发展的动力与创新活力。在我国“发展起来以后”，一定程度上出现了贫富悬殊、发展失衡、矛盾增多、社会无序的问题。之后，我们把改革的重点放在解决“社会平衡、和谐和稳定问题”上。从注重解决发展动力到进一步注重解决发展平衡、和谐、稳定问题，是我国改革与中国特色社会主义建设实践的内在逻辑与基本经验。今天，我国发展动力不足、创新活力不够的问题逐渐显现出来，仍存在不和谐的因素。在这种情况下，党的十八届三中全会在深层次上阐述了全面深化改革的基本遵循：要解放思想，解放和发展社会生产力，解放和增进社会活力；要促进公平正义、解决民生问题、增进人民福祉以保持社会平衡；通过持续改革，充分发挥具体制度和政策的灵活性，不断优化经济社会发展。全面深化改革在一定意义上也可以说是通过激发动力、保持平衡和持续优化，解决三大机制上存在的问题：一是“使市场在资源配置中起决定性作用”，用市场机制这只“看不见的手”来解决发展动力和创新活力问题；二是更好地发挥政府的作用，用政府这只“看得见的手”以解决好社会公正和谐稳定问题；三是通过全面科学统筹谋划的优化，解决好发展动力与发展平衡良性互动的问题。

习近平新时代中国特色社会主义思想为全面深化改革激发精神

动力。习近平总书记多次强调“进行具有许多新的历史特点的伟大斗争”。精神状态是“伟大斗争”的内涵之一。中华民族伟大复兴绝不是轻轻松松、敲锣打鼓就能实现的。政治路线确定之后,干部就是决定因素。要进行具有许多新的历史特点的伟大斗争,要确保党在发展中国特色社会主义历史进程中始终成为坚强领导核心,关键在党,关键在人。培育永不懈怠的精神状态和一往无前的奋斗姿态,对于建设一支宏大的高素质干部队伍而言,具有强劲的内在推动力。我国改革开放以来每次党代会都鲜明强调精神状态和奋斗姿态,回答“以什么样的精神状态和奋斗姿态”推进事业的根本问题,滋养斗志、昂扬精神。党的十八大以来,以习近平同志为核心的党中央针对一些党员干部精神懈怠,更强调精神状态问题。在新时代中国共产党人统揽“四个伟大”的实践过程中,也有精神状态和奋斗姿态的问题。伟大,即不计私利,敢于担当和勇于奉献,这对共产党人的精神动力和精神境界提出了更高的要求。习近平总书记反复强调的“自我革命精神”,也包含对精神状态和奋斗姿态的一种宣示。中国共产党人的自我革命精神,不仅不会削弱党在社会主义现代化建设工程中的主体性地位,也不会影响党在中国特色社会主义事业中担当坚强领导核心。恰恰相反,它会不断铸就中国共产党人的精神品格和精神优势。对此,习近平总书记曾明确指出:“勇于自我革命,是我们党最鲜明的品格,也是我们党最大的优势。中国共产党的伟大不在于不犯错误,而在于从不讳疾忌医,敢于直面问题,勇于自我革命,具有极强的自我修复能力。”在曲折中发展和前进,是事物发展的基本趋势和历史发展的客观规律。中国共产党之所以能不断地走向成功,成为一个伟大的党,并不是说我们党从来不会犯错误,而是我们党能够依靠对历史规律和人民利益的遵循与坚持,凭借不忘共产主义远大理想的价值取向和境界追求,从而不断勘误纠错,经受一次次挫折而又一次次奋起,并从错误中学习,获得了更大的生机和活力。坚定的理想信念和自我革命精神,推动着中国共产党人在改造客观世界的伟大实践过程中,坚持改造主观世界,达致共产党人的崇高境界。我们有理由相信,这一过程也将是铸就中国共产党人精神优势的过程。在改革逐渐进入深水区以后,要继续推进全面深化改革,遇到的艰难险阻和诸种风险必然会比以往更加严重,除了在客观上要求中国共产党人继续把握规律和顺应民意之外,在主观上也需要激发伟大斗争和自我革命的精神状态与奋斗姿态。习近平总书记系列重要讲话内在蕴涵的精神追求,及其对于共产党人激发精神动力和提升精神境界的要求,必然能够为勇于推进全面深化改革的新时代共产党人激发充沛饱满的精神力量。

在新时代,中国共产党人要以自我革命推动伟大社会变革,最根本的还是要在胸怀全局和抓准重点中解决实际问题。习近平总书记非常强调解决实际问题。对此,他有一系列经典论断,如对于大家都关心的民主问题,他就曾经说过:“民主不是装饰品,不是用来做摆设的,而是要用来解决人民要解决的问题的。”[①]实践的观点,是历史唯物主义的基石,是马克思主义的首要的基本的观点。在改革实践中解决实际问题,是全面深化改革的出发点和落脚点。习近平总书记在中央全面深化改革委员会第四次会议上强调改革重在落实,要求把改革重点放到解决实际问题上来,并明确提出要结合实际,既抓全局的重点,也抓局部的重点,做到大局小局一盘棋。这为我们落实全面深化改革的各项意见、措施和方案提供了行动指南,并具体指出了“做什么、如何做”的方法论要求。

“真抓才能攻坚克难,实干才能梦想成真。”崇尚实干、狠抓落实,是习近平多次反复强调的。2013 年 4 月,在同全国劳动模范代表座谈时,习近平总书记曾明确提出:“真抓才能攻坚克难,实干才能梦想成

---

① 习近平:《在庆祝中国人民政治协商会议成立 65 周年大会上的讲话》,《人民日报》2014 年 9 月 22 日。

真。我们要在全社会大力弘扬真抓实干、埋头苦干的良好风尚。”社会主义现代化和中华民族伟大复兴的实现,离不开各级党委和领导干部的真抓实干,更离不开全国各族人民的团结进取和拼搏奋斗。习近平从政以来一以贯之地强调求真务实、狠抓落实,这已经成为他鲜明的工作作风和执政风格。在担任浙江省委书记期间,习近平就曾在《不兴伪事兴务实》中引用古人“不受虚言,不听浮术,不采华名,不兴伪事”的箴言,提醒各级领导干部要做“愿听真话、敢讲真话、勇于负责、善抓落实之人”;在《抓落实如敲钉子》的短评中指出:“抓落实就好比在墙上敲钉子:钉不到点上,钉子要打歪;钉到了点上,只钉一两下,钉子会掉下来;钉个三四下,过不久钉子仍然会松动;只有连钉七八下,这颗钉子才能牢固。”党的十八大以来,一些重大问题研究决策后,需要具体的机构认真落实。习近平总书记亲自担任中央国家安全委员会的主席,还担任一些重要小组、委员会的组长、主任,从一个侧面表明他注重抓落实的组织力和执行力。谁来真抓,谁来落实?各级党委和领导干部要担负起政治责任和领导责任,尤其是党政主要负责同志。只有各级主要负责同志注重战略谋划,勇于挑最重的担子、啃最硬的骨头,并亲力亲为、实事求是、狠抓落实、善始善终,才能真正把好的精神落实到实践工作中,落实到解决问题中,进而做出成绩,干出实效。2015 年 6 月,在贵州召开的部分省区市党委主要负责同志座谈会上,习近平总书记曾指出,中央要做好政策制定、项目规划、资金筹备、考核评价、总体运筹等工作,省级要做好目标确定、项目下达、资金投放、组织动员、检查指导等工作,市(地)县要做好进度安排、项目落地、资金使用、人力调配、推进实施等工作。这里,具体提出了从中央到省级、市(地)县,如何通过分工与合作推进一些重大工作的有序开展和具体落实。人民群众是社会的主体,是历史的创造者。历史唯物主义关于人民群众是历史创造者的原理,是无产阶级政党群众观点和群众路线的理论基础。全面深化改革的具体落实,离不开人民群众的参与及其创造性作用的发挥，离不开14亿多中国人民和衷共济。各级干部要相信群众和依靠群众，带领大家撸起袖子加油干，扎实推进各项政策措施的具体落实。

“不谋全局者，不足谋一域。”马克思主义哲学关于整体和部分的关系原理告诉我们，全局由局部构成，局部从属于全局。全局观念或整体观念，就是要把统一性和多样性、整体利益和局部利益辩证地结合起来，做到全局在胸，统筹兼顾，“全国一盘棋”。一个整体由于内部要素的优化组织，可以发挥出比各个要素功能之和更大的功能。我们在实践中就应当协调好各个部分之间的关系，力求整体能够发挥出最大的功能。习近平总书记曾经引用清朝陈澹然的名句“不谋万世者，不足谋一时；不谋全局者，不足谋一域”，要求在推进全面深化改革的过程中，自觉培养全局意识和提升全局思维能力。在《关于〈中共中央关于全面深化改革若干重大问题的决定〉的说明》中，习近平总书记还曾经强调性提出“坚持从大局出发考虑问题”，认为全面深化改革是关系党和国家事业发展全局的重大战略部署，不是某个领域某个方面的单项改革；全面深化改革需要加强顶层设计和整体谋划，加强各项改革的关联性、系统性、可行性研究。“大道之行也，天下为公。”自上而下全面深化改革，首要的就是改革的发动者和推动者要有大局意识，正确认识大局、自觉服从大局、坚决维护大局。一盘棋看大局。“局”的本意就是棋盘。下棋者要有通盘考虑，局部的一得一失必须服从大局的输赢。尤其是高级领导干部的大局观和整体观，从根本上影响着全面深化改革的成败得失。习近平总书记曾多次强调：中央委员会的每一位成员“都要紧密结合工作实际和思想实际，想大事，谋全局”，中央政治局、中央政治局常委会“要经常审议关系经济社会发展全局的重大问题”，要“更加注重从全局和战略层面谋划党和国家工作”。

“善于抓住关键、找准重点。”任何事物都是一个复杂的矛盾体系，是由多种矛盾即多方面的对立统一所构成的矛盾总体。其中，主要矛盾就是在复杂事物的矛盾体系中处于支配地位、规定或影响其他矛盾的存在和发展,并对事物的发展过程起着决定作用的矛盾。我们在推进全面深化改革的过程中,要着重把握主要矛盾,抓住重点,带动一般。习近平曾经强调,辩证思维能力就是承认矛盾、分析矛盾、解决矛盾,善于抓住关键、找准重点、洞察事物发展规律的能力。习近平总书记还多次强调,要坚持两点论和重点论的统一,搞改革应以重大问题为导向,抓住关键问题进一步研究思考,注重牵住“牛鼻子”,精准发力、精准施策,着力推动解决我国发展面临的一系列突出矛盾和问题。要不断提高改革的科学化、精准化和精细化水平,深入调研是关键一招。习近平总书记主张“不调研不决策、先调研后决策”,“调查研究是谋事之基、成事之道。没有调查,就没有发言权,更没有决策权”。这就要求我们的领导干部,既要认真学懂弄通中央精神,又要深入一线深入基层;既要把准上情,也要吃透下情,摸清人民群众在改革中的“兴奋点”和“痛点”。

第六章 中国共产党人精神建设的历史智慧

人无精神不立,国无精神不强。中国共产党一路走来,历经风雨,面对各种困难挑战,最终成就了史无前例的伟大事业,并且还将在社会主义现代化和民族复兴的历程中肩负使命、继续奋斗。这背后离不开中国共产党人成就的伟大精神。中国共产党人精神建设的历史智慧,是继续前进中要始终牢记,并不断将之发扬光大的。

第一节 革命精神、建设精神、改革开放精神和自我革命精神的统一

站在今天的高度,回首昨日的历程,遥望前程。中国共产党人历经磨炼所谱写的革命精神、建设精神、改革开放精神和自我革命精神,是一笔整体性的财富,是党继续前进的精神武器库。把他们割裂开来,注重其中某一个或某几个,而忽视其他的,就会影响精神武器的效力。把它们有机统一起来,就构筑成了中国共产党人继续完成历史使命的"精神长城"和"精神发动机"。

改革开放以来,就有些人喊出革命过时论,今天一些"告别革命"

“否弃革命”的历史虚无主义论调有所抬头。在建设和改革时期,我们是否仍然需要革命精神?革命精神、理想信念、改革开放精神、自我革命精神,是有内在关联的,尤其革命精神、理想信念是一经形成就贯穿始终的。毛泽东曾经说过:“我们要保持过去革命战争时期的那么一股劲,那么一股革命热情,那么一种拼命精神,把革命工作做到底。”① 邓小平在20世纪80年代就多次强调,“我们把改革当作一种革命”,“改革是中国的第二次革命”。② 胡锦涛在2003年8月视察赣南老区时说:“革命前辈们在艰苦卓绝的革命斗争中培育起来的革命精神和优良传统,对我们坚定信念、鼓舞斗志、做好工作具有重大的现实意义,永远是我们在前进道路上战胜各种困难和风险、不断夺取新胜利的强大精神力量。”③虽然承担的任务和要抓的重点工作变化了,但是革命精神仍然具有激励人、鼓舞人的精神动力作用,仍然是继续前进的精神财富。

我们党的精神谱系始终是代代相传的。后一代在前一代的精神财富中汲取营养,并不断创造新的精神财富,为精神谱系增添新的内容。习近平总书记曾经强调,“我们党领导的革命、建设、改革伟大实践,是一个接续奋斗的历史过程,是一项救国、兴国、强国,进而实现中华民族伟大复兴的完整事业”④。在持续的历史过程和完整的事业中,中国共产党人铸就和谱写着虽有一定差异性更具备相通性的精神格局。

1980年12月25日,邓小平在中央工作会议上,将中国共产党人在革命战争年代所体现出来的精神高度提炼为“五种精神”:“毛泽东

① 参见胡锦涛:《坚持发扬艰苦奋斗的优良作风 努力实现全面建设小康社会的宏伟目标》,《求是》2003年第1期。

② 《邓小平文选》第三卷,人民出版社1993年版,第81、113页。

③ 转引自:《江西日报》2011年11月5日。

④ 习近平:《在纪念毛泽东同志诞辰120周年座谈会上的讲话》,《人民日报》2013年12月27日。

同志说过，人是要有一点精神的。在长期革命战争中，我们在正确的政治方向指导下，从分析实际情况出发，发扬革命和拼命精神，严守纪律和自我牺牲精神，大公无私和先人后己精神，压倒一切敌人、压倒一切困难的精神，坚持革命乐观主义、排除万难去争取胜利的精神，取得了伟大的胜利。搞社会主义建设，实现四个现代化，同样要在党中央的正确领导下，大大发扬这些精神。如果一个共产党员没有这些精神，就决不能算是一个合格的共产党员。”①在改革开放过程中，以邓小平为代表的中国共产党人又谱写了伟大的改革开放精神。江泽民曾经概括性提出改革开放时期要弘扬的“五种精神”。2001 年 1 月 10 日，江泽民在与出席全国宣传部部长会议的代表座谈时提出，要在全社会大力宣传和弘扬为实现社会主义现代化而不懈奋斗的精神。他说，面向新世纪、新形势、新任务，特别需要在全党和全社会大力宣传和弘扬解放思想、实事求是的精神，紧跟时代、勇于创新的精神，知难而进、一往无前的精神，艰苦奋斗、务求实效的精神，淡泊名利、无私奉献的精神。②

习近平总书记对改革开放 40 年的精神财富和精神旗帜进行了归纳。2018 年 12 月，习近平总书记在庆祝改革开放 40 周年大会上的讲话中提出，改革开放铸就的伟大改革开放精神，极大丰富了民族精神内涵，成为当代中国人民最鲜明的精神标识！③ 继续弘扬伟大的改革开放精神，并从党的革命精神、建设精神中汲取营养，以习近平为代表的中国共产党人，谱写了新时代中国共产党人的自我革命精神。习近平总书记关于自我革命的重要论述，把“勇于自我革命”标识为“我们党最鲜明的品格”和“我们党最大的优势”，系统阐释了党的自我革命精神的科学内涵，明确提出了“以党的自我革命推动伟大社会革命”的

---

① 《邓小平文选》第二卷，人民出版社 1994 年版，第 367—368 页。
② 《江泽民文选》第三卷，人民出版社 2006 年版，第 197—198 页。
③ 习近平：《在庆祝改革开放 40 周年大会上的讲话》，《人民日报》2018 年 12 月 19 日。

历史任务，为我们党在新的历史方位上实现社会主义现代化和中华民族伟大复兴注入了强大精神动力。

第二节 “高位导引”

纵观党的精神建设过程，党中央“高位导引”是贯穿其中的一个重要特征。具体而言，党中央是主导，党组织自身是主体，广大党员干部是重点，革命军队是关键，人民群众是基础。在革命时期，如井冈山斗争中，以毛泽东、朱德、彭德怀、罗荣桓等中国共产党人在实际工作生活中，秉着以身作则、言传身教的态度，以坚定的无产阶级立场、无私奉献的高尚品格、优良的革命工作作风及让人信服的人格典范影响着革命队伍。此外，党内还对革命斗争中的英雄人物进行了大力宣传，如为革命而壮烈牺牲的萧劲、马奕夫等。在抗日战争时期，毛泽东发表的两篇著名文章《纪念白求恩》和《为人民服务》就是其中的典范，这两篇文章分别纪念了国际主义战士白求恩和普通的烧炭战士张思德。《纪念白求恩》中讲述了白求恩作为一个国际共产党人，为了中国的革命事业，不惜牺牲自己的性命，文章高度赞扬了白求恩的共产主义、国际主义精神，号召共产党员都要向他学习。毛泽东评价他是“一个高尚的人，一个纯粹的人，一个有道德的人，一个脱离了低级趣味的人，一个有益于人民的人”①。并且他概括出了白求恩毫不利己、专门利人的国际主义精神、共产主义精神。1944 年张思德因炭窑崩塌事故而付出了宝贵的生命，毛泽东在《为人民服务》中给予张思德高度的赞

---

① 《毛泽东选集》第二卷，人民出版社 1991 年版，第 660 页。

扬和评价,“张思德同志是为人民利益而死的,他的死是比泰山还要重的”①。1939 年,毛泽东、王稼祥等人联名发出的《关于注意收集各部民族英雄事迹的通知》,1944 年朱德发表的《八路军新四军的英雄主义》等一系列文章都得到军中的热烈响应和良好反响。我们党在各行业也对先进人物及其事迹进行了宣传学习活动,如在工业战线上开展了学习赵占魁的运动,从而促进了延安边区的工业生产;在农业领域,通过宣传模范吴满有,调动了边区人民群众参与劳动生产的积极性和主观能动性;通过宣传模范集体三五九旅在南泥湾垦荒种地的光荣事迹,为根据地的官兵群众树立了很好的榜样,提供了宝贵的斗争经验。毛泽东还对鲁迅的爱国主义精神表示高度赞扬,号召大家向鲁迅学习,做一个马克思主义者。此外,周恩来在给邹韬奋夫人的信中写道:“韬奋先生的功业在中国人民心目中永垂不朽,他的名字将永远是引导中国人民前进的旗帜。”②反面典型可以引导人们从消极影响中吸取教训,使其发挥积极作用。延安时期,黄克功、刘力功、张国焘是典型的反面教材。黄克功是一个经历丰富、战功显著的革命功臣,但因为向陕北公学学生刘茜逼婚不成,反而将其枪杀的事件,在边区内外都造成了非常恶劣的影响。陕甘宁边区高等法院判决黄克功死刑后,当时许多党内人士替他求情,黄克功自己也认识到了错误,请求赦免。但在经中共中央和中央军委充分的讨论和分析后,还是决定判其死刑。毛泽东在给边区政府高等法院院长雷经天的回信中写道,虽然对黄克功处以死刑让党中央的某些同志感到非常惋惜,但如果赦免他,便无以教育党、红军、革命者,甚至是一个普通人。借此事件,毛泽东要求共产党与红军内部要执行比一般平民更加严格、更加规范的纪律。刘力功是一名知识分子,来到延安寻求抗日救国真理。他先后在

① 《毛泽东选集》第三卷,人民出版社 1991 年版,第 1004 页。
② 《周恩来书信选集》,中央文献出版社 1988 年版,第 269 页。

抗大和党校训练班学习，在学习期间表现狂妄自大、目空一切，且没有实践经验，因而党组织决定先派遣他去基层锻炼，这也是抗大和党校多年来坚持的毕业分配原则。但刘力功认为以他的能力不应该去基层锻炼，因此不服从上级决定，而是坚持要进入马列学院学习，或回原籍参加工作，否则就退党。虽然党组织对他进行了多次教育，但他仍执迷不悟，甚至提出要到八路军总司令部工作。由于刘力功一而再再而三地蔑视组织教育，无视组织纪律，最后被开除党籍，并将结果公布于全党。张国焘，本是中共早期领导人之一，但之后却没经受住国民党的利诱而选择投靠了国民党，上演了一场“中共创始人反对中共”的闹剧。1937 年 3 月 31 日，党中央在《关于张国焘错误的决定》中，号召全党全军要以此为戒，同张国焘右倾分裂主义进行坚决的斗争。之后，毛泽东还多次在讲话中严厉批评张国焘令人发指的恶劣行径，并最终做出开除其党籍的严厉处罚。1939 年，陕甘宁边区政府颁布了惩治腐败的条例，条例中规定不论党员的地位、功劳、身份，只要违反纪律就必须受到应有的惩罚。1942 年，毛泽东在西北局高级干部会议上表扬了 22 位模范干部，同时还对 8 名贪污腐败人员予以不同程度的惩罚，一正一反两方面起到了很好的警示教育作用。“如果有一部分甚至即使是少数的党员有不好的言行，那就会破坏党的战斗力，降低党在群众中的威望”①。1938 年毛泽东指出，“共产党员在八路军和新四军中，应该成为英勇作战的模范，执行命令的模范，遵守纪律的模范，政治工作的模范和内部团结统一的模范”②。民主革命时期，广大党员干部以身作则、示范引领，普遍开展模范团、营、连和模范党支部、党总支活动，加强整个队伍建设，深入进行全党理想信念教育，这些活动都巩固了党在人民群众中的领导地位，也是共产党之所以受到广大

① 《朱德选集》，人民出版社 1991 年版，第 280 页。
② 《毛泽东选集》第二卷，人民出版社 1991 年版，第 522 页。

人民群众信任和支持的原因。在改革开放过程中，精英群体的情感在这一历史过程中也具有重要作用，如深圳、珠海、汕头等经济特区的创建就离不开邓小平、叶剑英、李先念、聂荣臻、习仲勋、杨尚昆、谷牧等杰出政治家们“杀出一条血路来”“拼老命我们也要干”等昂扬情感的推促。①

纵观中国特色社会主义制度的制度执行和运行机制，“高位导引”是其中一种极为重要的特点。中国共产党人的精神建设过程，显然也离不开这个“高位导引”的机制。中国共产党自建立以来，就高度重视凝聚人心、汇聚中国人民大众中蕴藏着的深厚力量。中国共产党的动员和控制能力，成为一个鲜明的特点。强效、迅速、广泛的动员和控制、集中力量办大事的能力，贯穿于中国共产党革命、建设和改革的过程之中。中国具有举世罕见强大的力量，而这个力量的中心就是中国共产党，这也是写入党章写入宪法的。党的领导权其中之一就是抓大事的权力。中国特色社会主义制度的执行，决不能忽视中国共产党的角色和作用。美国著名汉学家杜赞奇也注意到“公共政策执行的中国现象”，他指出，中国改革的成功最不可忽略的要素，是中国存在一个强大的党的组织，它深深地植根在中国城市和农村之中。党和国家有足够的动员人民的力量，当要推行什么计划时，就去动员庞大的人力资源为其服务。“我们试想想，有多少国家能够像中国这样动员人民？你不一定会认同这些计划，但你不得不为这种深入社会的动员能力折服。”②

党中央要能够统揽全局和协调各方，这是马克思主义政党的一个历史传统。1864年，马克思、恩格斯建立了国际工人协会组织（简称

① 李岚清：《突围——国门初开的岁月》，中央文献出版社2008年版，第88页；《习仲勋传》下卷，中央文献出版社2013年版，第456页；《谷牧回忆录》，中央文献出版社2014年版，第313—331页；等等。

② 杜赞奇：《从历史和比较的观点看中国改革》，《开放时代》2009年第8期。

“第一国际”)。马克思为国际工人协会撰写的《国际工人协会章程和条例》中的第五条规定:“总委员会同各种工人团体建立联系,它应该使一国工人能经常知悉所有其他各国工人阶级运动的情况;使社会状况调查工作能同时并在共同领导下进行;使一个团体中提出的但具有普遍意义的问题能在所有的团体中加以讨论,并使协会在由于某种实际建议或国际纠纷而需要它加以干预时能一致行动。在一切适当场合,总委员会应主动向各个全国性团体或地方性团体提出建议。”①在革命时期,我们党就善于充分发挥党中央的权威,自上而下地保证制度和政策的坚决执行。毛泽东成为全党的领导核心之后,党中央“高位导引”推动制度和政策执行的能力进一步得以提升。“三线建设”就是一个典型的例子。根据毛泽东的指示,1964 年 5 月 15 日到 6 月 17 日中共中央召开的工作会议上做出了“三线建设”的重大战略决策。当年 8 月,中央书记处会议决定集中人力、物力、财力建设三线。从 1965 年起,我国开始把沿海一些工业企业向西部和西北地区搬迁,当年新建项目则大多集中投放在西部地区。这是我国三线建设大规模进行的阶段。三线建设在短时间内就取得了成效。到 1965 年 4 月,中国的战略资源大多已经向西部和西南地区转移完毕。1969 年中苏关系恶化。珍宝岛冲突发生后,毛泽东把关注的目光又转回到三线建设上来。为了排除各种干扰,保证三线建设顺利进行,他决定对一些重点三线建设基地和工程实行军管,甚至直接派军队去施工。对这种由解放军直接管甚至直接施工的单位,造反派是不敢来胡闹的。为了对付来自苏联的军事威胁,毛泽东又提出了一个“小三线”建设的思路。这个思路就是:各省特别是进行三线建设的各省,再建设成本省自成体系的“三线”,这样,既可以使“大三线”与“小三线”两个体系环环相扣,形成一个大系统,也可以将三线建设深入到中小城市、县城乃

① 《马克思恩格斯全集》第十六卷,人民出版社 1964 年版,第 600—601 页。

至乡村,使我国形成支持长期战争的工业基础。从1970年起,中央开始对三线建设项目实行优先安排、重点保证、抓紧抢修的原则。在此原则指导下,全国的三线工程建设全面铺开,各省的三线建设也随之全面铺开了。1964年党中央正式做出进行三线建设的决策后,毛泽东对三线建设问题更加关心了。当时,毛泽东特别强调三线建设的重要性。他强调必须把三线的重工业特别是钢铁工业搞起来,这样,军事工业才有基础。他甚至说,如果不把攀枝花的钢铁厂搞起来,我睡不着觉。毛泽东依据他对于三线建设的总构想,确定了三线建设的方针,这就是:三线建设要"大分散、小集中",要"依山傍水扎大营"。要根据当地的地形、地貌条件确定建设项目,要使三线建设的企业适应现代战争的需要,要远离大中城市,分散布点,做到即使在打核战争的情况下,这些工厂和科研单位也打不烂、炸不垮,能继续坚持生产和科研,支援前线。1964年,也是我国搞原子弹最关键的一年。围绕这一重点军事工程,毛泽东在过去已经调派了很多军队和科技骨干到西部地区的基础上,又调派了大批军队和科技精英奔赴三线,加强核研制基地建设。核研制基地在三线地区的建成,为三线建设描上了最浓重的一笔。毛泽东还亲自选将搞三线建设。在做出搞三线建设的决策之后,他曾选派聂荣臻及多位将军去三线搞建设,一批国内最优秀的科学家如钱三强、邓稼先等也被选派到三线地区搞建设。他曾选派彭德怀到三线去领导建设工作。在中央,由中央书记处和国务院主要负责人主持三线建设的日常工作。在地方,先后成立了西南、西北、中南三个三线建设委员会,主任均由该地方中央局第一书记担任。三线建设的大项目,均设领导小组,其他三线建设项目,也设立了指挥部。1973年后,中国已经打破了中美关系的坚冰,两国开始接近,世界政治"大三角"相互制衡的格局基本形成。在此情况下,三线建设已经初具规模,确实达到了建立稳固的后方基地的目的。从当时世界军事格局和技术水平来看,如果中国受到外来侵略,中国就已经具备了打不垮、炸不烂、能长期支持战争的牢固后方基地。同时,也达到了使国家经济布局大体合理的目的。工业片面集中于沿海城市的状况得到了改变,并且形成了地方工业的完整、配套的体系。从以毛泽东为核心的党中央抓"三线建设"的例子可以看出,"高位导引"是其取得历史成绩的一大优势。

改革开放以来,开辟中国特色社会主义道路和形成中国特色社会主义制度的过程,也体现了党中央"高位导引"的优势。20 世纪 70 年代末,邓小平从思想路线的拨乱反正入手,发动领导了真理标准问题大讨论,带领全党解放思想、实事求是,冲破"两个凡是"的束缚,通过十一届三中全会,彻底摒弃了"以阶级斗争为纲"的错误,把党和国家工作重点转移到经济建设上来,做出了改革开放的重大决策。此后,改革开放成为中国社会发展最鲜明的特点。以邓小平为核心的党中央的一系列英明决策,是发挥中国特色社会主义制度的重大优势。这成为人们的基本共识。在邓小平的领导下,改革开放极大地调动了亿万人民的积极性,使中国实现了从高度集中的计划经济体制到充满活力的社会主义市场经济体制、从封闭半封闭到全方位开放的历史转折。在这一进程中,邓小平以敏锐的思想完成了对改革开放的总体设计,初步回答了改革开放的国际环境、基本国情、目标、任务、步骤、布局、方法、原则等基本问题,规划了改革开放前进的科学轨道;对时代特征做出了和平与发展是当今世界的两大主题的新判断,及时调整外交政策,为改革开放创造良好的外部环境;要求我们从当前时代的主题和特征上,从世界文明成果特别是科学技术发展的当代水平和前景趋势上,把握时代潮流;对基本国情作出新概括,提出我国正处于社会主义初级阶段的新论断,要求改革开放的一切方针政策都必须从社会主义初级阶段的实际出发;制定"三步走"经济发展战略,绘制了中华民族百年图强的宏伟蓝图;提出"贫穷不是社会主义,发展太慢也不是社会主义",要求改革开放要抓住机遇,实现又快又好的发展;提出社会主义也可以搞市场经济,为确立改革开放目标模式提供正确的理论依据。要求解决好社会主义制度与市场经济相结合的问题;提出“三个有利于”作为判断改革开放是非得失的根本标准,提倡“不争论”原则,鼓励改革开放大胆地试,大胆地闯;提出“中国的发展离不开世界”,要求改革开放与国际接轨,全面参与经济全球化进程;提出允许一部分地区、一部分人先富起来,先富带后富,逐步实现共同富裕。把消除两极分化、实现共同富裕作为改革开放必须遵循的目标和原则;提出“两手抓、两手都要硬”,促进社会和人的全面发展。在邓小平时代,一系列成就的取得,其中一个重要原因就是以邓小平为核心的党中央的高位推动。如宝钢建设成就的取得,就离不开邓小平坚决的高位推动。在宝钢建设前期和初期,在面临上宝钢项目是否正确、是否要下马的巨大争议中,宝钢一期工程建设的关键时刻,邓小平坚定地支持宝钢“搞下去”。在面对宝钢二期工程什么时候上的问题上,邓小平明确支持宝钢加快建设二期工程。

党的十八大以来,习近平总书记注重抓执行,多次强调在胸怀全局和抓准重点中解决实际问题。在中央全面深化改革委员会第四次会议上,习近平总书记强调改革重在落实,要求把改革重点放到解决实际问题上来,并明确提出要结合实际,既抓全局的重点,也抓局部的重点,做到大局小局一盘棋。崇尚实干、狠抓落实,是习近平总书记多次反复强调的。2013 年 4 月,在同全国劳动模范代表座谈时,习近平总书记曾明确提出:“真抓才能攻坚克难,实干才能梦想成真。我们要在全社会大力弘扬真抓实干、埋头苦干的良好风尚。”社会主义现代化和中华民族伟大复兴的实现,离不开各级党委和领导干部的真抓实干,更离不开全国各族人民的团结进取和拼搏奋斗。习近平从政以来一以贯之地强调求真务实、狠抓落实,这已经成为他鲜明的工作作风和执政风格。在担任浙江省委书记期间,习近平就曾在《不兴伪事兴务实》中引用古人“不受虚言,不听浮术,不采华名,不兴伪事”的箴言，提醒各级领导干部要做“愿听真话、敢讲真话、勇于负责、善抓落实之人”；在《抓落实如敲钉子》的短评中指出：“抓落实就好比在墙上敲钉子：钉不到点上，钉子要打歪；钉到了点上，只钉一两下，钉子会掉下来；钉个三四下，过不久钉子仍然会松动；只有连钉七八下，这颗钉子才能牢固。”党的十八大以来，一些重大问题研究决策后，需要具体的机构认真落实。习近平总书记亲自担任中央国家安全委员会的主席，还担任一些重要小组、委员会的组长、主任，从一个侧面表明他注重抓落实的组织力和执行力。谁来真抓，谁来落实？各级党委和领导干部要担负起政治责任和领导责任，尤其是党政主要负责同志。只有各级主要负责同志注重战略谋划，勇于挑最重的担子、啃最硬的骨头，并亲力亲为、实事求是、狠抓落实、善始善终，才能真正把好的精神落实到实践工作中，落实到解决问题中，进而做出成绩，干出实效。2015 年 6 月，在贵州召开的部分省区市党委主要负责同志座谈会上，习近平总书记曾指出，中央要做好政策制定、项目规划、资金筹备、考核评价、总体运筹等工作，省级要做好目标确定、项目下达、资金投放、组织动员、检查指导等工作，市(地)县要做好进度安排、项目落地、资金使用、人力调配、推进实施等工作。这里，具体提出了从中央到省级、市(地)县，如何通过分工与合作推进一些重大工作的有序开展和具体落实。人民群众是社会的主体，是历史的创造者。历史唯物主义关于人民群众是历史创造者的原理，是无产阶级政党群众观点和群众路线的理论基础。全面深化改革的具体落实，离不开人民群众的参与及其创造性作用的发挥，离不开 13 亿多中国人民和衷共济。各级干部要相信群众和依靠群众，带领大家撸起袖子加油干，扎实推进各项政策措施的具体落实。

有了党中央的“高位导引”，党的各级领导干部自上而下地抓执行力，对各项任务“协力推进”，加上党的领导和人民当家作主的“监督有力”，中国共产党人的运行机制形成一整套优势性体系。这个运行体制和推行过程不断取得成效，中国共产党人的精神共识就愈益强化，中国共产党人的精神优势也就不断铸就出来。中国特色社会主义制度的优势发挥，离不开党的领导干部的思想自觉与制度敬畏，离不开党的领导干部对制度的内化于心、外化于行。党的领导干部对制度执行的“协力推进”，是我们的制度优势中的一个重要支撑。明者防祸于未萌，智者图患于将来。我们党在应对风险挑战中，不断提高统揽全局、协调各方、抓住重点、统筹推进的政治领导力、思想引领力、群众组织力和社会号召力，在新时代突出强调坚持和加强党的全面领导。一路走来，党的领导干部“协力推进”，坚持以中国方式实现现代化。中国特色社会主义的制度优势，优在有执行力，而执行力的背后是坚强有力的监督制度执行的能力。我们坚持党的领导，党内监督成为内在优势；我们坚持人民当家作主，人民监督成为外在优势。中国共产党历来高度重视人民监督的问题。1945 年 7 月，国内著名的民主人士黄炎培先生访问延安时，对毛泽东谏言：一人、一家、一团体、一地方乃至一国，其兴也勃焉，其亡也忽焉。大凡初时，聚精会神，没有一事不用心，没有一人不卖力，但最终政怠宦成的也有，人亡政息的也有，求荣取辱的也有。总之，没有能跳出这个周期率的支配。中共诸君从过去到现在，我略略了解的了，就是希望找出一条新路，来跳出这个周期率的支配。毛泽东听了这段话之后，当即就胸有成竹地回答说：我们已经找到了新路，我们能跳出这个周期率的支配，这条新路就是民主，只有让人民来监督政府，政府才不敢松懈，只有人人起来负责才不会人亡政息。[①] 这里，毛泽东在回答黄炎培等民主人士关于中国共产党人如何跳出“其兴也勃焉，其亡也忽焉”的历史周期率的疑问时，正式提出“让人民来监督政府”即“人民监督”的理念。2007 年 10 月 15

① 参见薄一波：《若干重大决策与事件的回顾》上卷，中共中央党校出版社 1991 年版，第 156—167 页。

日，胡锦涛在中国共产党第十七次全国代表大会上的报告中，明确提出“让权力在阳光下运行”，即“阳光权力”的理念。我们国家坚持人民当家作主，人民监督既表现在对党和国家的所有重大事项都有监督权力之中，也表现在全程监督的过程之中。事前监督，主要表现在制度和政策在贯彻落实之前，往往用宣传发动来造“势”，有效地运用各种宣传工具把政府政策宣传到位，既有利于执行者准确理解和积极参与，也让政策受众者了解真实意图和行为目标。事中监督，主要表现在政策执行的不同阶段，人民群众可以有经常性的督促。事后监督，往往表现在人民群众对制度和政策执行成效的评价。人民监督具有强大的民主威慑力和制约力。其一，监督主体广泛。既有人民大众直接监督，也有人民代表监督，还有群众性组织监督。其二，监督渠道多样，既有信访举报、媒体监督，也有协商对话、舆论监督，如今网络监督也日益崛起。其三，监督内容全面，如行为监督、作风监督、品质监督、语言监督，等等。党内监督，是马克思主义政党的一个重要传统。马克思、恩格斯在改组创立共产主义者同盟时，就提出来党内监督的思想。《共产主义者同盟章程》第二十九条规定：“同盟各级机关必须采取必要的措施来保证同盟的安全并加强其活动，按照章程独立负责进行活动，并立即把一切通知上级机关。”[①]这里明确了同盟各级机关的监督权力。《共产主义者同盟章程》第四十二条规定：“为了盟的利益必须对被暂令离盟者，被开除盟籍者和可疑者加以监视，使他们不能为害。有关这些人的阴谋活动必须立即通知有关支部。”[②]这里提出了一些重点监督对象。1962年9月，党的八届十中全会通过了《关于加强党的监察机关的决定》，对各级监察委员会做出新的规定：一是扩大各级监察委员会委员的名额，监察委员会的委员和候补委员应当多数

---

① 《马克思恩格斯全集》第四卷，人民出版社1958年版，第575页。

② 《马克思恩格斯全集》第四卷，人民出版社1958年版，第576页。

是专职的,中央和地方各级监察委员会的办事机构应予以加强;二是各级党的委员会必须加强对同级监察委员会的领导;三是党的各级监察委员会应当加强对同级国家机关的党员的监督;四是地方各级监察委员会有权不通过同级党委,向上级党委、上级监察委员会直到党的中央,直接反映情况,检举党员的违法乱纪行为。[①] 令人遗憾的是,"文革"使中国共产党的党内监督制度遭到严重破坏。进入改革开放新时期后,党内监督制度得以逐步健全与完善。邓小平在《共产党要接受监督》中明确指出,"对于共产党员来说,党的监督是最直接的……党对党员的监督要严格一些"[②]。自党的十六大提出"建立巡视制度"以来,到 2009 年 7 月中共中央发布《中国共产党巡视工作条例(试行)》,党内巡视制度从决策构想到制定法规,从出台规范到具体实施,从局部试点到全面展开,其进展成效明显。党的十八大以来,以习近平同志为总书记的党中央在加强和改进党的自身建设过程中,积极探索强化党内监督的有效途径,不断提升党内监督科学化水平,提出了一系列监督新理念。在党内监督路径上强调作风建设的契入与国家治理的协同;在党内监督策略上把握治标与治本的关系;在党内监督能力上采取内涵式发展提升;在党内监督指向上突出纪律与规矩;在党内监督制度建设上进一步重视实践取向;在党内监督要素上着重强化民主集中制、批评和自我批评、抓住"关键少数",有力地指导了新形势下的党内监督实践。[③] 2015 年 9 月,王岐山在福建调研时指出,要运用好监督执纪的"四种形态",即"党内关系要正常化,批评和自我批评要经常开展,让咬耳扯袖、红脸出汗成为常态;党纪轻处分和组织处理要成为大多数;对严重违纪的重处分、作出重大职务调整应当是少数;

① 中央纪律检查委员会办公厅:《中国共产党党风廉政建设文献选编》第 8 卷,中国方正出版社 2001 年版,第 71—73 页。

② 《邓小平文选》第一卷,人民出版社 1994 年版,第 270 页。

③ 曹雪松:《党的十八大以来党内监督理念与实践的新发展》,《社会主义研究》2016 年第 4 期。

而严重违纪涉嫌违法立案审查的只能是极少数”[①]。党内监督在新时代正在得以不断强化、推进和完善。

“高位导引”贯穿党领导的革命、建设和改革的全过程之中。党的精神建设也是基于这些实践基础。总结党的精神建设的历史智慧，决不能离开党中央“高位导引”这一显著特点和主要优势。我们再从坚持党指挥枪，确保人民军队绝对忠诚于党和人民，有力保障国家主权、安全、发展利益的显著优势这一维度，深入理解我们党始终坚持的“高位导引”。这一维度，主要涉及党和军队的关系，以及军队中党员精神建设的一个重要方向。

党指挥枪，是我们的优良传统。党对军队的绝对领导，既是我军建军的根本原则，也是我国的一项基本军事制度。习近平总书记指出，党对人民军队的绝对领导是中国特色社会主义的本质特征，是党和国家的重要政治优势，是人民军队的建军之本、强军之魂。依据马克思主义基本原理，国家和军队主要是阶级统治的工具。军队是统治阶级维护其阶级统治的一种工具，军队的性质取决于它所服务的国家的阶级属性。马克思在总结巴黎公社的经验教训时指出：无产阶级专政的首要条件就是无产阶级的军队。毛泽东指出：“从马克思主义关于国家学说的观点看来，军队是国家政权的主要成分。谁想夺取国家政权，并想保持它，谁就应有强大的军队。”这里，简要地指明了军队、国家政权和政党的关系。我党历代领导人都强调把马克思主义关于国家、政党和军队的学说与中国实际相结合，坚持党对军队的绝对领导。邓小平指出：军队要始终不渝地坚持“党的军队、人民的军队、社会主义国家的军队”的性质。江泽民提出：“坚持党对军队的绝对领导这一根本政治原则，是我们军队的军魂，任何时候都不能动摇。”胡锦

---

① 《王岐山在福建调研时强调　全面从严治党　严明党的纪律　把握运用监督执纪“四种形态”》，《中国纪检监察报》2015 年 9 月 27 日。

涛强调:“党对军队的绝对领导,是我军建军的根本原则和永远不变的军魂,是我国的基本军事制度和中国特色社会主义政治制度的重要组成部分,是党和国家的重要政治优势。”党的十八大以来,习近平总书记鲜明提出党在新形势下的强军目标。2013年3月,在党的十二届全国人大一次会议解放军代表团全体会议上,他明确指出,建设一支听党指挥、能打胜仗、作风优良的人民军队,是党在新形势下的强军目标,并强调全军要准确把握这一强军目标,用以统领军队建设、改革和军事斗争准备,努力把国防和军队建设提高到一个新水平。这一目标,回答了新时代为什么要强军、强军目标是什么、怎样走中国特色强军之路等重大的时代课题,是我们党在新形势下建军治军的总方略。如何理解党对军队的绝对领导,它主要包括哪些内容?我国宪法明确规定,中央军委领导全国武装力量,中央军委实行主席负责制。全国人大通过的《中华人民共和国国防法》明确规定:中华人民共和国的武装力量受中国共产党领导。党对人民军队绝对领导的根本原则,基本内容包括:军队必须无条件置于中国共产党的领导之下,在思想上政治上行动上始终同党中央、中央军委保持高度一致,坚决维护党中央、中央军委权威,任何时候任何情况下都坚决听从党中央、中央军委指挥。党对人民军队的绝对领导有一整套制度作保证,主要包括:军委主席负责制,党委制、政治委员制、政治机关制,党委统一的集体领导下的首长分工负责制,支部建在连上。我军必须完全地无条件地置于党的领导之下,无论发生什么样的情况,都毫不动摇地坚持党指挥枪的原则,一切行动听从党中央和中央军委的指挥;决不允许向党闹独立性,不允许其他政党在军队建立组织和进行活动,也不允许任何个人向党争夺兵权;未经党中央和中央军委授权,任何人不得插手军队,更不得擅自调动和指挥军队。

党指挥枪、党对人民军队的绝对领导的制度,发端于南昌起义,奠基于三湾改编,定型于古田会议,丰富发展于党领导人民军队革命、建设和改革的伟大实践。党指挥枪、党对军队的绝对领导，在我党我军的历史中一再显示其优势，体现在党领导我军发展壮大、通过武装斗争夺取和巩固国家政权等一系列过程之中。第一，党缔造人民军队的客观事实。我军诞生伊始就处于党的领导之下。1927 年大革命失败，中国共产党人用血的教训得出“政权是由枪杆子中取得的”的共识。我军初创时期，其主要成分多元，雇佣思想、自由主义、军阀作风也比较严重。要把我军建设成为一支新型的人民军队，就必须在军队中贯彻和坚持党的领导。南昌起义成立了以周恩来为书记的党的前敌委员会，作为领导起义的中心，在军、师级单位建立党委，在团建立党支部，在军、师、团级单位设立党代表。这标志着党对军队领导的开始。国民革命军第二十军军长贺龙当时就认为：“国民党已经叛变了革命，国民党已经死了，我们今天要重新树立革命的旗帜，反对反动政府，打倒蒋介石。”在与周恩来面谈后受命为起义军总指挥，贺龙表示：“我完全听共产党的命令，党要我怎么干就怎么干。”在动员大会上贺龙告诉第二十军官兵：“我们今天起义了，愿跟着我走的，我们一块革命；不愿跟我走的，可以离开部队。我们今后要听从共产党的领导，绝对服从共产党的命令。”在南昌起义中，革命委员会向社会各界表示：“以后的军事领袖，要服从党的指挥，不要再做新军阀蒋介石、唐生智第二。”起义后立即进行部队整编，在这一过程中，第十一军第二十四、二十五师各团健全了中国共产党支部，营建立党小组，第二十军开始发展党员，朱克靖、聂荣臻、廖乾吾分别担任第九、第十一、第二十军党代表，方维夏、陈恭、徐特立分别担任第二十军第一、二、三师党代表。八七会议后，中共中央常委提出：“革命战争，必须要创造新的革命军队。因此创造新的革命军队，不要有雇佣性质，而要开始于兵的征调，渐行于义务的征兵制，建立工农的革命军。这种军队之中要有极广泛的政治工作及党代表制度，强固的本党兵士支部，要有靠得住的忠实于革命的军官，——这是现时革命运动中最重要的任务之一。”针对南昌起义后,部队在转战过程中出现了大量减员,1927 年 10 月底,中共中央发布通告批评南昌起义军忽视宣传:“叶贺军队行军的时候,兵士之中并没有做充分的宣传及政治工作,所过地方的民众之中也没有宣传。”中共中央批评单纯军事观点,要求加强党的领导:“在这总的武装暴动工农革命政策之下,党的作用高于一切。必须有党的指导……政治指导集中于党是非常之重要。”这里,明确提出了党在军队中的领导地位。第二,三湾改编奠定了党领导军队的基础。1927 年 9 月 29 日,毛泽东率领湘赣边界秋收起义部队到达江西省永新县三湾村,在这里召开了前敌委员会扩大会议。会议总结了秋收起义失败的经验教训,分析了部队的思想政治状况,决定对部队进行改编。随后,毛泽东进行了著名的“三湾改编”,打碎旧军队的基础,确立了“党指挥枪”“支部建在连上”“官兵平等”等一整套崭新的治军方略。通过整顿组织将部队缩编为一个团,其次在部队各级建立共产党组织,并创造性地提出在班排设立党小组,在连队建立党支部,在团营建立党委。党支部书记负责党务工作、政治工作和群众工作,与军长共同管理和指挥部队。三湾改编还建立士兵委员会制度,让士兵参加部队的民主管理。三湾改编初步建立起党领导军队的制度。对此,毛泽东在《井冈山的斗争》一文中总结:“红军所以艰难奋战而不溃散,‘支部建在连上’是一个重要原因。”1929 年 2 月,湘赣边界特委书记杨克敏在向中央的报告中指出:“红军中的党组织,由上而下说,由军委而团委、营委,连设支部,各班自成一小组,这个组织,我们很觉得法,很能适用于斗争,因为作战大部以连为单位,每一个作战单位有一个支部,会处理和指挥一个作战单位的事,很觉便当,我们的军队其所以打败仗而不至于溃败,这个组织的好处,应为主要的原因。”周恩来在主持起草的中央给贺龙并湘鄂西前委的信中提出:“在朱、毛军队中,党的组织是以连为单位,每连建立一个支部,连以下分小组,连以上有党委、团委等组织。因为每连都有组织,所以在平日及作战时,都有党的指导和帮助。据朱、毛处来人说,这样组织,感觉还好。将来你们部队建党时,这个经验可以备你们参考。"针对一些错误的思想倾向,毛泽东在1929年6月给林彪的信中明确提出了党的"绝对的指挥权""绝对的党领导"等概念。第三,党指挥枪、党对军队的绝对领导定型于古田会议。1929年12月28日,红四军党的第九次代表大会在福建省上杭县古田村召开,这就是著名的"古田会议"。毛泽东起草的古田会议决议案指出:红军"决不是单纯的打仗的,他除了打仗一件工作之外,还要担负宣传群众,组织群众,武装群众,帮助群众建设政权等重大任务"。因此,那种忽视党的领导和军队政治工作的观点是错误的,"这种路线发展下去,便有走到脱离群众,以军队垄断政权,离开阶级地位之危险,如国民党军队所走的道路一样"。决议案还规定:"红军的军事机关与政治机关,在前委的指导之下,平行地执行工作。"这里系统地阐明了党对军队绝对领导的重要性,并确立了前委的最高领导地位和"党指挥枪"的基本原则。大会通过的"古田会议决议"明确强调:红军是一支执行革命政治任务的武装集团,要保证红军的无产阶级性质,必须建立健全党的各级组织,通过开展政治工作,从思想上、政治上、组织上保证党对军队的领导。针对红军中存在的轻视政治工作、把政治机关隶属于军事机关的错误做法,明确规定政治机关的地位和职权,强调政治机关和军事机关在党的领导下,平行地开展工作;涉及全军意义的事项,由军事机关和政治机关联合发布;在尚未建立革命政权的地方,由部队政治机关代行地方政权机关职能。此后,为了贯彻党对军队的绝对领导,在党内和军内进行了多次强调和相关规定。1930年9月,中共中央军委书记周恩来在主持中央军委扩大会议时反复强调:"政治上党的领导要有最高威权,红军中只有党的一个领导,不能容许有第二个领导。"同年颁布的《中国工农红军政治工作暂行条例草案》提出:"中国红军为要完成其伟大的历史任务,须接受无产阶级先锋队(共产党)的领导。……红军的政治工作就是要巩固无产阶级及其先锋队——中国共产党在红军中的领导,要使红军成为有力的工农革命的武装力量。”1932 年 1 月,中央革命军事委员会总政治部主任王稼祥在给红军中各级政治委员、政治部、党的支部委员会发出的指示信中明确指出:“提高并巩固党在红军中的绝对领导,保证红军中对上级命令的执行与巩固红军中的纪律,这是目前红军中党的最中心任务。”1932 年 9 月 21 日,在《总政治部关于红军中党的工作的训令》等文件,也一致要求“保障党对红军的绝对领导”,首次明确提出“党在红军中的绝对领导”的概念。第四,抗战时期和解放战争时期的丰富和发展。在抗战时期,蒋介石一再要求我党放弃对军队的领导权。1937 年 8 月,中央革命军事委员会主席毛泽东签发《关于红军改编为国民革命军第八路军的命令》,强调指出:各师改编为国民革命军后,必须加强党的领导,坚决执行党中央与中央军委的命令,保证八路军和新四军的领导权高度集中于党中央和中央军委。随着抗日战争的全面爆发,我党我军与国民党及其军队的关系转为友党友军的关系。总政治部制定文件强调要“保证党在红军中的绝对领导”,“在新的环境中千百倍加重了共产党对红军的领导责任。应该健全与加强红军中党的组织及其作用,党的组织,应该成为部队生活决定的骨干,成为一切政治工作的支持与依靠,而政治机关亦始终应保持其为党的工作机关的特点”。8 月 25 日,中革军委提出,各师改编为国民革命军后,必须加强党的领导,保持和发挥十年斗争的光荣传统。坚决执行党中央与军委会的命令,保证红军在改编后应成为共产党的党军,为党的路线及政策而斗争,完成中国革命之伟大使命。9 月 25 日,中共中央重申,在原有红军中苏区中及一切游击区中,共产党绝对独立领导之保持,是完全必要的,共产党员不许可在这个问题上发生任何原则上的动摇。为了保证党对军队的绝对领导,1940 年颁布的八路军政治工作条例还明确规定:“政治委员是中国共产党在军队中的全权代表”,“为着巩固党在自己军队中的领导,政治委员有过问军队中一切工作与一切行动的权力”。

尤其是在干部任免程序中,政委拥有极为关键的考核权,“参加挑选、考察、检举指挥员、军事人员、政治工作人员的工作,并在委任及调动人员的命令上签字”。抗战期间,周恩来、朱德等中央领导人也对此强调“党指挥枪”的原则和政治工作的重要性。1938 年 1 月,周恩来在《抗战军队的政治工作》中提出:“以革命主义为基础的革命政治工作是一切革命军队的生命线和灵魂!”1939 年 3 月,他又在新四军军部大会上强调:“我们要以政治工作保证建军工作的完成,巩固党在新四军的领导。”朱德也在 1940 年 8 月撰写的《党是军队的绝对领导者》中指出:“我们八路军和新四军,是在共产党的领导之下产生、成长和壮大起来的。没有我们党,就没有这支军队;有了这支军队,就必须要巩固我们党的领导。”1945 年 6 月,他又在七大闭幕会上强调:“我们军事干部在各方面一定要无条件去服从党”,“我们的军事干部离开了党,那他就一样也做不成,一样也做不了,一切问题要靠党”。1944 年 4 月,中央军委总政治部副主任谭政受中央委托,在毛泽东、周恩来、刘少奇等人的指导下,起草并由他在西北局高干会议上作了《关于军队政治工作问题》的报告,系统总结了建军以来的政治工作经验。报告从三个方面论述了党对军队绝对领导的思想:第一,概括了党对军队绝对领导的内涵。报告认为,所谓党对军队的绝对领导,就是指“我们的军队,必须完全的绝对的无条件的放在共产党及其领导机关的政治指导之下,不能闹独立性”。第二,阐述了必须坚持党对军队绝对领导的原因。报告提出,只有坚持党对军队的绝对领导,才能保持我军是人民军队的性质,因此“必须使八路军新四军一切部队,无条件地服从共产党中央及其代表机关的政治领导”。第三,指出党对军队的绝对领导是通过政治工作来实现的。“共产党领导的革命的政治工作是革命军队的生命线”,没有军队政治工作,党对军队的绝对领导就成为一句空话。这份报告标志着“党指挥枪”原则的日益成熟。解放战争时期,各级政治机关建立健全政治工作的各项制度,有效地保证了作战的胜利和各项任务的完成。1948 年 9 月,我军恢复和健全了党委制。“党委制是保证集体领导、防止个人包办的党的重要制度。”1947 年 2 月,中央发布《关于恢复军队中各级党委制的指示》,介绍了晋冀鲁豫军区的经验,强调改组和健全各级党组织的意义,命令全军恢复党委制。同年 7 月,总政治部颁布《中国人民解放军党委员会条例(初稿)》,明确规定了党对军队绝对领导的原则,“其组织形式即在军队中设置各级党委员会,而以党委员会作为军队之一切领导与团结的核心”,确定了党委集体统一领导的核心地位。为了纠正个人包办的倾向,保证和加强党的集体领导,中央于 1948 年 9 月通过的《关于健全党委制的决定》指出:“党委制是保证集体领导、防止个人包办的党的重要制度”,规定今后“一切重要问题(当然不是无关重要的小问题或者已经会议讨论解决只待执行的问题)均须交委员会讨论,由到会委员充分发表意见,做出明确决定,然后分别执行”。决定强调,集体领导和个人负责二者不可偏废,军队在作战时和情况需要时,首长有临机处理权。1947 年 10 月,毛泽东在《中国人民解放军宣言》中发出号召:“我全军将士必须时刻牢记,我们是伟大的人民解放军,是伟大的中国共产党领导的队伍。只要我们时刻遵守党的指示,我们就一定胜利。”新中国成立后,历次颁布的《中国人民解放军政治工作条例》都规定,政治委员是同级党委日常工作的主持者,和同级军事指挥员同为部队首长,对所属部队的各项工作共同负责,政治工作就是党的工作,政治机关就是党的工作机关。从 1954 年起,明确规定我军实行党委统一的集体领导下的首长分工负责制,建立了完整的政治工作组织系统和工作制度。党的十九大把“坚持党对人民军队的绝对领导”上升为新时代坚持和发展中国特色社会主义的一条基本方略。2019 年党的十九届四中全会进一步明确:坚持和完善党对人民军队的绝对领导制度,确保人民军队忠实履行新时代使命任务。

西方一些势力极力鼓吹“军队非党化、非政治化”和“军队国家化”等论调，还有些人提出：军队是党的军队，也是国家的军队，党对军队的领导与国家对军队的领导是一致的，为什么还要强调党对军队的绝对领导？党指挥枪、党对军队的绝对领导，历经实践和历史的检验，党和军队不断发展壮大，成功捍卫国家利益，创造了一个又一个的军事奇迹。如此的显著优势，就是对这些问题最好的回答。第一，西方发达国家，往往都是先有国家和军队，后有政党。大多政党都没有直接参与或领导军队参与资产阶级推翻封建贵族地主的斗争。与此相反，中国共产党与我们的人民军队之间的关系是天然生成的，或者说是“先天”的。中国共产党缔造了人民军队，并领导军队取得一个又一个胜利。第二，军阀混战的教训启发我党坚持党对军队的绝对领导。在旧中国，军权主要掌握在个人手里。辛亥革命以来，军阀操纵政党、控制政府、割据和混战，造成生灵涂炭，人民生活于水深火热之中。辛亥革命之后实行政党政治，然而，袁世凯很快就依靠其军事实力取代了孙中山。袁世凯死后，北洋军阀分裂成直系、皖系和奉系三个派系。政党和政府失去了对军队的领导权，成为军阀操纵的政治玩偶，中国出现军阀割据和混战的局面。第三，党指挥枪是从建党初期的教训中悟出的历史经验。建党初期，陈独秀曾自动放弃党对革命、对军队的领导权，以蒋介石为首的国民党反动派掌握和控制了军队，北伐军演变成资产阶级屠杀无产阶级、镇压工农群众的工具。从 1927 年到 1930 年，有千百万共产党员和革命群众牺牲在国民党反动派的屠刀下，革命成果几乎丧失殆尽。第四，党对军队的绝对领导是伴随我党我军不断发展壮大的过程而确立起来的坚定信念。认真总结我军的军事奇迹，发现其绝对离不开我军的政治优势。无产阶级世界观的教育、崇高的理想信念、党在军队内部实行民主、党组织在军内的坚强核心、党的作风影响、党的英明指挥、党对群众的动员和控制等，使我党领导下的人民军队，拥有英勇无畏的献身精神和敢打必胜的战斗作风，上演了一幕幕惊天动地的战争活剧，展示了一支威武雄壮之师的伟大力量。第五,党对军队的绝对领导也是我们党从国民党失败的教训中悟出的道理。军队内部政治工作的差异,是决定双方决战胜负的一个重要原因。1947 年 11 月,国民政府面对战局的失利,国防部新闻局局长邓文仪在主持全国新闻工作检讨会时曾感慨:中共“军队党化”,“在党之领导下,执行党的政策与决议,真正做到政治领导军事”;而反观国民党军队,却是政工与党脱节,导致军队“失去中心领导,革命精神遭受打击,工作效果,事倍而功无半”。蒋介石认为,中共军队的成功秘诀乃在于始终坚持党的领导,因此慨叹:中共“从来都是强调以党领军,最重视政治思想工作的”。第六,党对军队的绝对领导还是我们党从世界社会主义运动的历史教训中获得的启示。20 世纪 80 年代,苏联戈尔巴乔夫上台后,放弃了苏共对军队的领导权,允许其他政治组织在苏军存在,使苏军的性质发生了改变。当反对派对苏共发起总攻时,苏军选择了支持反对派。一个具有 70 多年历史的社会主义大国,顷刻之间轰然解体。一个执政 70 多年的大党老党,放弃对军队的领导,关键时刻失去军队的支持,给我们留下了沉痛的教训和警示。

坚持和完善党对人民军队的绝对领导制度,确保人民军队忠实履行新时代使命任务,必须坚持人民军队最高领导权和指挥权属于党中央。《中共中央关于坚持和完善中国特色社会主义制度、推进国家治理体系和治理能力现代化若干重大问题的决定》明确提出:中央军委实行主席负责制是坚持党对人民军队绝对领导的根本实现形式。这里关键在于军队对党绝对忠诚、坚决听党指挥的基础上,完善贯彻军委主席负责制的体制机制。此外,尤为重要的是,严明政治纪律和政治规矩,坚决维护党中央、中央军委权威,确保政令军令畅通无阻。坚持和完善党对人民军队的绝对领导制度,确保人民军队忠实履行新时代使命任务,必须健全人民军队党的建设制度体系。首要的是全面贯彻政治建军的诸项要求。第一,在政治上,要坚持正确的政治方向;第二,在思想上,突出抓好军魂培育,发扬优良传统,传承红色基因,坚决抵制一些错误观点;第三,在组织上,坚持党委制、政治委员制、政治机关制,坚持党委统一的集体领导下的首长分工负责制,坚持支部建在连上,完善党领导军队的组织体系;第四,在干部队伍上,建设高素质专业化干部队伍,确保枪杆子永远掌握在忠于党的可靠的人手中;第五,完善军队党的作风纪律建设制度。坚持和完善党对人民军队的绝对领导制度,确保人民军队忠实履行新时代使命任务,必须把党对人民军队的绝对领导贯彻到军队建设各领域全过程。这里关键在于围绕能打仗、打胜仗进行军队诸项建设,全面推进国防和军队现代化,强固全民的国防。既要深刻理解把握坚持党对人民军队绝对领导的唯一性、彻底性、无条件性,又要把建立健全军事政策制度体系作为坚持党对人民军队绝对领导的重要保障,还要着力提高坚持党对人民军队绝对领导的政治自觉和实际能力。

第三节　人民至上

中国共产党人始终坚持人民至上。人民至上贯穿于党的精神建设之全过程,人民至上的理念也是党最重要的精神追求。对此,党的领导有大量经典论断。“人民,只有人民,才是创造世界历史的动力。”[①]“中华民族5000多年的文明史,中国人民近代以来170多年的斗争史,中国共产党90多年的奋斗史,中华人民共和国60多年的发展史,都是人民书写的历史。”[②]“民主革命是人民的事业,社会主义革

① 《毛泽东选集》第三卷,人民出版社1991年版,第1031页。

② 习近平:《在纪念毛泽东同志诞辰120周年座谈会上的讲话》,《人民日报》2013年12月27日。

命是人民的事业,社会主义建设是人民的事业。”[①]“共产党就是要奋斗,就是要全心全意为人民服务,不要半心半意或者三分之二的心三分之二的意为人民服务。”[②]

1927年3月,毛泽东在《湖南农民运动考察报告》中提出:“菩萨是农民立起来的,到了一定时期农民会用他们自己的双手丢开这些菩萨,无须旁人过早地代庖丢菩萨。共产党对于这些东西的宣传政策应当是:‘引而不发。跃如也。’菩萨要农民自己去丢,烈女祠、节孝坊要农民自己去摧毁,别人代庖是不对的。”[③]正如毛泽东所说:“我们共产党人好比种子,人民好比土地。我们到了一个地方,就要同那里的人民结合起来,在人民中生根、开花。”[④]1937年,周恩来在提到如何解决军队出征后面临的困难时,认为关键仍然是发动群众,只要有了群众的支援,一切问题都比较好办了。[⑤] 抗战时期,毛泽东指出:“应该使每一个同志懂得,只要我们依靠人民,坚决地相信人民群众的创造力是无穷无尽的,因而信任人民,和人民打成一片,那就任何困难也能克服,任何敌人也不能压倒我们,而只会被我们所压倒。”[⑥]1945年毛泽东在《自己动手,克服困难》中,要求一切党、政、军、民一起动手开展群众工作,并依靠最广大人民群众的力量去解决问题。同年,在中共七大闭幕式上,毛泽东在《愚公移山》中指出,全国人民要坚信中国最终是中国人民的,不是反动派的。他借用《愚公移山》的故事来比喻人民群众强大的力量,形象生动地表明革命就是要依靠人民群众。1938年5月,毛泽东在《论持久战》中指出,“战争的伟力之最深厚的根源,存

① 《毛泽东年谱(1949—1976)》第三卷,中央文献出版社2013年版,第188—189页。
② 《毛泽东文集》第七卷,人民出版社1999年版,第285页。
③ 《毛泽东选集》第一卷,人民出版社1991年版,第33页。
④ 《毛泽东选集》第四卷,人民出版社1991年版,第1162页。
⑤ 中共中央文献研究室编:《周恩来传》第一卷,中央文献出版社2008年版,第413页。
⑥ 《毛泽东选集》第三卷,人民出版社1991年版,第1096页。

在于民众之中”[①]，“兵民是胜利之本”。1939 年，毛泽东在写给张闻天的信中首次提出了“为人民服务”。1944 年，毛泽东在悼念张思德同志的会上发表了著名演讲《为人民服务》，正式提出了“为人民服务”。文中写道“为人民利益而死，就比泰山还重；替法西斯卖力，替剥削人民和压迫人民的人去死，就比鸿毛还轻”[②]。在党的七大上，毛泽东对“为人民服务”思想作了系统完整的论述。他告诫全党应该谦虚谨慎、戒骄戒躁，一刻也不脱离群众、一切从人民的利益出发。中共七大通过把“为人民服务”思想写入党章，使“为人民服务”成为党员的党性信仰、精神追求及行为准则。毛泽东曾感慨地说：“二十二年前，我们什么也没有，二十八年前甚至连共产党也没有。为什么过去没有的东西今天会有呢？就是因为人民需要。从前我当小学教员时，只是靠教书吃饭，没有想到要搞共产党，共产党是后来因为人民需要才成立的。”[③]1977 年 7 月 21 日，邓小平在中共十届三中全会的闭幕会上就指出：毛泽东同志倡导的作风，群众路线和实事求是这两条是最根本的东西。当然民主与集中的关系，自由和纪律的关系，都是很重要的。对我们党的现状来说，群众路线和实事求是是特别重要的。毛泽东同志是彻底的唯物主义者，他充分信任群众，历来反对不信任群众、不依靠群众。他善于从群众的议论当中，发现问题，提出解决问题的方针和政策。毛泽东同志一向非常注意群众的议论、群众的思想、群众的问题。[④]

纵观民主革命时期不同形态革命精神的内涵，其中都包含有为人民服务的重要成分，如红船精神里的“忠诚为民”，井冈山精神里的“密切联系群众”，苏区精神里的“一心为民”，长征精神里的“同人民

---

① 《毛泽东选集》第二卷，人民出版社 1991 年版，第 511 页。
② 《毛泽东选集》第三卷，人民出版社 1991 年版，第 1004 页。
③ 《毛泽东文集》第五卷，人民出版社 1996 年版，第 305—306 页。
④ 《邓小平文选》第二卷，人民出版社 1994 年版，第 43、45—46 页。

群众生死相依、患难与共”，沂蒙精神里的“水乳交融、生死与共”，延安精神里的“全心全意为人民服务”等。[①] “共产党是为民族、为人民谋利益的政党，它本身决无私利可图”，共产党“就是要为全国一切抗日的人民谋利益，而不是只为一部分人谋利益”，“我们的共产党和共产党领导的八路军、新四军，是革命的队伍。我们这个队伍完全是为着解放人民的，是彻底地为人民的利益工作的……我们如果有缺点，就不怕别人批评指出。不管是什么人，谁向我们指出都行。只要你说得对，我们就改正。你说的办法对人民有好处，我们就照你的办”[②]。毛泽东就曾说：“群众是真正的英雄，而我们自己则往往是幼稚可笑的，不了解这一点，就不能得到起码的知识。”[③]1945 年，党的七大召开，第一次把全心全意为人民服务作为党的宗旨写入党章。在《论联合政府》中，毛泽东再一次强调，“我们共产党人区别于其他任何政党的一个显著的标志，就是和最广大的人民群众取得最密切的联系。全心全意地为人民服务，一刻也不脱离群众”[④]。1946 年 8 月 6 日，毛泽东在同美国记者安娜·路易斯·斯特朗的谈话中提出，“看起来，反动派的样子是可怕的，但是实际上并没有什么了不起的力量。从长远的观点看问题，真正强大的力量不是属于反动派，而是属于人民”，“我们所依靠的不过是小米加步枪，但是历史最后将证明，这小米加步枪比蒋介石的飞机加坦克还要强些。虽然在中国人民面前还存在着许多困难，中国人民在美国帝国主义和中国反动派的联合进攻之下，将要受到长时间的苦难，但是这些反动派总有一天要失败，我们总有一天要胜利”。[⑤] 在总结苏区前四次反“围剿”胜利的经验时，毛泽东指出：

---

① 金民卿：《中国共产党精神的逻辑依据、实践动力和文化根基》，《红色文化学刊》2017 年第 1 期。

② 《毛泽东选集》第三卷，人民出版社 1991 年版，第 1004 页。

③ 《毛泽东选集》第三卷，人民出版社 1991 年版，第 790 页。

④ 《毛泽东选集》第三卷，人民出版社 1991 年版，第 1094 页。

⑤ 《毛泽东选集》第四卷，人民出版社 1991 年版，第 1195 页。

“同志们，真正的铜墙铁壁是什么？是群众，是千百万真心实意地拥护革命的群众。这是真正的铜墙铁壁，什么力量也打不破的，完全打不破的。”[①]毛泽东在《愚公移山》讲话中明确把帝国主义和封建主义比作压在人民头上的两座大山，把人民大众比喻为帮助愚公移走太行、王屋两座山的上帝，“我们也会感动上帝的。这个上帝不是别人，就是全中国的人民大众”[②]。毛泽东说过：“所谓成也在‘民’，败也在‘民’”[③]，“共产党员在民众运动中，应该是民众的朋友，而不是民众的上司，是诲人不倦的教师，而不是官僚主义的政客”[④]，“共产党员又应成为学习的模范，他们每天都是民众的教师，但又每天都是民众的学生”[⑤]。毛泽东在对中国历史上的农民起义进行了分析和总结后，指出中国历史上大小数百次的起义，都是农民的起义和战争。毛泽东认为，人民是真正的英雄，有着了不起的作用。人民也是有能力的，在革命斗争中有着巨大的力量。正是由于这些农民革命斗争的推动，生产力才会发展，社会才会改朝换代，向前进步。同样，民主革命时期，人民群众也是社会变革的主体。占全国人口90%的工人农民是根本的革命力量和革命骨干。毛泽东指出，人民群众是真正的铜墙铁壁，把这些革命群众动员、团结起来，我们就能打败反革命，取得革命的胜利。抗日战争时期，毛泽东针对蒋介石执行的不要人民参加、只有政府的片面抗战路线，提出我党主张全国人民总动员，一起抗战。在他看来，兵民是胜利之本，民众是战争取得胜利的根源。在解放战争时期，毛泽东针对美蒋反动派明确指出真正强大的力量决不是属于反动派，而是属于人民。反动派之所以失败，最大的原因就在于低估了人民的力量。要“时刻把群众安危冷暖放在心上，及时准确了解群众所

---

① 《毛泽东选集》第一卷，人民出版社1991年版，第139页。
② 《毛泽东选集》第三卷，人民出版社1991年版，第1102页。
③ 《毛泽东早期文稿》，湖南人民出版社1995年版，第517页。
④ 《毛泽东选集》第二卷，人民出版社1991年版，第522页。
⑤ 《毛泽东选集》第二卷，人民出版社1991年版，第523页。

思、所盼、所忧、所急，把群众工作做实、做深、做细、做透”①。

在新时代中国共产党人的精神建设之中，仍然牢牢坚持人民至上的理念。习近平总书记指出：“坚持不忘初心、继续前进，就要坚信党的根基在人民、党的力量在人民，坚持一切为了人民、一切依靠人民，充分发挥广大人民群众的积极性、主动性、创造性，不断把为人民造福事业推向前进。”②习近平在2018年召开的全国人大会议上再次指出：“一切国家机关工作人员，无论身居多高的职位……始终要把人民放在心中最高的位置，始终全心全意为人民服务，始终为人民利益和幸福而努力工作。”③

第四节　理想信念

理想信念之于中国共产党人的精神建设，犹如传统文化重视德性修养或宗教信仰一样。毛泽东思想是中国共产党人第一次真正把马克思主义信仰转化为适应中华民族的情感结构，以及具有鲜明民族特色的信仰体系。毛泽东说过：“主义譬如一面旗子，旗子立起来了，大家才有所指望，才知所趋赴。”④习近平总书记强调：“经过几千年的沧桑岁月，把我们五十六个民族、十三亿多人紧紧凝聚在一起的，是我们共同经历的非凡奋斗，是我们共同创造的美好家园，是我们共同培育

---

① 习近平：《全面贯彻落实党的十八大精神要突出抓好六个方面工作》，《求是》2013年第1期。

② 习近平：《在庆祝中国共产党成立95周年大会上的讲话》，《人民日报》2016年7月2日。

③ 习近平：《在十三届全国人民代表大会第一次会议上的讲话》，《人民日报》2018年3月21日。

④ 《毛泽东早期文稿》，湖南出版社1990年版，第554页。

的民族精神，而贯穿其中的、更重要的是我们共同坚守的理想信念。”[①]对于理想、信念等，在中国的语境中往往也不加以区分。“信念是人们对某种现实或观念抱有深刻信任感的精神状态。”[②]“理想因其远大而为理想，信念因其执着而为信念。”[③]邓小平在《用坚定的信念将人民团结起来》一文中反复使用“信念”“理想和信念”，可以看出邓小平在使用这两个概念时含义也是相近的。1985 年，邓小平在会见津巴布韦非洲民族联盟主席、政府总理穆加贝时的谈话中将理想和信念这两个词汇合并使用，称为“信念理想”。谈话中讲道：“我们多年奋斗就是为了共产主义，我们的信念理想就是要搞共产主义。”[④]后来，江泽民在全国宣传部部长会议上的讲话中对党员提出了改造客观世界和主观世界，“坚定社会主义、共产主义的理想信念”的要求。同年，在中共十四届六中全会上制定的一项重要决议中又明确了这一术语和要求。至此，“理想信念”成为一个使用频率较高且固定化的政治术语，同时也不断明确了“理想信念教育”的要求。2004 年，《中共中央国务院关于进一步加强和改进大学生思想政治教育的意见》（16 号文件）指出，“以理想信念为核心，深入进行树立正确的世界观、人生观和价值观教育”。文件下发之后，在思想政治教育领域中，理想信念这一概念就得以广泛应用。此后，理想信念也多次出现在中国共产党全国代表大会的报告中。如在党的十九大报告中，习近平总书记指出“要把坚定理想信念作为党的思想建设的首要任务”，同时强调“青年要坚定理想信念”。[⑤]

耳闻之不如目见之，目见之不如足践之。中国共产党人重视理想

① 《十八大以来重要文献选编（上）》，中央文献出版社 2014 年版，第 234 页。
② 李德顺：《价值论》，中国人民大学出版社 2013 年版，第 139 页。
③ 《习近平谈治国理政》第二卷，外文出版社 2017 年版，第 35 页。
④ 《邓小平文选》第三卷，人民出版社 1993 年版，第 137 页。
⑤ 《决胜全面建成小康社会　夺取新时代中国特色社会主义伟大胜利》，人民出版社 2017 年版，第 70 页。

信念的实践基础。革命烈士方志敏，曾表达过在实践活动中有理想信念的幸福。他说："我们是为着主义的信仰，阶级的解放，抱定了斗争到底的决心，所以生活虽然痛苦，而精神还是非常愉快的。愈艰苦，愈奋斗！愈奋斗，愈快乐！"①毛泽东希望"能够有比较多的人通过工作和生活的实践，通过阶级斗争的实践、生产的实践、科学的实践，懂得比较多的马克思主义"②。1986年，邓小平强调："根据我长期从事政治和军事活动的经验，我认为，最重要的是人的团结，要团结就要有共同的理想和坚定的信念"，"我们共产党人的最高理想是实现共产主义，在不同历史阶段又有代表那个阶段最广大人民利益的奋斗纲领"③，"建设有中国特色的社会主义，把我国建设成为高度文明、高度民主的社会主义现代化国家，这就是现阶段我国各族人民的共同理想"④。江泽民也指出只有在实践中才能"抛弃那些对马克思主义某些原则、某些本本的教条式理解，抛弃那些对社会主义不科学的甚至歪曲的认识，抛弃那些超越社会主义初级阶段的不正确思想"⑤。胡锦涛强调："我们党自诞生之日起就勇敢担当起带领中国人民创造幸福生活、实现中华民族伟大复兴的历史使命。为了完成这个历史使命，一代又一代中国共产党人前赴后继，无数革命先烈献出了宝贵生命。当代中国共产党人必须继续承担好这个历史使命。"⑥习近平总书记强调要注重在实践中巩固理想信念。他认为："没有远大的理想，不是合格的共产党员；离开现实工作而空谈理想信念，也不是合格的共产

---

① 《方志敏文集》，人民出版社1985年版，第50页。

② 《毛泽东文集》第七卷，人民出版社1999年版，第270页。

③ 《邓小平文选》第三卷，人民出版社1993年版，第190页。

④ 中共中央文献研究室：《十一届三中全会以来党的历次全国代表大会中央全会重要文件选编》上，中央文献出版社1997年版，第421页。

⑤ 中共中央政策研究室编：《江泽民论社会主义精神文明建设》，中央文献出版社1999年版，第70页。

⑥ 《中国共产党第十七次全国代表大会文件汇编》，人民出版社2007年版，第54页。

党员。”[1]

中国共产党人同样注重理想信念的理论基础。习近平明确指出，“中国共产党人的理想信念，建立在马克思主义科学真理的基础之上”[2]。毛泽东认为，共产主义“是自有人类历史以来，最完全最进步最革命最合理的”，“惟独共产主义的思想体系和社会制度，正以排山倒海之势，雷霆万钧之力，磅礴于全世界，而葆其美妙之青春”。“中国的民主革命，没有共产主义去指导是决不能成功的，更不必说革命的后一阶段了。”因此，共产主义是收起不得的，“一收起，中国就会亡国。现在的世界，依靠共产主义做救星；现在的中国，也正是这样”[3]。陈云在《怎样做一个共产党员》中说：“共产党是为人类的彻底解放，为共产主义和无产阶级事业而奋斗的党。因此，一个愿意献身共产主义事业的共产党员，不仅应该为党在各个时期的具体任务而奋斗，而且应该确定自己为共产主义的实现而奋斗到底的革命的人生观。”[4]江泽民提出：“我们要有崇高的理想。我们党的最高理想就是实现共产主义。”[5]习近平总书记指出，“坚定的理想信念，必须建立在对马克思主义的深刻理解之上”[6]，“把理想信念建立在对科学理论的理性认同上，建立在对历史规律的正确认识上，建立在对国情的准确把握上”[7]。2018 年 5 月 4 日，在马克思诞辰 200 周年之际，习近平总书记作了重要讲话，其中明确指出：“马克思主义奠定了共产党人坚定理想信念的理论基础。”[8]

---

① 《习近平谈治国理政》第一卷，外文出版社 2018 年版，第 23 页。
② 习近平：《在纪念红军长征胜利 80 周年大会上的讲话》，《人民日报》2016 年 10 月 22 日。
③ 《毛泽东选集》第二卷，人民出版社 1991 年版，第 686 页。
④ 《陈云文选》（1926—1949），人民出版社 1984 年版，第 72 页。
⑤ 《江泽民文选》第二卷，人民出版社 2006 年版，第 96 页。
⑥ 习近平：《在庆祝中国共产党 95 周年大会上的讲话》，《人民日报》2016 年 7 月 2 日。
⑦ 《习近平谈治国理政》第一卷，外文出版社 2018 年版，第 50 页。
⑧ 习近平：《在纪念马克思诞辰 200 周年大会上的讲话》，《人民日报》2018 年 5 月 5 日。

木受绳则直,人受谏则圣。中国共产党人探索了一系列理想信念建设的有效方法。中国共产党在开展理想信念教育时灵活采用多种方法,归结起来主要有运用政治宣传、典型示范、说服教育、整风运动等方法开展教育活动,还通过革命报刊引导、党校系统培训、组织建设巩固、整党整风净化、生产生活渗透、自我党性修炼这些方式方法,通过理想教育和纪律制度建设相结合的方法。还通过进行自我教育来坚定理想信念,具体包括批评与自我批评、加强党性修养、改造主观世界的方法,正面示范和反面典型相结合的教育方法。毛泽东强调:“理想和信念,是我们战胜艰难险阻、赢得胜利的强大精神支柱和力量源泉。而理想和信念的力量,只能通过投身火热的社会实践而不断焕发出来。”[①]邓小平指出:“群众从事实上感觉到党和社会主义好,这样,理想纪律教育,共产主义思想教育和爱国主义教育,才会有效。”[②]“加强信仰教育,强化党性教育与党性学习,是决不可轻视的大问题。”[③]1924年,党提出了要在党内创办学校,加强党员教育的问题。1929年古田会议强调思想建党的独特建党原则,提出了通过党报、政治简报、训练班、有组织地读书、个别谈话、小组会、支部大会、党员大会等18种党内教育方法,“初步回答了在党员以农民为主要成分的情况下,如何从加强党的思想建设着手,保持党的无产阶级先锋队性质的问题”[④]。毛泽东说,“学习运动是必要的”“学习运动是可能的”“学习运动是会有成绩的”“学习应该学到底”。[⑤] 1999年,在纪念中国共产党成立78周年座谈会上,针对党内“一些同志身上确实存在着不可忽视

① 《毛泽东邓小平江泽民论青少年和青少年工作》,中央文献出版社2000年版,第82页。
② 《邓小平文选》第三卷,人民出版社1993年版,第144—145页。
③ 中央档案馆:《中共中央文件选集》第十三册,中共中央党校出版社1991年版,第33—34页。
④ 中共中央党史研究室:《中国共产党历史》第一卷,中共党史出版社2011年版,第294页。
⑤ 《毛泽东文集》第二卷,人民出版社1993年版,第176—184页。

的问题”，江泽民明确要求“三讲”教育要把坚定理想信念作为“必须解决的第一个问题”。他指出：“我们共产党人的根本政治信仰是社会主义和共产主义，世界观是马克思主义的辩证唯物主义和历史唯物主义，这是任何时候都丝毫不能动摇的。一个党员特别是领导干部，如果在思想上动摇了这些根本的东西，也就动摇了共产党人的根本政治立场，就必然会偏离正确的政治方向。”[①]2001 年，江泽民在纪念中国共产党成立 80 周年讲话中进一步强调，全党同志要树立“共产主义远大理想，坚定信念”[②]。2007 年，党的十七大报告要求，“加强党员、干部理想信念教育和思想道德建设，使广大党员、干部成为实践社会主义核心价值体系的模范，做共产主义远大理想和中国特色社会主义共同理想的坚定信仰者”[③]。2008 年，在抗震救灾先进基层党组织和优秀共产党员代表座谈会上，胡锦涛指出，党的建设的实践给我们的最重要启示是，“共产主义远大理想和中国特色社会主义共同理想是中国共产党人的崇高追求和强大精神支柱，对理想信念坚贞不渝是我们党的强大政治优势。有了正确而坚定的理想信念，广大共产党员就能够自觉地、满腔热情地为党和人民事业而奋斗”。因此，“必须坚持正确的理想信念，始终把教育全党坚定不移地为发展中国特色社会主义而奋斗作为党的建设的根本任务”[④]。党的十八大报告在“全面提高党的建设科学化水平”这一部分内容中进一步强调了“坚定理想信念，坚守共产党人的精神追求”。习近平总书记强调，“如果没有共同的核心价值观，一个民族、一个国家就会魂无定所、行无依归”[⑤]。

---

① 《江泽民文选》第二卷，人民出版社 2006 年版，第 361 页。

② 《江泽民文选》第三卷，人民出版社 2006 年版，第 293 页。

③ 《胡锦涛文选》第二卷，人民出版社 2016 年版，第 676 页。

④ 胡锦涛：《在抗震救灾先进基层党组织和优秀共产党员代表座谈会上的讲话》，《人民日报》2008 年 7 月 1 日。

⑤ 《习近平总书记在文艺工作座谈会上的重要讲话学习读本》，学习出版社 2015 年版，第 24—25 页。

中国共产党人还重视理想信念和脚踏实地相结合。刘少奇说过，“我们共产党员，要有最伟大的理想、最伟大的奋斗目标，同时，又要有实事求是的精神和最切实的实际工作。这是我们共产党员的特点。如果只有伟大而高尚的理想，而没有实事求是的精神和切实的实际工作，那就不是一个好共产党员，那只能是空想家、空谈家或学究。相反，如果只有实际工作，没有伟大而高尚的共产主义理想，那也不是好共产党员，而是庸庸碌碌的事务主义者。只有把伟大而高尚的共产主义理想和切实的实际工作、实事求是的精神统一起来，才能成为一个好的共产党员”①，刘少奇把这种精神总结为“理想最高，工作最实际（大处着眼小处着手）”。美国哲学家杜威认为，“理想”之所以不能在行动中发生实效，显然就是因为目的和手段应予以并重而未予以并重。公开提出理想而不同等地关心实现理想的工具和技术，这在形式上讲来，是自相矛盾的。一些道德和精神的领袖们传布说：人们可以离开“物质的”手段（把物质和手段当成同义语）来培养理想的目的……但是他们却应该受到谴责。因为他们并没有教到他们的追随者把物质的和经济的活动实在地当作手段。因为，实际的需要是迫切的。在一般大众看来，实际需要是带有强制性的。而且，一般地讲来，人们是来行动的而不是来讲理论的。理想的目标既然是十分遥远而又与需要注意的直接迫切的条件很少有联系，那么人们为理想的目的作了一些口头上的宣传之后，便自然而然地去从事于那些直接迫切的事情去了。因此，一个忽视经济条件的道德体系只能是一个遥远空洞的道德体系。如何使得在指导人生中具有权威的信仰与价值和自然科学的结论相适应，这个问题的答案只能在行动中去寻找，因为在行动中，物质的与经济的生活现象与支配情意之忠诚的目的是并行不悖的，而且在行动中目的和理想是根据现实经验的可能性来构造的。虽

① 《刘少奇选集》上卷，人民出版社1981年版，第128—129页。

然我们不能单独在“思想”中去寻找答案,但是具有操作性质的思维……是按照我们所可能采取的行动来构造和界说观念的,而且是把科学的结论当作工具来利用的[①]。习近平总书记明确指出:“实现共产主义是我们共产党人的最高理想,而这个最高理想是需要一代又一代人接力奋斗的。”[②]“保持、发展先进性和纯洁性始终是马克思主义政党根本的思想政治任务,关系党的生死存亡和前途命运。”[③]习近平总书记指出:“在新的长征路上,我们一定要保持理想信念坚定,不论时代如何变化,不论条件如何变化,都风雨如磐不动摇,自觉做共产主义远大理想和中国特色社会主义共同理想的信仰者、忠实实践者,永远为了真理而斗争,永远为了理想而斗争。”[④]。习近平总书记在庆祝中国共产党成立 95 周年纪念大会上指出:“理想信念动摇是最危险的动摇,理想信念滑坡是最危险的滑坡。一个政党的衰落,往往从理想信念的丧失或缺失开始。我们党是否坚强有力,既要看全党在理想信念上是否坚定不移,更要看每一位党员在理想信念上是否坚定不移。”[⑤]习近平总书记指出:“革命理想高于天。中国共产党之所以叫共产党,就是因为从成立之日起我们党就把共产主义确立为远大理想。我们党之所以能够经受一次次挫折而又一次次奋起,归根到底是因为我们党有远大理想和崇高追求。”[⑥]在新时代“要把坚定理想信念作为党的思想建设的首要任务,教育引导全党牢记党的宗旨,挺起共产党人的精神脊梁,解决好世界观、人生观、价值观这个‘总开关’问题,自觉做共产主义远大理想和中国特色社会主义共同理想的坚定信仰者和忠

① [美]约翰·杜威著,傅统先译:《确定性的寻求》,上海人民出版社 2004 年版,第 282、285、287 页。

② 《习近平谈治国理政》第二卷,外文出版社 2017 年版,第 142—143 页。

③ 习近平:《认真总结和运用创新争优活动经验 切实加强党的先进性和纯洁性建设》,《人民日报》2012 年 5 月 22 日。

④ 《习近平谈治国理政》第二卷,外文出版社 2017 年版,第 50 页。

⑤ 《习近平谈治国理政》第二卷,外文出版社 2017 年版,第 34—35 页。

⑥ 《习近平谈治国理政》第二卷,外文出版社 2017 年版,第 34 页。

实实践者”[①]。习近平总书记指出:“每一代人有每一代人的长征路,每一代人都要走好自己的长征路。今天,我们这一代人的长征,就是要实现‘两个一百年’奋斗目标、实现中华民族伟大复兴的中国梦。”[②]习近平以“浅出”的话语阐释了“深入”的内容。他形象地指出理想信念就是共产党人精神上的“钙”,没有理想信念、理想信念不坚定,精神上就会“缺钙”,就会得“软骨病”。[③] 习近平总书记也讲道:“对马克思主义的信仰,对社会主义和共产主义的信念,是共产党人的政治灵魂,是共产党人经受住任何考验的精神支柱。”[④]党的十九大对党的建设全面部署:“坚持和加强党的全面领导,坚持党要管党、全面从严治党,以加强党的长期执政能力建设、先进性和纯洁性建设为主线,以党的政治建设为统领,以坚定理想信念宗旨为根基……把党建设成为始终走在时代前列、人民衷心拥护、勇于自我革命、经得起各种风浪考验、朝气蓬勃的马克思主义执政党。”[⑤]其中,理想信念是党的建设的根基,起着基础性的作用。习近平总书记指出:“理想信念动摇是最危险的动摇,理想信念滑坡是最危险的滑坡……我们党是否坚强有力,既要看全党在理想信念上是否坚定不移,更要看每一位党员在理想信念上是否坚定不移。”[⑥]

① 《中国共产党第十九次全国代表大会文件汇编》,人民出版社 2017 年版,第 51 页。
② 《习近平谈治国理政》第二卷,外文出版社 2017 年版,第 48—49 页。
③ 《习近平谈治国理政》第一卷,外文出版社 2018 年版,第 15 页。
④ 《十八大以来重要文献选编(上)》,中央文献出版社 2014 年版,第 115 页。
⑤ 《中国共产党第十九次全国代表大会文件汇编》,人民出版社 2017 年版,第 49—50 页。
⑥ 《习近平谈治国理政》第二卷,外文出版社 2017 年版,第 34—35 页。

第五节 实事求是

实事求是是中国共产党人始终如一的精神追求。在马克思、恩格斯创立的辩证唯物主义和历史唯物主义中,实事求是贯穿其中。出自《汉书·河间献王传》的"实事求是"一语,原本是讲的一种做学问的态度,要求注重事实根据,得出准确的结论。在延安整风中,毛泽东对它作出了马克思主义的解读,用它来概括我们对待马克思主义应有的科学态度,他说:"'实事'就是客观存在着的一切事物,'是'就是客观事物的内部联系,即规律性,'求'就是我们去研究。我们要从国内外、省内外、县内外、区内外的实际情况出发,从其中引出其固有的而不是臆造的规律性,即找出周围事变的内部联系,作为我们行动的向导。"①

毛泽东强调实事求是,而且通过调查研究实现实事求是。毛泽东说:"共产党员应是实事求是的模范,又是具有远见卓识的模范。因为只有实事求是,才能完成确定的任务;只有远见卓识,才能不失前进的方向。因此,共产党员又应成为学习的模范,他们每天都是民众的教师,但又每天都是民众的学生。只有向民众学习,向环境学习,向友党友军学习,了解了他们,才能对于工作实事求是,对于前途有远见卓识。"②"无产阶级的最尖锐最有效的武器只有一个,那就是严肃的战斗的科学态度。共产党不靠吓人吃饭,而是靠马克思列宁主义的真理吃饭,靠实事求是吃饭,靠科学吃饭。"③1930 年 5 月,毛泽东在《反对本本主义》一文中指出:"你对于那个问题不能解决吗?那末,你就去

① 《毛泽东选集》第三卷,人民出版社 1991 年版,第 801 页。
② 《毛泽东选集》第二卷,人民出版社 1991 年版,第 522—523 页。
③ 《毛泽东选集》第三卷,人民出版社 1991 年版,第 835—836 页。

调查那个问题的现状和它的历史吧！你完完全全调查明白了，你对那个问题就有解决的办法了。一切结论产生于调查研究的末尾，而不是在它的先头。”“迈开你的脚，到你的工作范围的各部分各地方去走走，学个孔夫子的‘每事问’，任凭什么才力小也能解决问题，因为你未出门时脑子是空的，归来时脑子已经不是空的了，已经载来了解决问题的各种必要材料，问题就是这样子解决了。”“调查就像‘十月怀胎’，解决问题就像‘一朝分娩’。调查就是解决问题。”[①]正如任弼时所说，马克思主义是指导革命斗争重要的“方法和工具”，必须运用这个武器“注意分析中国社会，按客观事实而运用经验与理论”，反对不切实际地仿效俄国党的经验。他说，共产党员要掌握马列主义，“要以马列主义的立场、观点去观察问题、处理问题，不要不顾实际情况，只唱高调，套公式”。延安整风时，他进一步指出：精通马列主义决不是背诵词句和公式，应该从复杂多变的环境中“了解周围事物的内部联系，找出主要矛盾的环节，作为解决问题的基础”[②]。

党的十一届三中全会前后，邓小平领导我们党重新确立马克思主义的思想路线时，把党的思想路线概括为“实事求是”。他反复强调：“实事求是，是无产阶级世界观的基础，是马克思主义的思想基础”[③]，“毛泽东思想的精髓就是这四个字”[④]。邓小平说：“马克思、恩格斯创立了辩证唯物主义和历史唯物主义的思想路线，毛泽东同志用中国语言概括为‘实事求是’四个大字。”[⑤]1978 年 9 月邓小平就曾说道：“马克思、列宁从来没有说过农村包围城市，这个原理在当时世界上还是没有的。但是毛泽东同志根据中国的具体条件指明了革命的具体道路，在军阀割据的时候，在敌人控制薄弱的地区，领导人民建立革命根

① 《毛泽东选集》第一卷，人民出版社 1991 年版，第 110—111 页。
② 《任弼时选集》，人民出版社 1987 年版，第 234 页。
③ 《邓小平文选》第二卷，人民出版社 1994 年版，第 143 页。
④ 《邓小平文选》第二卷，人民出版社 1994 年版，第 126 页。
⑤ 《邓小平文选》第二卷，人民出版社 1994 年版，第 278 页。

据地,用农村包围城市,最后夺取了政权。列宁领导的布尔什维克党是在帝国主义世界的薄弱环节搞革命,我们也是在敌人控制薄弱的地区搞革命,这在原则上是相同的,但我们不是先搞城市,而是先搞农村,用农村包围城市。如果没有实事求是的基本思想,能提出和解决这样的问题吗?能把中国革命搞成功吗?"[①]江泽民同志在"七一"讲话中指出,世界是丰富多彩的。各国文明的多样性,是人类社会的基本特征,也是人类文明进步的动力。应尊重各国的历史文化、社会制度和发展模式,承认世界多样性的现实。世界各种文明和社会制度,应长期共存,在竞争比较中取长补短,在求同存异中共同发展。胡锦涛同志在庆祝中国共产党成立90周年大会上的讲话中对坚持实事求是的重要性作了精辟论述。他指出,在历史上的一些时期,我们曾经犯过错误甚至遇到严重挫折,根本原因就在于当时的指导思想脱离了中国实际。我们党能够依靠自己和人民的力量纠正错误,在挫折中奋起,继续胜利前进,根本原因就在于重新恢复和坚持贯彻了实事求是。

习近平多次强调实事求是之于中国共产党人的重要性。他曾经指出:"我们党是靠实事求是起家和兴旺发展起来的。"[②]他还分析了党内坚持实事求是的成绩和出现的问题,指出在我们党内,贯彻执行实事求是思想路线的状况总体是好的。各级党组织自觉坚持以实事求是的思想路线指导工作,积累了不少新的经验。广大党员和干部解放思想、实事求是、与时俱进、开拓创新,展示了共产党人追求进步、追求真理的科学态度和良好形象。同时也要清醒地看到,一些党员和干部在坚持实事求是的思想路线方面还存在一些必须引起注意的问题。比如,有的常年坐在办公室,很少下基层,很少接触群众,对下情若明若暗,接"地气"不够;有的一切从本本出发,唯上、唯书,不唯实;有的

① 《邓小平文选》第二卷,人民出版社1994年版,第126—127页。
② 习近平:《坚持实事求是的思想路线》,《学习时报》2012年5月28日。

固步自封、因循守旧，思想和工作落后于客观形势的要求；有的不按客观规律办事，急功近利，急于求成以至蛮干、瞎干；有的为了迎合或满足某种需要，说假话、大话、空话，甚至弄虚作假；有的怕担风险，明哲保身，明知是错的，却听之任之，不批评制止；有的不喜欢听真话、实话，不愿意修正错误、择善而从。凡此种种，都违背了实事求是的要求，虽然不是主流，但如果不重视、不警惕、不纠正，其消极影响和后果不可低估。习近平要求领导干部要努力做坚持实事求是的表率，领导干部对党和人民事业肩负着光荣而重大的领导责任，始终贯彻执行党的实事求是的思想路线，对于推动科学发展、促进社会和谐至关重要。各级领导干部要把实事求是贯彻到领导工作全过程，自觉做坚持实事求是的表率。领导干部一定要打牢马克思主义理论功底，这是坚持实事求是的理论基础。领导干部一定要加强党性修养，坚持一切以人民利益和党的事业为重，这是坚持实事求是的思想基础。领导干部一定要求真务实，大力弘扬我们党优良的思想作风和工作作风，讲老实话、办老实事、做老实人，这是坚持实事求是的作风保证。领导干部一定要坚持解放思想，开拓进取，这是坚持实事求是的内在要求。[①]

① 习近平：《坚持实事求是的思想路线》，《学习时报》2012 年 5 月 28 日。

附　录

一、人的精神结构及其逻辑与原理

现代化进程中的精神世界重建问题始终无法取得与人们的呼声相对等的研究成果,其中一个重要原因就是缺乏一个清晰严谨的内在精神结构作为分析框架。这里超越传统的“知情意”三分法,依据涵摄因素、遵循逻辑和适应原理的差异,重新划分内在精神结构,以探寻解释人类精神问题的框架与走向精神深处的“路标”。所提炼的“一体六维”的内在精神结构具体包括欲求世界(满足逻辑与苦乐原理)、情感世界(愉悦逻辑与爱憎原理)、认知世界(科学逻辑与真假原理)、评价世界(规范逻辑与应实原理)、道德世界(德性逻辑与善恶原理)、超验世界(究极逻辑与有无原理)。

以哲学的方式关注与研究人的精神世界,既是以现代性的精神批判推进精神现代化的现实需求,也是哲学展示其洞察力与生命力的理论诉求。通过对内在精神世界剥茧抽丝般的缜密分析与条分缕析式的结构疏理,这里尝试性地超越传统的“知情意”三分法,重新划分内在精神结构,以探寻解释人类精神问题的框架与走向精神深处的“路标”。

(一)欲求世界:满足逻辑与苦乐原理

欲求世界基于人的生存本能。动物总是趋向于自我保存与完善,欲求的产生是人自我生存与发展的本能需要。传统的“六欲说”描述的就是人与生俱来的六种生理欲求,只是明显缺乏了性器官及其对应的性欲。我们可以把人的欲求概括为由“总欲”(即生欲)与“分欲”(各个器官代表的欲求及对具体对象的欲求)构成的总和。诸种生理欲求映现到人的内在世界之中,就构成了内在精神世界的第一维度——欲求世界。欲求世界是精神世界的基石,这不仅是因为没有诸种生理欲求人就无法生存,而且后面的情感世界、认知世界、评价世界、道德世界,甚至超验世界,都离不开欲求的引发与推动。当然,后面的五维世界也影响、引导和控制着欲求世界,进而使人的内在欲求世界具有一定的自觉性与社会性,不同于其他物种的纯粹生理需求。

满足逻辑是欲求世界的内在基本逻辑。欲求的不断产生与渴望满足,是人的生存需求与发展要求在心理上的反映。现实一旦不能提供自我生存与发展的条件,心理立即就会产生强烈的需求意识与满足要求。法国哲学家德勒兹与精神分析学家伽塔利在《反俄狄浦斯》一书中共同创造的“欲望机器”概念,就形象地说明了欲求世界的满足逻辑。这个概念把人的欲望比喻为机器,即人的欲望与机器生产一样,在材料—加工—成品的过程中,源源不断、永不停歇地生产出来。在这个过程中,不仅有的欲求是永恒轮回、永恒重复的,而且欲望的生产、满足、再生产、再满足等程序,因为能量守恒而能够永远地自行运转。欲求的无限循环性决定了其只能获得暂时性的满足,而永远无法得到一劳永逸的满足。正因如此,佛把欲念看做是人生一切痛苦的根源,而不是生活的本来乐趣。叔本华也在洞察到了这种“钟摆式的痛苦”之后,把“无欲”作为一切美德和神圣性的最内在本质与人生的最后目的。

满足逻辑引发的苦乐原理是欲求世界的核心原理。欲求满足就会带来快乐的感觉,而无法实现的欲求总是产生痛苦的感觉。欲求世界的苦乐原理对人的行为起着重要的制约作用。功利主义哲学的创立者边沁就认为,追求快乐与避免痛苦是人的行为的深层动机与终极目的。自然把人类置于两个至上的主人——“苦”与“乐”——的统治下。只有它们两个才能够指出我们应该做些什么,以及决定我们将要怎样做。在它们的宝座上紧紧系着的,一边是是非的标准,一边是因果的环链。在此基础上,边沁还进一步把苦乐原理推广到人的行为规范与社会立法根据,认为个人的快乐与安宁,是立法者应该注意的唯一目标,而苦与乐是决定一个人做这件事还是别的什么事。精神分析学派的创始人弗洛伊德在其人格结构理论中,也说明了苦乐原理的地位与作用。代替早期强调人的心理机制是意识与潜意识的二元结构,晚期弗洛伊德在《自我与本我》(1923)中提出了新的人格结构说,即人格是由本我、自我和超我三部分组成。其中的本我,指的就是人的本能欲望,而本我遵循着“唯乐原则”工作,即追求快乐,逃避痛苦。

(二)情感世界:愉悦逻辑与爱憎原理

情感世界以基于生存本能的欲求世界为基础。情感基于欲求,离开欲求的产生与满足,人就无法生存,也就谈不上情感世界的产生与发展了。欲求催发情感,主体对能满足自己欲求的人或物自然容易产生情感。在现实生活中,欲求的实现冲动往往会激发强烈的情感(如激情)。因此,情感以本能和欲望为基础,是情绪与感受的凝结化状态。与人或物接触久了自然就会产生情感,所谓的“日久生情”就是这个意思。如果从情感的来源角度出发,可以简单地把情感概括为对象情感与自我情感。前者主要是在接触诸种事物中产生的情感,也包括恋爱、审美等过程中的情感发生;后者则是前者的内化与深化,表现为暂时地离开对象而自我产生的回忆性、体验性、想象性的情感。人类的诸种情感就构成了内在精神世界的第二维度——情感世界。情感世界与欲求世界同属于内在精神世界的感性维度或非理性维度，它们经常渗透于内在精神世界的其他维度之中，可以说是精神世界的“天然成分”。这里需要指出的是，情感世界与欲求世界作为内在精神世界的前两个维度，尽管存在密切联系（正是这种联系促使欲求世界自然过渡到情感世界），但是也有着不同的侧重点。要言之，如果说欲求世界是以“自我”为重，那么情感世界则以“关系”为重。在“一体六维”的内在精神结构中，情感世界发挥着重要的推动或抑制作用，它推动或抑制着人的欲求、认知、评价、伦理，甚至超验等。在现实生活中，情感生活是人的精神生活的主要组成部分。文艺、影视等所表现的内容与发挥的作用大多与人的情感生活有关。

情感世界内在遵循愉悦逻辑。在康德那里，作为三大批判之一的“判断力批判”，就涉及情感世界的内在逻辑问题。在对理性的理论运用能力与实践运用能力作出明确区分与阐释后，康德发现了主体还具有产生愉快或不愉快的情感的能力。他认为，主体的愉快或不在一个表象上根本不能成为任何知识成分的那种主观的东西，就是与这表象结合着的愉快或不愉快，但是这种结合必须任何时候都只是通过反思的知觉而被认作与这个表象联结着的，由此，它不是一个经验性的概念，而是一种愉快的情感（因而根本不是什么概念）。在这里，康德揭示了产生愉快或不愉快的情感的本质与机制，当然也前提性地预设了情感的愉悦逻辑。这是因为，既然主体具有产生愉快或不愉快的情感的能力，基于先天本能与后天经验，主体当然就会进一步地不断满足情感需要以获得持续的愉悦感受。情感世界的愉悦逻辑还表现在我们经常所讲的亲情、爱情、友情之中。比如，所谓“天伦之乐”“男欢女爱”“把酒言欢”等，就分别揭示了人们在这三种情感中追求愉悦的逻辑。值得注意的是，在人的情感世界中，为了追求愉悦，还经常出现以亲情排斥爱情、以爱情对抗亲情,或者因爱情疏离友情、因友情不顾亲情等诸种情况。还需要指出的是,审美过程也是通过对象观赏而愉悦情感的过程。对此,康德曾明确指出,为了分辨某物是美的还是不美的,我们不是把表象通过知性联系着客体来认识,而是通过想象力(也许是与知性结合着的)而与主体及其愉快或不愉快的情感相联系。正是在这个意义上,在探讨美的本质的问题中,不少人把美与情感直接相连。邓晓芒就认为美是对象化了的情感,陈望衡也曾把美的本质认作是人的情感的自由的对象化。

愉悦逻辑产生的爱憎原理是情感世界的基本原理。情感世界在追求愉悦的过程中,会产生愉快的情感,也可能产生不愉快的情感。前者作为肯定性的情感可称之为"爱",后者则作为否定性的情感可称之为"憎"。爱与憎之形影不离犹如情感世界中相伴而生的孪生姐妹。《大学》中的"好好色,恶恶臭",就是讲的人人具有的如本性般的好恶之情。情感的诸种形式是多层面的。比如从特殊与普遍来讲,有私人情感与普遍情感;从感性与理性来讲,有感性情感、理性情感和超理性的宗教情感;从自觉程度来讲,有自然情感与自由情感;从正负方面讲,有积极情感与消极情感;此外还有审美情感、道德情感等。在情感的诸种形式或层面中,爱憎是典型的两极,犹如情感之躯行走的两条腿。作为情感世界的基本适应原理的爱憎原理,以本能和欲望为基础,又受理智的影响与控制。俗语讲"世界上没有无缘无故的爱,也没有无缘无故的恨",就是说爱憎皆有理由,不过这个理由一般带有个体性与主观性。对此,晋代葛洪在《抱朴子·辞义》中就曾说过,近人之情,爱同憎异,贵乎合己,贱于殊途。当然,个体性的爱憎中也有普遍共通的内容,比如孟子就以"恻隐、辞让、是非、羞恶"四种道德情感作为人性的根源。

(三)认知世界:科学逻辑与真假原理

认知世界是内在精神世界的第三维度。亚里士多德在《形而上学》的开篇就曾指出,求知是人类的本性。当然,对于每一个人来说,认知世界的形成也有一个过程。通过研究儿童的心理机制与认知能力的发生与发展,揭示成熟主体的认知能力与认知结构的形成过程,同时把这一发展过程中所有新特性的建构与科学史上概念的重大变革联系起来,这是皮亚杰对研究人的认知世界的重要推进。以列维·斯特劳斯为代表,通过研究人类认识的原始状态与进化过程,以揭示现代认知主体的思维结构与语言系统的发生及其发展过程的理论,则从另一侧面极大地推进了对人的认知世界的研究。马克思主义哲学认为,认知的本质就是在实践基础上人的头脑对客观世界的能动的反映。先前的原理体系往往侧重于"反映",后来随着实践的发展,以及对马克思主义哲学认识论问题的深入讨论,逐渐出现了不同于反映论的选择论、建构论、创造论等。这些都体现了人类对认知世界的重视及研究的不断深入。作为精神世界的理性维度,认知世界与评价世界在精神世界中居于枢纽地位。如果说欲求世界与情感世界在精神世界中发挥着推动或抑制的作用,那么认知世界在精神世界中则主要发挥着指导的作用。认知世界与欲求世界、情感世界、评价世界、伦理世界等有着密切的联系。欲求世界的满足逻辑必然需要认知世界的介入,以认识欲求对象或发现新的需要客体;情感世界既需要借助于认知的力量,进而深受理智认知的影响,又往往渗透于认知世界之中,并对认知发挥着抑制或推动的作用;认知世界还是后面要讲的评价世界与伦理世界的基础。当然,认知世界与内在精神世界的其他维度既有联系又有区别,它是在基于实践的主客体关系中形成和发展的。王夫之就曾明确指出,"形也,神也,物也,三相遇而知觉乃发"。这也就是说,认识不是单纯由主体的感觉器官、欲求及其能动性引起的,也不是单纯由客体的存在及其作用引起的,而是在主体和客体的相互作用中发生的。

不同于欲求世界的满足逻辑与情感世界的愉悦逻辑,认知世界内在遵循的是科学逻辑。尽管认知主体无法排除“前理解”(伽达默尔语)的干扰,但人们都期待在实践基础上,以科学方法为指导,对自我、他人、自然和社会及其相互关系有一个正确的认知,也即追求真理。皮亚杰提出的认知图式深化了对认知过程的研究。在他看来,知识在最初就是纠缠不可分的主客体的相互作用中产生的,最初的认识绝不是物体加之于感官的纯粹印象的产物,而只能是主体积极同化的结果。主体把物体纳入他的感知运动图式之中,即纳入他自己的动作图式之中,这些图式能够自我再生和自我组合。主体正是在实践基础上,借助一定的符号与推理(如数学、物理、化学等都有一套自己的符号公式),以自己的认知图式不断捕获科学知识的。值得注意的是,认知世界的科学逻辑也渗透到了对认知世界自身的研究之中。无论包括所有研究人的认识过程的广义认知心理学,还是目前西方心理学界所谓的狭义的认知心理学即信息加工心理学,都把主体的认知过程作为一个科学对象,致力于探求认知世界自身的科学结构及逻辑关系。

遵循科学逻辑的认知世界未必总是能够捕获真理,真假原理才是认知世界的适应原理。认知主体获得的认识有真有假,至少有以下几个方面的原因:首先,从认知主体来看,主体的自然性受到客观规律的限制而表现出受动性,而主体的认知经验与能力也有一个发展的过程。其次,从客体方面来看,认知对象不仅是多层次、多方面的,而且是处于发展变化的动态之中的。再次,从主客体相互作用来看,主客二分决定了主体只能无限接近客体。皮亚杰就认为客体是通过主体的活动才被认识的,是被主体建构成的,所以客体具有永远被接近,但又永远不能达到的极限性质。再其次,从认知中介方面来看,认知主体受到工具的限制,而且认知工具有时候还会干扰认识过程。如同玻恩所言,每次测量都是对被测现象的一次干扰,但是经典物理学假设,用巧妙的实验装置能把这种干扰减小到可以忽略不计的程度。正是这个假设,近代物理已证明是错误的。最后,从实践方面来看,具体的实践受到时间、空间和条件等因素的限制,不能保证为认知提供充分的材料来源。实践作为检验真理的标准也具有一定的局限性,即具体的实践只能证明相对真理,永远不能证明真理的绝对性。认知世界的真假原理揭示了知识(包括自然科学知识与社会科学知识)永远处于不断的发展之中。物理发展史、化学发展史、经济学发展史等就是明显的例子。在波普尔看来,科学知识的进化是一个理论通过自然选择而日新月异的过程,理论日趋完善的进化向我们提供的是愈来愈优的关于实在的信息,它们越来越接近真理。波普尔概括出来的认知过程的"试错法",即"猜想和反驳的学说",也在一定意义上显示了认知世界的科学逻辑与真假原理。

(四)评价世界:规范逻辑与应实原理

评价世界是内在精神世界的第四维度。哈贝马斯曾指出,思想的和说话的主体对每个思想可以采取"是"或"否"的态度;因此,除了对思想的纯粹持有之外,还有一种判断的活动。这里所谓的"一种判断活动",实际上就指认了评价世界作为精神世界重要一维的不可或缺性。评价世界与认知世界既有联系又有区别:一方面,评价基于事实认知,认知是评价的基础和前提;认知离不开评价,没有意义的事物不会吸引认知的注意,认知过程中也渗透着评价。另一方面,认知注重事实,评价注重价值;从评价的本质和根据看,评价作为一种主体性的精神活动,不是认识,而是根据主体需求的价值体认。如果说认知世界在精神世界中发挥着指导的作用,那么基于认知的评价世界对于内在精神世界的其他维度则发挥着控制的作用。具体来说,评价在一定程度上可以控制欲求的取舍、情感的转移、认知的动力、善恶的判断,以及超验的遮蔽或澄明等。

评价标准出于“规”，评价目标指向“范”，评价世界内在遵循规范逻辑。评价世界通过规范，对精神世界的其他构件及其与现实世界的关系，发挥着监督与制约的控制性功能。欲求、情感、认知、伦理和超验等影响与制约着评价过程，但评价结论一旦形成，就会对欲求、情感、认知、伦理和超验发挥规范作用。由此形成了欲求规范、情感规范、认知规范、品质规范、行为规范、实践规范等诸种规范。基于内在世界与外在世界的内在关联，精神世界的内在规范外化为现实的规范体系，进而发挥着规范人类行为的具体作用，推动着历史发展与社会进步。需要指出的是，评价世界的规范逻辑离不开前提性预设一种价值标准。而这个问题颇具争议性，不同学派的学者依据自身的理论逻辑，对价值标准的看法各不相同：感性主义者认为价值标准是感官的感受；理性主义者则认为必须用理性的天平来衡量价值；情感主义者认为评价应当依据情绪感受；自然主义者认为评价标准是个人兴趣与主观喜好：欲望、需要、喜欢；功利主义者认为评价标准应该是欲望、快乐或幸福；道德主义者认为基本的价值标准是善、正义、义务；宗教信仰则把上帝作为一切判断的标准；科学主义者则坚持评价标准必须是科学的，并通过评价信息的真实性、评价判断的严谨性和评价检验的可靠性以实现评价科学性或合理性；库恩在谈到科学理论评价规则时，概括了五条抽象恒定的标准：精确性、一致性、广泛性、简单性、有效性，认为这些标准提供了理论选择的全部共同基础。概而言之，无论是依据何种标准的评价，都是在寻找尺度以进行规范。

评价世界的规范逻辑形成应实原理。诸种规范推动着现实存在由实然向应然发展。从人的生存方式来看，评价凭借一定的规范，在人的实然存在与应然存在之间寻求根据，即对已然存在是否应然存在，以及能否与如何由已然存在向应然存在发展进行评判。在人的精神世界中，通过评价，在实然中发现欠然，然后在克服欠然中实现应然。此时，得以实现的应然成为新的实然，进而评价会发现新的欠然。

于是，实然—欠然—应然—新的实然—新的欠然—新的应然……循环往复，呈螺旋般发展，以至无穷。这就是评价世界的应实原理。在哈贝马斯那里，“我应当做什么”或者“从长远看或从总体看什么是对我好的”，被描述为完全直接取自日常生活并且在不经过社会科学客观化之过滤的情况下得到加工的，也是实践哲学的基本问题。评价世界的应实原理不同于认知世界的真假原理。在哲学史上，休谟在其名著《人性论》中首先明确地提出了“是”不能推出“应当”的问题。在休谟之后，哲学家们对“应实”的本质与依据进行了不同方向的探讨。杜威从实用主义的立场出发，认为价值判断（伦理判断）与物理判断都是科学判断。他说，一切科学的判断，无论是物理的还是伦理的，最后都是要用客观的（即一般的）名辞来陈述经验以指导进一步的经验的。由此可见，杜威认为价值判断属于科学判断，所以应实原理在杜威这里是依靠科学指导经验的。与杜威不同的是，大多数思想家认为，应实原理不是基于科学，而是基于情感或意志。新康德主义的著名代表文德尔班就认为，价值（不论是肯定方面或否定方面）绝不能作为对象本身的特性，它是相对于一个估价的心灵而言……抽开意志与情感，就不会有价值这个东西。英国著名哲学家罗素也认为，当我们断言这个或那个有“价值”时，我们是在表达我们的感情，而不是在表达一个即使我们个人的感情各不相同但却仍然是可靠的事实。艾耶尔同样认为，价值判断或价值陈述不是“科学的陈述”，而只是“既不真又不假的情感的表达”。

（五）道德世界：德性逻辑与善恶原理

道德世界是内在精神世界的超越性维度。在人的精神世界中，不仅存在着求乐（欲求世界的满足逻辑与苦乐原理）、求爱（情感世界的愉悦逻辑与爱憎原理）、求真（认知世界的科学逻辑与真假原理）和求应（评价世界的规范逻辑与应实原理）等倾向，而且存在着求善的倾向。求善倾向是对自爱本能的一种超越,呈现出明显的“为他”特征。人作为自然性、社会性和精神性的统一,除了要与自然发生关系之外,也要与他人以及由人的交往形成的社会发生关系。在这些关系中,人的精神世界除了追求真理的认知世界外,还要追求至善的道德世界,所谓的生态伦理观与社会伦理观等就属于其基本内容。以“心性之学”为主题的宋明理学,就用诸如心、情、性、命、诚、居敬、主静、定性、中和、慎独、天理人欲、已发未发、天地之性、德性之知等大量范畴摹状复杂的精神结构,这些词语表达的就是内在的道德生活经验。在黑格尔的思辨体系中,意识的自我运动所经历的“精神”阶段的内容具体呈现为伦理、教化和道德的状态。其中,伦理是“真实的精神”,教化是“意识自身异化了的精神”,道德是“对自身具有确定性的精神”。而精神一旦进入道德阶段,就出现道德意识“自己个体性的世界”,即所谓的“道德世界观”。需要指出的是,道德世界也是基于评价而产生的。据汉娜·阿伦特的考证,道德源于 mores,而伦理源于 elohs,这两个拉丁文和希腊文词语的意思就是风俗和习惯。所谓的风俗和习惯无非是在日常生活中,经过评价而逐渐形成的历史性规范。然而,由于道德判断作为一种特殊的评价,在内在精神世界及现实生活世界中具有独特地位,发挥特殊功能,我们以基于善恶评价形成的道德世界为内在精神结构的重要一维,并单独研究其逻辑与原理。

德性逻辑是道德世界的内在基本逻辑。德性逻辑由道德演化而来。道德不仅作为调节人与人之间、人与社会之间关系的行为规范,作为社会的一种意识形态,成为凌驾于个人之上的外在统治力量,而且也是根据个体生命的经历、经验、感受和体验不断生成的。道德关注个体的生命世界与人格完满,道德规范的缺失就会致使人的精神世界因良知的缺失而产生内心的不安与空虚。如果个体单纯地向外寻求,也就是说追求外在的东西并以之为目的,那么个体追求的只是欲望的满足、生活的享乐,感性生活的充斥与精神品格的缺失必然伴随着焦虑、厌烦、忧郁和绝望等情绪。道德演化而成的德性逻辑是规范人的精神世界的重要的内在力量。德性逻辑需要的不是否定现实前提的规范,而是承认现实前提的推演,是在价值和历史进程之间寻求更具实践性的精神依托。关于德性,《中庸》中就已经开始出现这个词,语云“故君子尊德性而道问学”。在西方,亚里士多德与麦金太尔都对德性下过明确的定义。亚里士多德指出,德性是关涉选择、存在于相对于我们而言的中道、由理性和具有实践智慧的人决定它的方式所决定的一种品质状态。麦金太尔则指出,德性是一种获得性人类品质,这种德性的拥有和践行,使我们能够获得实践的内在利益,缺乏这种德性,就无从获得这些利益。由此可见,西方的德性概念基本相当于我们所称的道德品质。值得注意的是,西方学者在使用德性概念时,多强调道德主体的选择性与获得性,而国内学者在使用道德品质概念时,则多强调社会道德的内化。比如罗国杰主编的《伦理学》就认为,道德品质是一定社会的道德原则和规范在个人思想和行为中的体现,是一个人在一系列的道德行为中所表现出来的比较稳定的特征和倾向。唐凯麟在谈到个体道德及其与社会道德关系时也指出,社会道德是构成个体道德的本质内容,而个体道德则是社会道德在个体身上的内化和个性化。在考察德性或道德品质时,固然不能脱离人所生活的社会环境及其道德要求而进行抽象的悬设。然而,在沉思道德世界遵循的德性逻辑时,更多地呈现出来的却是道德主体的自觉、评价和选择。

在道德世界里,善恶犹如德性逻辑驾驭之马车的两匹马。正如柏拉图在《理想国》中,把灵魂的三重区分比喻为理性驾驭激情与欲望一样(激情与欲望为并驾齐驱的两匹马),善恶这两匹马也是缺一不可的。不过,这两匹马不是并驾齐驱,因为德性逻辑这个驭马人擅于进行善恶评价,并倾向于“驱恶扬善”,这就是道德世界的善恶原理。具体来说,从逻辑上看,善永远针对于恶,无恶亦无善,反之也一样;从现实上看,人"一半是天使,一半是魔鬼",人性之恶难以根除,这是性善性恶、无善无恶或也善也恶的主张者都无法绕开也无法回避的事实;从道德规范上看,人们更多地倾向于"惩恶扬善";从善恶评价上看,其标准往往具有一定的历史性与具体性;此外,还有出于善意却做出恶行的现象,也就是所谓的"无意为恶"。对于伦理世界的善恶原理,拉罗什福科曾这样形象地描述,善良常常只是出于一种讨好和软弱的癖性;正义只是因为怕遭不义,崇高只是为了拥有一切而蔑视一切;真诚只是一种想赢得别人信任的巧妙掩饰;慷慨常常只是一种伪装起来的野心,它蔑视小的利益是为了得到大的利益;谦虚常常是一种假装的顺从,并借此使别人屈服;坚定则常常只是一种疲惫无力,麻木不仁;忠诚于君主,实则是一种间接的自爱;赞扬往往是为了被人赞扬。因此,我们的德性经常只是隐蔽的恶。

(六)超验世界:究极逻辑与有无原理

人既是一个现实性的存在,也是一个超越性的存在。在人的精神世界中,除了欲求世界、情感世界、认知世界、评价世界和道德世界的存在之外,还有一个超越诸种界定、揭示理想世界的超越性维度,即超验世界。对于因为无法用经验性证明而显得有些玄妙的超验世界,康德称其为"不承认有什么边界的全新的基地"。在康德那里,这个"全新的基地"是与理性的经验性运用完全分离开来,基于纯粹先天概念而自我产生的。因此,为了保证纯粹道德律的完全实现和至善的最终完成而"认其为真"的"灵魂不朽"与"上帝存有",就是作为一种超验的原因性对人的行动发挥现实作用的,它们属于超验世界的内容。黑格尔发展了康德对超验理念的论述。在他那里,超验世界呈现为一种否定经验的自我满足的原始自由思维,思维进展的次序,总是超出那自然的、感觉的意识,超出自感觉材料而推论的意识,而提高到思维本身纯粹不杂的要素。因此,首先对经验开始的状态取一种疏远的、否定的关系。这样,在这些现象的普遍本质的理念里,思维才得自身的满足,而这种发展,一方面可以说是思维对经验科学的内容及其所提供的诸规定加以吸取;另一方面,使同样内容以原始自由思维的意义,只按事情本身的必然性发展出来。超验世界主要包含无意识(隐藏于意识深处的潜流)、信仰(虽缺乏经由经验证实的恩惠却依然倾心地皈依)等超越经验解释与经验证实的内容。这些内容不仅不断地渗透、影响和参与经验层面的工作与活动,而且是精神世界保持无限张力与伸展空间的基地。如果说在内在精神世界中,道德世界是以"为他"超越"为己"的超越性维度,那么超验世界则是以"无限"超越"有限"的超越性维度。在某种意义上可以说,"色即是空、空即是色"是欲求世界的超验性维度;"不以物喜、不以己悲"是情感世界的超验性维度;绝对真理是认知世界的超验性维度;天人合一是评价世界的超验性维度;"民胞物与"(张载语)是道德世界的超验性维度。值得注意的是,在内在精神世界的第六维度与第一维度之间也存在着一定的联系:当某些欲求无力实现或人们对现实的苦难无法克服时,往往转向内心信仰,依靠皈依宗教以寻求平衡、缓解(推到"彼岸世界")或超越;当人的某些欲望受到外在条件或客观规律的制约而无法实现时,还往往被压抑到内心深处成为经验无法到达的"无意识",并常常以一种异常的形式在"口误""梦"等之中表现出来。这也再次提醒我们,在对内在精神世界进行结构分析时,需要时刻注意:这里的"一体"是分为"六维"的"一体",而这里的"六维"是"一体"中的"六维"。

超验世界内在遵循究极逻辑。这是因为:一方面,究极逻辑是超验世界产生的前提性条件。无论是在康德那里作为"拆除一切界标"而"不承认任何边界的全新的基地"的超验世界,还是在黑格尔那里作为"超出、疏远、否定经验的自我满足的原始自由思维"的超验世界,在某种程度上都是一种"究极"的结果;另一方面,从超验世界的内容来看,无论是弗洛伊德那里的潜意识(无意识),还是作为皈依信仰的宗教情感(这种宗教情感是弱化的宗教,即不在信仰和皈依外在的有形的神或任何超自然的东西,但是对于一定的价值取向或规范体系,内心保持着宗教般虔诚的笃信与始终不渝的志趣),或者在康德那里对道德律的敬重,都可以说是由究极而产生的"终极性存在"。超验世界的究极逻辑反映到哲学思维方式之中,就是通过"反思的反思""追问的追问"进而探寻"根据的根据""本质的本质"或"最高事物的基本原理"。熊十力把这种思维方式概括为"穷理尽性至命"。值得注意的是,熊十力在概括并肯定中国传统哲学的究极思维的内容与功能时,还据此批判了西方哲学与其经学穷理尽性至命之旨,相去甚远。实际上,在西方哲学思维方式中,也有"穷理"(理性主义)、"尽性"(人本主义与存在主义)、"至命"(生命哲学)等内容。究极思维可以说是中西哲学的一个共同特征。

超验世界的独立性地位面临着"有无"的质问,而究极逻辑作为一种思维方式,也经常进行"无中生有""有中生无"的逻辑思维判断。因此,我们以有无原理作为超验世界的基本原理。实际上,即使是存在上的无也不能取消现实作用上的有。有无原理既能"有中生无"亦能"无中生有"。"有中生无"就是否定"有"呈现出"无"。这也就是海德格尔在《形而上学是什么?》中所说的,"无"[Nichts]是对存在者[可对象化者]的一切加以充分否定。……然后"无"本身就会在此否定中呈现出来。"无中生有"就是悬置实在事物进而为人留下想象的空间,在文艺中经常见到这种现象。作为现象学美学奠基者的盖格尔曾这样概括这种现象,审美价值是以排斥属于这个作为实在"世界"的一切事物为代价,来争得它对人类存在所作出的结论。比如大家熟知的李白名句:"瑶台雪花数千点,片片吹落春风香。"对本无气味的雪花何言花香?这里,姑且不论文学修辞中所谓的"通感",从内在精神世界来看,这种意境无疑需要超出经验限制,进行一番超验推理与想象。正是这种想象空间中的"无中生有",才使此诗具有了一种独特的情趣。又如宋祁《玉楼春》的名句“红杏枝头春意闹”，也是同样的道理。

二、精神的实现与现实的精神

面对现代人普遍诟病的“精神问题”，马克思主义研究者对“如何走出现代性的精神困境”这一“时代之问”显得有些无动于衷，对马克思那里相关的思想资源尚缺乏深入系统的挖掘。马克思对实践的重视和对虚假意识形态的冷嘲热讽，对抽象的形而上学致思方式的超越和对资本现代性的透彻批判，当然不是反对科学认识，也不是无视精神世界的存在，更不是反对精神的发展及其自我实现。无论是在其青年时期具有浪漫派形象的诗里，还是从一生之中感人至深的爱情和友情故事中，处处显示出马克思情感世界的丰富及其对精神生活的重视。

如果说黑格尔的精神哲学洋溢着现代性建构时代理论哲学的进取态度，那么马克思的精神观显示了现代性批判中实践哲学的反思深度。实际上，马克思深刻把握了黑格尔精神哲学背后的辩证逻辑，并将之运用于对现实精神状态的批判，对如何突破时代精神困境进行了深入的探索。如果说“宗教”和“道德”是精神实现的传统方式，那么马克思用“现实的劳动”对之进行了根本性置换。把真正的自由王国放到物质生产领域的彼岸，进一步显示了马克思追求精神自由的历史性和彻底性。

（一）马克思对黑格尔精神实现论的追随、批判和超越

集成德国哲人注重精神价值的传统，黑格尔构建了一套周全的精神哲学体系。在黑格尔那里，“精神”既是能动性的意识与其外化对象

的对立统一,也是相互承认的自我意识之间的普遍性整体,包括意识之外化、扬弃、回复等诸多环节的全过程。显然,不满足于将“精神体系”局限于人的内在世界,黑格尔把整个世界都“精神”化了:“一切问题的关键在于:不仅把真实的东西或真理理解和表述为实体,而且同样理解和表述为主体。”“精神”实际上成为黑格尔超越唯物主义与主观唯心主义所找到的“第三条道路”。

“精神的实现”是贯穿黑格尔精神哲学的内在原则。精神内在性具有改变外在性的权力和力量,这种改变也是主体在客体中实现自身的过程。在黑格尔那里,私有财产就是意志进入客体的结果,在错综复杂的历史现象背后支配方向的“理性的诡计”就体现了精神的实现。在《精神哲学》中,黑格尔具体划分了“精神发展的三个阶段”,即主观精神、客观精神、绝对精神。这三个阶段构成了精神实现的全过程,并具体展示了“精神”如何通过概念辩证法在“逻辑”中得以实现。对于“精神的实现”无论如何不能绕开“坚硬的现实”这一难题,黑格尔认为“精神”在世界历史的舞台上表现了自身最具体的现实,整个世界历史的发展不过是“精神”的自我实现过程。他曾明确说过:“世界历史在一般上说来,便是‘精神’在时间里的发展,这好比‘自然’便是‘观念’在空间里发展一样”,而“整个历史进程是精神的一种连贯进程,整个历史无非是精神的实现过程”。也就是说,只有历经漫长的历史过程及现实的考验,精神才能在磨炼和教化中发育成熟,最终成为“自由精神”而完成自我实现。在《历史哲学》中,黑格尔还具体阐释了“‘精神’用什么手段或者方法来实现它的‘观念’”。

撰写博士论文和在莱茵报社工作时期,马克思主要从“自我意识”出发,追随黑格尔的精神实现论。黑格尔的“自我意识”,包含着自我与非我的相互确认,是一个意识外化及其复归的过程,洋溢着积极进取、追求自由的态度。精神的自由和独立是启蒙原则的重要表达。青年黑格尔派以自我意识哲学为现代性启蒙进行理论上的辩护。从启蒙精神的实现出发,确认自我意识的绝对地位,以捍卫精神自由,是青年黑格尔派的基本主张。在博士论文和发表在《莱茵报》的政论中,马克思正是依据自我意识哲学的“主体”精神和“理性”精神批判德国的专制现实。在揭示出德国哲学的“自我意识”不过是法国启蒙平等精神的思辨表达之后,马克思提出哲学的任务就在于通过自我意识的绝对理性克服现实的非理性。“一个本身自由的理论精神变成实践的力量,并且作为一种意志走出阿门塞斯的阴影王国,转而面向那存在于理论精神之外的世俗的现实。”这里,“自我意识”和“自由精神”转化为现代原则所蕴涵的“主体性”“理性”,并进一步实现为启蒙思想所追求的“自由”“民主”。此外,当面对物质利益关系和理性原则之间的内在紧张时,重新回到黑格尔“客观精神”中的法哲学,以及在《1844年经济学哲学手稿》中大段摘引黑格尔“自我意识”的有关内容,并挖掘出“作为推动原则和创造原则的否定性的辩证法”这个《精神现象学》的“最后成果”,都在一定程度上清晰地呈现出马克思曾对黑格尔精神实现论的追随。

创办《德法年鉴》时期,马克思开始从“现实”出发,批判黑格尔“精神实现”的“非现实性”。马克思批评道:“自我意识通过自己的外化所能设定的只是物性,即只是抽象物、抽象的物,而不是现实的物。”这种精神性与现实性之间的隔膜,导致精神的力量成为一种想象的力量。在《神圣家族》中,马克思恩格斯批判思辨唯心主义“用‘自我意识’即‘精神’代替现实的个体的人,并且向福音传播者说‘精神创造众生,肉体则软弱无能’”,认为“这种超脱肉体的精神只是在自己的想象中才具有精神力量”,并对“黑格尔体系中的三个要素”进行了还原,指认“自我意识”即“同自然脱离的精神”,“绝对精神”就是“现实的人和现实的人类”。面对错综复杂的物质利益关系及其多次冲突,马克思开始重置“精神”与“现实”的关系。扣住工业、财富领域与政治领域的关系这个现代问题,马克思把“意识”视为“物质生活”的“意识”,把“精神”视为“现实的人”的“精神”。进而,马克思深入反思和批判了黑格尔所谓的“精神从本质到概念领域的推移”,认为“任何现实领域的纯粹理想性都只有作为科学才能存在”。当然,这种“精神”与“现实”逻辑权重的颠倒,显然不是无视“精神”。比如对于当时作为主要精神生活方式的“宗教”,马克思并不要求消除它,只是把它从至高无上的位置放回合适的位置。对此,马克思明确说过:“政治解放并没有消除人的实际的宗教笃诚,也不力求消除这种宗教笃诚”,在政治解放中“人没有摆脱宗教,他取得了信仰宗教的自由”。值得进一步指出的是,不能简单地指认马克思对精神与现实关系的重置,就一定高于黑格尔以深沉的精神理性反观现实的方式。很显然,黑格尔也不会无视客观存在对于精神存在的“时间在先”。马克思倾向于“现实的精神”和黑格尔注重“精神的实现”之间的对立,并不体现于时间维度中“精神与现实何者为本原”的意义上,而是体现在逻辑上“精神与现实的统一方式”,而这种“统一方式”显然是涵摄诸多环节在内的。

1845 年之后,马克思开始从“实践”出发,以“总体性的资本批判”颠覆了汇流于黑格尔的“观念论批判”。在以实践为基石的历史唯物主义视野中,精神成为社会结构的一部分,“精神实现”成为实践的一个环节,实践成为改造世界(当然也包括改造精神世界)的基本方式。由此,马克思实现了从“精神实现”到“生产一般”、从“精神辩证法”到“革命性实践活动”的转变,真正超越了以精神实现论为逻辑原则的黑格尔精神哲学。在黑格尔那里既是实体又是主体的“精神”,被马克思这里的“社会”所取代,“主体,即社会”。值得注意的是,这里的社会历史实践主体,不是简单地以“用脚立地”取代“以头立地”,而是“头脚并用”。历史归根到底是由人创造的,头脑的作用是无可替代的。历史唯物论并没有否认这一点,它所确立的生产力决定生产关系及其上层建筑,只是决定作用的一种根本方式,而且这里的生产力也是人创造出来的。

(二)马克思资本现代性批判的精神维度

马克思所确立的现代性批判,是一种以资本逻辑批判为枢纽的总体性批判。把马克思的现代性批判孤立化为意识形态批判、政治经济学批判、社会主义批判等相互隔绝的三大部分,既不符合马克思思想的整体性特征,也不利于有效应对历史经验的某些证伪。离开资本逻辑剖析和政治价值取向,哲学理论容易滑向抽象的辩证逻辑演绎;离开以实践为基石的历史唯物主义分析框架,资本主义生产方式批判和社会主义价值追求的有些内容可能沦为过时的历史批判。从整体性视野重新审视马克思的现代性批判,我们发现,马克思资本现代性批判的精神维度,在以往的研究中被有意或无意地遮蔽起来了。直面内嵌于实践之中的精神存在,马克思深入批判了资本主义现代化实践中的精神状况。

在关注和挖掘马克思资本现代性批判的精神维度时,一定要避免使其退回至一种纯粹观念论的精神批判。这里决不能离开马克思对资本主义政治经济学的批判这一基础,不能忘却马克思把黑格尔的精神现代性转置到以生产方式为基础的资本现代性,不能背离马克思以历史唯物主义的存在论取代理性观念论的现代性批判路线。"历史唯物主义"中的"物",既不是抽象的物质本体,也不是具体的物质形态,而主要是生产实践活动中所形成的对象性社会历史关系。唯物史观总是在实践过程和社会关系中把握精神因素与物质因素及其内在关联。在资本这个"普照的光"笼罩之下,马克思的精神观集中于对作为劳动和资本的"抽象人格"的工人和资本家的精神状态的剖析和批判。

马克思对资本现代性之精神维度的批判是辩证的。关于新航线的发现、铁路的修建、钟表的发明等如何塑造了现代人的时空意识,已经被马克思所继承的启蒙精神揭示出来了。伴随着资本扩张而来的交往扩大、世界性的文化交流,必然可以为丰富精神生活提供一些基础条件。当然,马克思在高度肯定“资本的文明面”时,主要集中在物质层面,没有具体阐释资本逻辑对人的精神世界的提升作用。现代人的精神困境,实际上成为资本逻辑的某种“硬伤”。

其一,批判感性至上和欲望主宰的现代原则。诉诸感性欲望以指责宗教信仰的现代启蒙精神,触发有用性成为了支配人类生活的内在原则。感性欲望的膨胀自然引发精神生活的萎缩和懈怠。马克思批判了时代精神的这种状况:“实际生活缺乏精神活力,精神生活也无实际内容,市民社会任何一个阶级,如果不是由于自己的直接地位、由于物质需要、由于自己的锁链本身的强迫,是不会有普遍解放的需要和能力的。”当物质需要成为第一需要,物质生活就成为衡量解放的重要标准。对物的占有和消费成为现代人的根本性追求,“一切肉体的和精神的感觉都被这一切感觉的单纯异化即拥有的感觉所代替”,“在这个社会生产和交换的范围之外,再也没有什么东西表现为自在的更高的东西,表现为自为的合理的东西”。于是,人们的生活空间、喜怒哀乐,以至于悲欢离合,都开始围绕资本的旋转而轮番出场或消退。对此,马克思一针见血地指出:“金钱是一切事物的普遍的、独立自在的价值。因此它剥夺了整个世界——人的世界和自然界——固有的价值。金钱是人的劳动和人的存在的同人相异化的本质;这个异己的本质统治了人,而人则向它顶礼膜拜。”拥有金钱数量的多少,成为衡量人的力量大小的标准:“货币的力量多大,我的力量就多大。”

其二,批判嵌入精神领域的“抽象统治”。在资本主义时代,“个人现在受抽象统治,而他们以前是互相依赖的。但是,抽象或观念,无非是那些统治个人的物质关系的理论表现”。也就是说,源于现实物质关系的“抽象统治”,已经贯穿到精神领域。现实的个人成为了抽象的自我,“被抽象化和固定化的自我,就是作为抽象的利己主义者的人,就是在自己的纯粹抽象中被提升到思维的利己主义”。“一种非人的力量统治一切”成为这种抽象统治的极致形式。马克思深入揭示了现代性意识形态的虚假性，并批判了现代性观念论批判路线因远离现实而坠入“观念论副本”。同时，在马克思批判资本主义的“抽象统治”及对人类解放承诺的背后，我们能够感受到一种深沉的道义感和精神的力量。因此，马克思所向往的理想的精神状态，决不是先验主体的内在精神体验，也不是关于精神原则的超验想象，而是反对沉迷于“精神的自恋”，追求在改造生产关系中能够实现的符合现实人性的精神存在方式。

其三，批判现代性的“双重虚无”状态。一方面，资本逻辑主导的现代化实践冲击了现实生活世界的延续性和稳定性。马克思用四个“一切”生动地诠释了这种现代性的生存景观：“一切固定的僵化的关系以及与之相适应的素被尊崇的观念和见解都被消除了，一切新形成的关系等不到固定下来就陈旧了。一切等级的和固定的东西都烟消云散了，一切神圣的东西都被亵渎了。”人们的物质关系、社会关系以及相应的生活观念成为“历史的、暂时的产物”。另一方面，在资本主义生产关系中，现实的对象化劳动变为人的“非现实化”：“劳动的现实化就是劳动的对象化。在国民经济的实际状况中，劳动的这种现实化表现为工人的非现实化，对象化表现为对象的丧失和被对象奴役，占有表现为异化、外化。”由此导致了人的内在本质的空虚化：“在资产阶级经济以及与之相适应的生产时代中，人的内在本质的这种充分发挥，表现为完全的空虚化。”在马克思看来，随着不断扩大化的生产“把人当作既在精神上又在肉体上非人化的存在物生产出来”，这种双重的虚无感，既严重冲击着“感到自己是被毁灭的”无产阶级，也深度侵袭了“感到自己是被满足的和被巩固的”资产阶级。海德格尔深刻地指认了马克思对现代人命运的这种批判：“在基本而重要的意义上”揭示了现代人“无家可归的命运”，因此“马克思比其余的历史学优越”。

（三）如何走出现代性的精神困境

如何走出资本主义现代化造成的“欲望主宰”“抽象统治”“双重虚无”的精神困境？黑格尔式的“精神→现实”路线，虽在解释现代性的生成方面极其深刻，但要改造现实的精神世界则显得绵软乏力。传统唯物主义式的“现实→精神”路径，揭示了不能妄图离开现实抽象解决精神问题，却难以指明主动积极的精神解放之路。与消灭资本私有制相应，重建同传统观念进行彻底决裂后的精神世界，宣示了历史唯物主义的坚定立场及其诊治方向。遵循马克思开辟的精神哲学道路，既然精神是资本现代性的一个维度，且成为一个“问题化”的维度，那就不能被动地依赖资本逻辑的推动或沉迷于精神的孤芳自赏，而应在“现代化·欲望·精神”这个整体性框架中积极探寻路径。

第一，精神与现代化的沟通互动。在批判过于追求物质欲望满足并忽视精神发展的资本主义生活方式的同时，马克思也坚决反对依赖“道德修养”或“宗教信仰”以实现精神主宰的传统方式。回归温情脉脉的传统社会，正是马克思所批判的“反动的社会主义”取向。马克思所使用的“生产关系”“实践”“资本”等重要概念，都具有超越传统的唯物和唯心之间对立的意蕴。在遵循历史发展趋势和社会运行规律的前提下，马克思追求把统治历史的异己力量置于人们自己的控制之下。作为社会历史创造主体的现代人，应“认识到自己的‘原有力量’并把这种力量组织成为社会力量因而不再把社会力量当作政治力量跟自己分开”，实现“外部世界对个人才能的实际发展所起的推动作用为个人本身所驾驭”。正是在这个方面，卡尔·洛维特直接指认，马克思的经济学是一个统摄了经济存在和精神因素的辩证范畴。卢卡奇认为黑格尔留给马克思的最主要哲学遗产就是《精神现象学》中阐发的在历史过程中自我实现的主客同一性。实际上，不满于黑格尔“完全合乎逻辑地用‘绝对知识’来代替全部人类现实”，马克思把黑格尔在“逻辑”中得以拯救和实现的“精神”，置于以现代化实践为基础的社会历史的整体性结构之中,并在改造现代世界中延续性推进人的解放和精神实现。

第二,现代生产力容许范围内的精神自由。欲望的凸显既是现代化的动力又是现代化的结果。马克思说过:“任何人如果不同时为了自己的某种需要和为了这种需要的器官而做事,他就什么也不能做。”从现代化实践活动出发,就不能离开欲望满足而空谈精神的实现。无论是强调提高生产力,肯定资本推动物质文明发展的历史性作用,还是主张消灭资本主义私有制,均展现出历史唯物主义对最大化地满足所有人的物质需求的内在追求。无产阶级和人的解放,离不开生产力的提高和物质欲望的满足。真正的自由王国,存在于必然王国的彼岸。也就是说基本欲望满足之后,才可能有真正的精神自由。马克思曾直接谈到物质需求与精神自由之间的关系,他明确批判了康德“把这个善良意志的实现以及它与个人的需要和欲望之间的协调都推到彼岸世界”,认为“人们每次都不是在他们关于人的理想所决定和所容许的范围之内,而是在现有的生产力所决定和所容许的范围之内取得自由的”。

第三,社会关系决定着人的发展程度。人的交往所形成的社会关系以及以此为基础创设的社会制度,成为制约人的发展的重要因素。马克思明确提出:“社会关系实际上决定着一个人能够发展到什么程度。”在资本主义制度的非自愿分工中,“人本身的活动对人来说就成为一种异己的、同他对立的力量,这种力量压迫着人”。资本逻辑主导下的物化生存,“最彻底地取消任何个人自由,而使个性完全屈从于这样的社会条件,这些社会条件采取物的权力的形式,而且是极其强大的物”。依靠无产阶级,改造资本主义制度,真正解决公平正义问题,成为摆脱现代性精神困境进而实现人的自由全面发展的一个不可或缺的基础性条件。

第四,从“异化劳动”到“真正自由的劳动”。劳动是沟通内在世界和外在世界的基本方式。劳动解放包含精神解放。在《1844年经济学哲学手稿》中,马克思肯定了黑格尔“把真正的人理解为人自己的劳动的结果”。透过黑格尔的劳动观,马克思清晰地洞察到劳动过程中主体与客体的“互相进入”。当然,和黑格尔把私有财产作为人的意志进入客体的结果不同,马克思把价值作为人的劳动进入客体的结果。资本主义条件下的异化劳动,不是把劳动看作实现自身价值的方式,而是将其视为赚取利润的工具,阻滞了劳动的真正实现。在批判黑格尔把人的本质的异化视为自我意识的异化,把掌握自我意识等同于掌握了自己的本质之后,马克思从现代世界的劳动状况出发,着眼于改造被资本规定的“抽象劳动”,使作为人类基本活动方式的劳动成为“自由自觉的活动”(《1844年经济学哲学手稿》)、“作为人的自主活动的劳动”(《德意志意识形态》)、“生活的第一需要”(《哥达纲领批判》)和“真正自由的劳动”(《资本论》)。

第五,以观念变革为核心的内在世界转型。《共产党宣言》中有一句名言:“共产主义革命就是同传统的所有制关系实行最彻底的决裂;毫不奇怪,它在自己的发展进程中要同传统的观念实行最彻底的决裂。”在资本主义私有制取代之前的所有制关系的同时,资本主义观念冲击和摧毁了之前的传统观念。“观念”像桥梁一样勾联互通着对外在世界的观感、认识、判断和内心的价值取向、情感意志、信念信仰。同个人主义、利己主义、享乐主义等资本主义腐朽观念的彻底决裂,必将迎来内在世界的整体转型和现代人精神世界的焕然一新。

第六,自由时间是人的积极存在。黑格尔把历史感和时间意识引入哲学研究与精神发展过程:“历史作为精神的发展过程是属于时间的”,而“精神之所以有一种历史,是因为凡是精神的东西,都只是通过它的工作,通过对直接形态的加工而存在的,它由此上升到一种对于自身的意识,因而上升到一种更高的观点”。马克思进一步以时间来衡量人的存在,认为“时间实际上是人的积极存在,它不仅是人的生命的尺度,而且是人的发展的空间”,并把“自由时间的运用”作为人类发展的本质:“整个人类的发展,就其超出对人的自然存在直接需要的发展来说,无非是对这种自由时间的运用,并且整个人类发展的前提就是把这种自由时间的运用作为必要的基础。”因此,改造资本占有劳动和控制社会的逻辑,“不是为了获得剩余价值而缩减必要劳动时间,而是直接把社会必要劳动缩减到最低限度”,那么“由于给所有的人腾出了时间和创造了手段,个人会在艺术、科学等方面得到发展”。

第七,以真正的共同体为空间舞台。从虚假共同体走向真正的共同体,既是自由发展的需要,也为精神发展提供了空间条件。离群索居式的自由全面发展是不可能的,“只有在共同体中,个人才能获得全面发展其才能的手段”,也就是说,“只有在共同体中才可能有个人自由”。这种真正的共同体“是各个人的这样一种联合(自然是以当时发达的生产力为前提的),这种联合把个人的自由发展和运动的条件置于他们的控制之下”,因此“各个人在自己的联合中并通过这种联合获得自己的自由”。

第八,“全面的人”和“真正的人”:精神与欲望协和的境界。马克思从人本身出发探寻人的根本,认为“人双重地存在着:从主体上说作为他自身而存在着,从客体上说又存在于自己生存的这些自然无机条件之中”。这里既从客体上阐释了人的自然性,也从主体上揭示了人的社会性和精神性。马克思一以贯之所追求的“全面的人”“真正的人”,意味着人与自然、人与社会、人与人、人与自身之间诸种矛盾的和合,意味着实现人的自由全面发展,意味着个人潜能的充分实现,意味着达到人性完满的精神境界。经过宗教解放、政治解放、经济解放和精神解放之后,才能真正实现人的解放,才能出现“真正的人”。马克思认为“任何一种解放都是把人的世界和人的关系还给人自己”,而且是“全面的归还”,这里“个人的全面性不是想象的或设想的全面性,而是他的现实关系和观念关系的全面性”。这种“全面性”的境界,展示着工具理性与价值理性的统一，展示着基本欲望满足上“立地”和精神境界提升上“顶天”的统一。实际上，我们不能被欲望主宰不谈精神，也不能绕开欲望空谈精神或一味沉迷于精神。在唯物史观的整体性分析框架中看待精神境界问题，比其他视角具有更大的空间和包容性。如马尔库塞所追求的把压抑性的生存方式转变为非压抑性的生存方式，把工作转化为消遣，把性欲升华为爱欲，从而达到“理性与人的本能的新联系”，实现对异化的超越；或者如弗洛姆所向往的确立“积极自由的生存状态”，用爱心去工作，实现自我，充分发挥人的个性和潜能等，一定程度上都可以整合为精神与欲望协和境界之中的一个环节。

三、现代性、中国问题和精神重建

欲望的主宰与感性至上原则成为现代性问题的深层维度。在现代性问题域中审视当代中国人的精神困境及其重建之路等中国问题，既基于内在精神结构的欲求、情感、认知、评价、意志、超验等维度概括了中国人精神世界现代转型的具体内容，也从优化制度结构、整合文化生态、归位精神结构、发挥内在精神的传承性、整体性和能动性、倡导理想信念等方面探讨了重建当代中国人精神秩序的可行性路径。

问题是时代的声音，思想是前进的力量。为中国问题贡献思想的力量是中国学界的责任和使命。秉承问题导向的研究理路，并坚守居安思危的问题意识和忧患意识，笔者尽力思入现代性问题的实质和深处，并在现代性问题域中审视中国问题，尤其是中国人精神世界的现代转型和重建当代中国人的精神秩序等问题。致力于为探寻现代中国人安身立命之本或寻求失落的意义而艰辛探索和苦思冥想，并试图唤起同行人的注意以使对这个问题的思考研究和建设性的方案尽快地趋于精致优美，这是本文的初衷。

（一）现代性问题：欲望的主宰与感性至上原则

从农业文明转向工业文明、从传统社会走向现代社会的现代化运动，无疑是当今时代浩浩荡荡不可阻挡的历史潮流。以市场经济、民主政治、自由文化和公民社会等为支撑的现代化推动了经济发展和社会历史进步，并在从传统向现代的转变中极大地改变了人们的现实生活世界。现代性是现代化的理论表达。实际上，正如不同的哲学家在阐释其哲学观点或建构哲学体系时，都前提性地给出哲学的定义一样，不同的学者在研究现代性理论时，往往都有自己对于现代性的定义。笔者曾这样来概括现代性：作为现代化的生成目标、本质根据和理论表达，现代性以科技化推动下的工业化为动力驱动，以理性意识、科学精神和人本思维构筑的主体性为内在支柱，以市场经济、民主政治、公民社会和自由文化等互相关联的基本架构为表现征候。这里仍然使用对于现代性的这一结构式的整体性概括。

概而言之，现代性有两大维度，即外在的制度性维度和内在的精神性维度。在现代化道路的探索中，经过实践检验有效的手段或措施，经过理性概括提炼，积淀而成外在的制度性维度。内在的精神性维度则主要涵摄人的精神世界、精神生活和精神文化。有关现代性的诸多问题，如生态问题、核危机问题、经济危机问题、政治隐性腐败问题、文化殖民问题、道德和信任危机问题，等等，构成现代性的问题域。从现代性的两大维度来审视现代性问题域，外在的制度性维度成就较大且取得了一定的共识，而内在的精神性维度则成为一个问题重重的领域。

现代性问题域中的突出问题集中于内在的精神性维度，而该维度的问题进一步聚焦为，传统超越性价值失落之后，欲望的主宰和感性至上原则成为现代性精神生活的主流。

在从传统社会到现代社会的转型过程中,人们所依赖的超越性价值,有如黑格尔所指出的,文艺复兴和启蒙运动导致超越世界和超越秩序的逐渐消退,上帝经不起理性的推敲:人们发现,“圣饼”不过是面粉所做,“圣骸”只是死人的骨头。“正义”和“道德”开始被认为在人类现实的“意志”中有它的基础,“精神”自己的内容在自由的现实中被理解,理性代替宗教信仰而成为“绝对的标准”。在提供超越性价值支撑方面,传统中国文化的道德崇拜发挥着与传统西方文化中的宗教信仰基本类似的功能。在现代化的进程中,无论是宗教信仰还是道德崇拜都随着理性化和世俗化的扩展而日渐衰落。对于传统道德与宗教的关系,泰勒认为,早期的道德观点认为,与某个源头——比如说,上帝或善的理念——保持接触对于完整存在是至关重要的。在现代化的过程中,依赖宗教的道德观念日益感性化了,卢梭在其《漫步遐想》中就经常把道德问题表述为我们遵从自身本性的声音的问题,将“存在之感受”看成是幸福的尺度。哈贝马斯明确地这样概括现代性的话语,现代性的话语,虽自 18 世纪末以来,名称一直不断翻新,但却有一个主题,即社会整合力量的衰退、个体化和断裂。简言之,就是片面的合理化的日常实践的畸形化,这种畸形化突出了对宗教统一力量的替代物的需求。也就是说,随着社会整合力量的衰退、个体化和断裂,宗教日益丧失其在传统社会所能发挥的超越性价值的功能。对于这一问题,尼采曾经用“上帝死了”这一惊人论断清晰明确地表达了他对传统的超越性价值失落的洞见以及毫不留情的揭露。

伴随着传统超越性价值失落而来的,是人日益成为欲望的奴隶,以及感性至上原则代替超越性价值成为衡量存在的标准。英国著名社会学家吉登斯侧重于从社会制度结构层面研究现代性问题,但他也注意到,现代性背景下个人的无意义感,即那种觉得生活没有提供任何有价值的东西的感受,成为根本性的心理问题。这种现代性的心理问题，突出了现代化实践过程中的一个价值性悖论，即人被尘世欲望和圣洁精神所撕裂，一个沉溺在强烈的爱欲当中，以固执的官能紧贴凡尘；一个则强要脱离尘世，飞向崇高的先人的灵境。舍勒曾经感慨，在现代性社会中，世界不再是精神的有机的“家园”，而是冷静计算的对象和工作进取的对象，世界不再是爱和冥思的对象，而是计算和工作的对象。也就是说，世界逐渐成为人满足自身感性欲望的工具。

如何看待在现代性的内在精神性维度出现的欲望主宰和感性至上原则？韦伯比较客观地揭示了这些问题：时代因为它独有的理性化和理智化，最主要的是因为世界已被除魅，它的命运便是，那些终极的、最高贵的价值，已从公共生活中销声匿迹。而法国社会学家迪尔凯姆从两个方面揭示了现代性的道德困境。他在深入研究了欧洲19世纪工业化对社会道德的影响后发现：一方面，由于传统道德权威的抗拒，阻碍了新道德体系的孕育、产生；另一方面，又因为传统道德权威的逐渐失灵，社会出现了道德“失范”现象。奥伊肯明确地批判这种现代性文化现象，他认为，将人生置于感觉基础之上，奉行感性至上的原则，不仅宗教在劫难逃，一切道德和正义也同样要毁灭，人就不能接受内在的友谊，不能接受互爱和尊重，无法抵制自然本能的命令，人们的行动受一种主导思想即自我保存的影响，这一动机使他们卷入越来越冷酷无情的竞争，无法以任何方式导致心灵的幸福。实际上，黑格尔在批判伊壁鸠鲁的快乐至上的道德原则时，也对这一现代性问题表达了深深的担忧：如果感觉、愉快和不愉快可以成为衡量正义、善良、真实的标准，可以衡量什么应当是人生的目的的标准，那么真正说来，道德学就被取消，或者说，道德的原则事实上也就成了一个不道德的原则；如果这样，一切任意妄为将可以通行无阻。由欲望的主宰和感性至上原则导致的现代性问题，成为西方一些现代思想家批判的主要对象。聚焦现代性问题域中的中国问题，或者说从现代性的内在精神性维度来审视中国问题，成为中国学者义不容辞的责任和使命。

（二）中国问题：中国人精神世界的现代转型

自18世纪60年代以来，现代化逐渐成为浩浩荡荡不可阻挡的历史潮流。人的精神世界的现代转型，既是现代化进程的题中之义和必然要求，也是实现现代化的依赖条件和重要支撑。犹如缺乏“拱顶石”有力支撑的建筑必然倒塌一样，没有人的现代化，尤其是人的精神世界的现代转型，无论是先进的技术与科学的管理，还是合理的程序和精致的制度，都可能由于落后的主体思维方式或价值取向滋生的内在阻滞力而导致形形色色的变形甚至崩溃。伴随着自1840年开启的中国现代化征程，中国人精神世界的现代转型也已经历了170多年的历史。在此期间，20世纪前后尤其是五四新文化运动掀起的国民性改造潮流，以及改革开放以来在市场化、全球化、信息化、网络化推动下的社会全面转型时期的文化自觉和文化启蒙，促成了中国人精神世界现代转型的两大高潮。

中国人精神世界的现代转型，是伴随着中国式现代化征程而历史性地发生的。1840年以后，我国现代化的起步阶段一开始属于低速发展的资本主义现代化实践。西学东渐以来，尤其是鸦片战争惨败以后，起先是羡慕西方的船坚炮利，试图“师夷长技以制夷”，稍后“中学为体，西学为用”的防御性话语显示了中国传统文化的认同渐入危机，再后来，西方的民主科学逐渐成为崇拜和模仿的对象。在学习西方、反思传统的过程中，作为多元化理想追求基础的国民性改造（代表性知识分子主要有梁启超、鲁迅和胡适），逐渐成为时代的主潮流。比如，梁启超最重要的著作就是《新民说》，而他创办的影响最大的杂志也定名为《新民丛报》，足以见出他对“造新民”的重视。鲁迅对国民劣根性的深刻揭露，以及“哀其不幸，怒其不争”的文化态度，也突出体现了其对于国民性改造的重视。1949年以后，我国开始进入规模空前社会动员的社会主义现代化建设实践。中华人民共和国成立后至“文革”前一段时期,我国现代化建设的成就是有目共睹的,所有的观察家都同意这一点,即 1949 年以来工业、采矿业和公共事业的发展都增长很快。中国在发展工业方面取得的成就要比其他较大的欠发达国家如巴西和印度等大得多,而且这些国家还比较自由地接触到了外国的专长和技术,并且任意接受外国的援助,中华人民共和国却没有。中国在奔向现代化的竞赛中一再落后于日、俄之后,在 50 年代终于开始比她的两个领先的邻国跑得更快了。这一时期,毛泽东曾把中国历史大胆地描绘为一片空白,然后开始重新书写,他的“新人”思想,致力于在一穷二白的困境中造就又红又专的新型中国人。在现代化建设实践上雄心勃勃的工业化和社会改造,以及在意识形态上对马克思主义的共同信仰,不仅促进了精英分子的凝聚力,而且在人民大众中形成了强大的民族凝聚力和社会向心力。然而过分的激情和急切的赶超战略后来也带来了严重的问题。1978 年以来,我国的现代化建设走上中国式现代化道路。值得注意的是,在现代化的物质文明建设取得举世瞩目成就的同时,我们的精神文明建设虽也进步明显但问题多多。1996 年,《中共中央关于加强社会主义精神文明建设若干重要问题的决议》(1996 年 10 月 10 日中国共产党第十四届中央委员会第六次全体会议通过)曾明确提出,在社会精神生活方面存在不少问题,有的还相当严重。一些领域道德失范,拜金主义、享乐主义、个人主义滋长;封建迷信活动和黄赌毒等丑恶现象沉渣泛起;假冒伪劣、欺诈活动成为社会公害;文化事业受到消极因素的严重冲击,危害青少年身心健康的东西屡禁不止;腐败现象在一些地方蔓延,党风、政风受到很大损害;一部分人国家观念淡薄,对社会主义前途发生困惑和动摇。这里提到的一些问题,在今天不仅没有得到很好地解决,而且有些还日益严重。

如何深入地理解和把握中国人精神世界的转型?学界在这方面的研究始终无法深入下去并取得与人们的呼声相对等的研究成果的

一个重要原因,就是缺乏一个清晰严谨的内在精神结构作为分析框架。传统的“知情意”三分法(涵摄着由外而内的“知”,由内而外的“意”,以及内外交融的“情”),逻辑严谨且概括性强,能够广泛盛行。然而它也存在一定的局限性。比如,欲望虽然基于本能,然而欲求也是在人的精神世界中确确实实存在着的,还有评价、信仰等精神因素都没有一定的位置。我们认为,人的精神世界至少存在欲求、情感、认知、评价、意志、超验等维度。这里,我们尝试从内在精神结构的诸维度来审视并概括中国人精神世界现代转型的具体内容。总体来看,在从传统到现代的社会转型期,伴随着社会重组和文化失调,中国人成为“过渡人”,中国人的精神世界也呈现为“心灵的流动”或“冲突的精神”。因此,我们拟把这样的变化放到一定的结构中进行把握,也就是说,这里概括的变化是一定结构中的变化,即侧重点的辩证转移,而不是消失和新生的简单关系。

扩张的欲求:从勤俭节欲到欲望膨胀。勤劳节俭一直是中华民族的传统美德。孔子强调“温、良、恭、俭、让”,孟子认为“养心莫善于寡欲”,荀子也讲要“以道制欲”,老子也把“俭”作为为人处世的“三宝”之一。程朱理学和陆王心学都强调“存天理,灭人欲”。在现代化的征程中,随着市场经济的发展,传统文化一直压抑的欲望被重新激活了,这既给经济社会发展注入了动力和活力,也不可避免地带来了诸多现代性的精神性问题。欲望开始膨胀和泛滥,制欲贬利或欲而不贪的传统思想,已被时代潮流远远地甩在后边了。

收缩的情感:从“相与情厚”到情感中立。在传统社会中,社会关系通常具有某种情感要素。这是因为传统社会主要是一个基于血缘、地缘或职缘的共同体。而在现代社会,随着分工和交换的发展,身份、德性和情感逐渐让位于契约、法治和理性。比如传统雇主与雇员的关系。雇主对待雇员就像家庭成员一样充满温馨和亲情,即使生意亏本也不会轻易解雇雇员。而在现代社会,社会关系通常具有情感中立性,人们往往工于心计地把所面对的一切作为计算或算计的对象,雇主也开始理性地以情感中立的方式对待雇员,必要时就得解雇,否则就会影响生产率甚至亏本。情感的收缩在其他的人际关系中亦是如此。

转移的认知:从精于人事到明于物理。中国传统文化重视人事,而不太注重认识自然,不少人还视科技为奇技淫巧。在研究人事的时候,血缘地缘依赖、家国同构、关系本位等成为文化重心。对此,梁漱溟曾这样概括传统文化在认知方面的倾向:专以修己安人为学问,而农工商业一切技术则不入于学问,被划出劳动者注意圈外,心思聪明乃只用于修己安人,而不用于物质生产。梁漱溟还记得1920年杜威在北京大学哲学研究会上讲演时也曾说过:中国一向多理会人事,西洋一向多理会自然。钱宾四也曾指出:在中国知识界,不仅无从事专精自然科学上一事一物之理想,并亦无对人文界专门探求其一种知识与专门从事某一种事业之理想,因为任何知识与事业仍不过为达到整个人文理想之一工具、一途径。认知对象的这种差异,决定了认知方面其他诸种特征,如中国传统思维的模糊性、在逻辑上不同于西方重视同一律而重视相关律、科技不发达等。

变迁的评价:从他者导向到自我取向。这里的他者导向主要指不敢或不愿依靠理性独自做出抉择或判断,而是依赖于先辈、皇帝、集体的引导,或者在崇古心理的引导下奉行传统导向,强调因循守旧,导致传统惰性太强,缺乏主体性。从传统来看,中华民族的保守性与崇古心理尤浓。尧舜之治成为中国的“理想模型”,孔子也以“吾从周”来表达他标举上古的文化取向。王安石变法的失败根源于其“祖宗不足法”蕴涵的反抗传统理念和措施。大儒顾亭林在读黄梨洲的《明夷待访录》时最大的恭维话也是“百王之敝,可以复起,而三代之盛,可以徐还也”。窦巴利(de Bary)举出新儒家的三大特征:基本主义、复古主义与历史心态,实是中华民族共有之特征。尼维逊(D.S.Nivision)也指出：中国的儒者，无不把眼睛往古看，企图在上古的道德遗训中获得规范现代行为制度的准绳，并且回归到经典所陈述的上古的世界去。用培根的话说，中国人是完完全全受古知识所支配的。罗素也曾指出，西方人的思变之切与中国人的耽于现状是中国与英语世界间最强烈的对照。与之相反，在现代化的征程中，个人主义、自由主义和功利主义日益盛行，人们开始注重追求现实的眼前幸福，无论是持幸福即自我实现还是幸福即享受生活者皆是如此（即幸福的实现论或享受论）。此外，还值得注意的是，现代社会在评价人的时候，也不同于传统社会重视出身或血缘关系的身份定位，而是注重论能力和贡献的成就取向。

虚化的道德：从顺从利他到主观相对。传统文化强调先天下之忧而忧，后天下之乐而乐，推崇兼济天下，而现代文化重视利益，甚至常有人说这是一个精致利己的时代。对于传统文化偏重的道德绝对主义和现代流行的道德相对主义，麦金太尔既反对主张有普遍、永恒不变的伦理价值原则的前者，也反对只根据个人情感和意志来判断道德标准的后者。究竟如何评价这两种道德论，我们这里不去具体研究。但是，从顺从利他转变到主观相对的道德取向，已经无可置疑地成为一种时尚。

失落的信仰：从心存敬畏到贬低崇高。这里所说的信仰，是信念和仰慕的统一，它不仅仅包括宗教信仰，只要心存敬畏或怀有深沉且炽热的信念，都可以说是有所信仰。孔子说君子有三畏：畏天命，畏大人，畏圣人之言。这体现了传统文化对敬畏之心的重视和倡导。1840年以来，中国传统文化的“信仰系统”虽在西学东渐以来的欧风美雨中被冲击得风雨飘摇，但西方的“信仰系统”也很难在从5000多年悠久文明的传承中走出来的中国人的心里生根。现代中国人虽然已经开始逐渐学会欣赏西方工业革命以来历经数百年积淀而成的现代文明，但是古老的中华民族的传统文化和价值信念仍然有着无法抹去的影响力和吸引力。然而,现代化毕竟是理性化和世俗化确立统治地位的进程。在一个物欲横流、人心浮躁的时代,敬畏之心渐行渐远,贬低崇高、蔑视权威、把英雄拉下马的轻浮且夹杂一些狂躁的心理在不断地滋生并迅速蔓延。

(三)精神重建:重建当代中国人的精神秩序

当代中国人的精神困境和重建当代中国人的精神世界等问题,成为正处于现代化征程中和社会转型期的当代中国的一个时代课题。在政治性话语方面,与这一课题相关的有毛泽东的“新人”思想、社会主义精神文明建设、文化建设、“精神懈怠的危险”置于全党面对危险的首位、建设中华民族共有精神家园、社会主义核心价值体系和价值观、丰富人民精神世界、增强人民精神力量、满足人民精神需求,等等;在学术性话语方面,与这一课题相关的主要有国民性改造、人的现代化、人文精神重建、文化重建和道德重建等。从西方学者的研究来看,面对现代性道德文化危机问题,一些学者主张重建普遍理性主义伦理(源于康德,以罗尔斯、哈贝马斯为代表),一些学者主张回归传统德性(以麦金太尔、牟宗三为代表)。日本成功的重要文化原因之一,就在于其在走向现代化的过程中,超越了“中体西用”的妄自尊大和“西体中用”的妄自菲薄,实现了儒学传统的创造性转化和创新性发展,走出一条中西文化“你中有我,我中有你”,或“不中不西”又“即中即西”的文化道路。

在当前对于这一问题研究现状的基础上,笔者尝试从精神秩序重建的维度切入,既反对强制性的文化秩序,也抵制肆意妄为的无序追求。秩序井然是一切事物能够有条不紊且循序渐进发展的基本保证,失序则往往容易导致混乱、倒退甚至崩溃。正如自然规律支配下的自然秩序调节着自然界的运动变化,法治伦理规范和纪律规章制度等约束下的社会秩序调节着社会历史的持续发展一样,精神世界的欲求、情感、认知、评价、意志和超验等维度，在倾向于追求自由的过程中也离不开一定的秩序以避免精神世界的紊乱。如果说礼治秩序和法治秩序是人类社会发展的“消防设施”，那么人的精神秩序则可以“防患于未然”。社会的健康发展和精神的和谐有序往往相辅相成、良性互动。同样，社会发展的暂时倒退也往往伴随着精神的紊乱失序，如古希腊与罗马帝国的毁灭期，以及中国每一封建朝代的末期。在现代化的征程中，当代中国人的精神世界一定程度上出现了精神贬值、意义失落、道德坍塌、虚无侵袭等诸多问题。破解当代人精神世界的这些现存问题，迫切需要重建与中国现代化建设实践能够良性互动的精神秩序。

当代中国身处社会转型与精神失序的历史境遇，这是我们提出重建当代中国人精神秩序的时代背景：首先，中国社会转型期，在工业化、市场化、全球化、信息化、网络化和大数据等的影响下，适应于农业社会的传统规则已逐渐成为历史陈迹，而新的现代规则尚未完全成型。传统社会依赖的道德规范和礼治秩序遭遇到世俗化的急剧冲击。其中，比较突出的是渴望满足的诸种欲望过度膨胀，而转型期尚不健全的规则无法对其形成有效且合理的制约。在个人欲望过度膨胀和社会上物欲横流的冲击下，情感迷失、认知和评价缺乏理性、道德虚无和信仰缺失等逐渐成为困扰人们精神生活的主要问题。当代中国人的精神世界失去了能够互相制约、互相调节的合理秩序。其次，中国社会转型期，人们的生产方式、生活方式、交往方式和利益诉求，出现了多样性和多元化，以及整体性的现代转型。与之相应，情感欲望、社会心理、思维方式和价值取向等也日益多元和多样，并不可避免地伴随着一定的冲突。当代中国人的精神生活失去了有主有次、相对稳定的健康秩序。再次，中国社会转型期，各种文化力量都在争夺话语权，试图扩大“地盘”或增强影响力。在当代中国的文化景观中，新中国成立后成为国家层面意识形态的马克思主义文化，“西学东渐”以来渐次传入的西方文化,以及作为精神血脉与民族性象征的传统文化等三大文化生态之间,逐渐涌现出“对话不足、对抗有余”的文化局面。当代中国人的精神文化失去了吸收借鉴、融合共进的良性秩序。最后,中国社会转型期,个性解放和人格独立的现代性意识在启蒙的洗礼下茁壮成长,作为社会历史发展动力的人性的力量、思想的力量和精神的力量在时代的召唤下蓬勃喷涌。追求自由和渴望发挥内在力量的动向,冲击并不断改变着积淀而成的精神秩序,意志自由和精神秩序的矛盾日益凸显。

在如此的时代境遇和精神状况下,借鉴国内外学者在相关问题领域中的探索,我们重建当代中国人的精神秩序至少应涵摄以下五个方面的内容:其一,优化制度结构。经济运行方式、政治体制、社会结构、法制体系和道德规范,是制约和影响甚至是决定人的精神世界与精神生活的外在环境条件。在社会转型期应不断优化外在的制度结构,这是重建当代中国人精神秩序的依赖条件。其二,整合文化生态。犹如阳光、水、空气和食物等自然生态影响人的身体健康一样,作为“第二自然”的文化生态也影响着人的精神健康发展。在当代中国,作为党的指导思想和国家层面意识形态的马克思主义文化、“西学东渐”以来渐次传入的西方文化和数千年历史中渗透进我们血脉里成为民族性象征的传统文化,构成影响当代中国人精神世界现代转型的三大文化生态。重建当代中国人的精神秩序,需要整合这三大文化生态,发挥当代中国文化的整体性力量。其三,归位精神结构。即内在精神结构的诸维度,以及各个维度所遵循的基本逻辑和适应的主要原理,都要各就其位并发挥各自的功能,不能随意缺位或越位。其四,发挥内在精神的传承性、整体性和能动性。当代中国人的精神秩序,理应适应现代化征程和社会转型期的历史境遇,既充分汲取传统文化的精华性

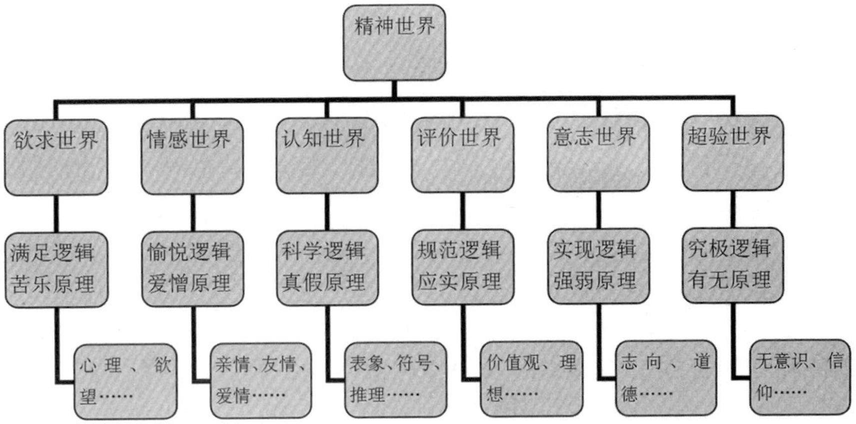

"一体六维"的内在精神结构图(自上而下依次为:"一体","六维",遵循的基本逻辑和适应的主要原理,因素列举)

因素,又不断积淀适应时代的现代性因素,还要注重发挥内在精神世界的整体性和能动性力量。其五,倡导理想信念。在一个欲望主宰和感性至上原则盛行的时代,精神缺钙和信念缺失的问题,成为发挥精神的力量之软肋。提升和激发敬畏之心和理想信念在当代中国人精神秩序中的地位和力量,无疑是针砭时弊的一剂良方。

四、当代中国人的文化生活危机与精神重建

面向"中国问题"的文化哲学研究理路,既是文化哲学理论发展的逻辑要求,也是现实生活世界的迫切需求。当代中国人的精神文化生活,在精神传统断裂后产生了强烈的意义失落与无家可归的感觉,而这种感觉加之缺乏启蒙诱发的深刻的主体理性意识,就容易在多元思潮中显得无所适从。重建当代中国人精神生活的历史传承性、主观能动性和整体统一性为破解这样的文化生活危机提供了契机。

我国的文化哲学研究,从 20 世纪 90 年代初逐渐凸显,至今方兴未艾。任何哲学形态的持续发展都离不开反思意识与批判精神的内在驱动。从“居安思危”的问题意识出发,我们的文化哲学研究,或者倾向于揭示哲学的文化内涵,或者致力于阐发文化的哲学价值,或者执著于某种文化哲学形态,尽管无人否定文化哲学的现实关怀维度,但是真正面向“中国问题”的文化哲学研究,并没有取得与对它的呼声相对等的研究理路与研究成果。我们这里在文化哲学的视域下集中关注现代化进程中当代中国人的精神文化生活问题。从历时态看,当代中国人的精神文化生活在传统文化认同危机、文化启蒙相对缺失、多元文化思潮冲击等历史性因素的综合影响下,首先是精神传统断裂后产生了强烈的无脉可承、无根可依、无家可归的感觉,而这种感觉加之缺乏启蒙诱发的深刻的主体理性意识,就容易在多元思潮中显得无所适从。如何应对当代中国人的文化生活危机,如何重建与现代化良性互动的当代精神文化生活,理应成为面向“中国问题”的文化哲学研究关注的重要问题。

(一)

造成当代中国人文化生活危机的第一个历史性因素是传统文化认同危机。现代化发端于西方,中国的现代化进程呈现出一定的“外发依赖性”。以市场经济取代自然经济,以民主政治取代独裁专制,以自由文化取代文化统治的现代化模式,对中国的现代化进程也产生了深刻的影响,这必然造成人们对传统文化的认同危机。文化认同这个术语指的是以有意识的具体的特定文化构型为基础的社会认同。历史、语言和种族对文化认同来说,都是可能的基础,并且它们都是被社会性地建构的现实。即便是认识到所有认同的建构程度,这也并不会使它们成为虚假的或意识形态的。现实的剧变必然引起文化模式的变化。当代中国的时代特征、实践发展及其与传统社会的“断层”现象,是造成当代中国人传统文化认同危机的现实基础。而特定的历史时期(比如五四时期与“文革”时期)的激烈的反传统倾向,无疑加重了这一危机。作为中国传统文化主脉的儒家哲学一向重视“修己内圣”。对此,梁启超曾作出这样的概括,儒家哲学范围广博,概括说起来,其用功所在,可以《论语》“修己安人”一语括之。其学问最高目的,可以《庄子》内圣外王一语括之。做修己的功夫,做到极处,就是内圣;做安人的功夫,做到极处,就是外王。至于条理次第,以《大学》上说得最简明。《大学》所谓“格物致知诚意正心修身”,就是修己及内圣的功夫;所谓“齐家治国平天下”,就是安人及外王的功夫。儒家文化内在地充满人文关怀。因此,按照儒家文化修身养性,可以为人生提供一定的意义根据。然而,这种文化传统在当代遭遇了深刻的认同危机。这里存在着历史因素的影响,比如五四运动的打倒孔家店、扔掉中国书;20 世纪 50 年代的移风易俗、破旧立新;“文化大革命”这一政治运动的革“文化”之命等。这些历史性原因导致的传统文化认同危机主要表现在:讨论文化差异时的“中西”问题转化为“古今”问题;对传统文化的不信任与对西方文化的盲目“崇拜”;凸显传统文化遗产与现代文明的冲突等。传统文化认同危机渗透到当代中国人的精神世界,主要表现为人们在精神生活上感觉到“无脉可承”“无根可依”“无家可归”了。

针对传统文化认同危机的现代性精神问题,可以从重建精神生活的历史传承性寻求破解的契机。重建精神生活的历史传承性,一方面是重建“遗传”,即对历史精神的继承;另一方面是重建“承新”,即对新时代精神的吸收与内化。这两个方面是同时并存、不可或缺的,否则容易造成精神生活中的“墙上芦苇”(缺乏“遗传”)或“退耕还林”(缺乏“承新”)现象。在人的生活世界中,现实物质生活条件是随历史进程而不断发展创新的,内在精神生活也需要一定的历史感。缺乏历史感的精神生活极易流于肤浅化与碎片化,加剧空虚焦虑的感受与及时行乐的风气。同时,人的精神生活也需要一定的现实感。一味地沉陷于缅怀传统,让“死人抓住活人”,就会使精神生活失去活力与乐趣。丧失了现实基础的精神生活也必将如浮云流水般无依无靠。

前现代和现代的生活方式与精神感受有着很大不同。鲍曼就认为,在前现代,创造性并没有成为人确证自身存在的方式。相反,人必须通过对于世界本有的自然秩序与结构来建立自己的生活。因此,一种内含自我平衡和自我维持机制的生活方式被作为追求的目标。对于这种生活方式而言,世界的存在表现为一种稳定、和谐的结构。这一结构不是控制和改造的对象,而是以敬畏之心进行苦思冥想的对象,或者是进行坚持不懈的刻苦钻研的对象。这里,鲍曼深刻地揭示了传统精神生活具有心存敬畏、追求适应的特征。这种精神生活与注重创造性的现代精神生活存在着深刻差异。值得注意的是,正是差异才能构成“历史”,因为完全相同的东西是无所谓历史的。在这个意义上,所谓重建精神生活的历史继承性,也就是对精神生活的历史差异性的承接与延续。对当代中国人的精神生活而言,适应性与创造性无疑都是不可或缺与无可替代的。现代性的精神生活需要传统精神生活的内容及其方式的补充。在传统的精神生活中,秩序赋予人的生存以意义。正如查尔斯·泰勒所发现的,人们过去常常把自己看成一个较大秩序的一部分,在某种情况下,这是一个宇宙秩序,一个伟大的存在之链……这些秩序在限制我们的同时,也赋予世界和社会生活的行为以意义。与传统相比,以主体性为依托的现代性充满创造性与自由性,但是这也造成了整体性视野与崇高目标感的丧失。现代的个人主义价值观,虽然给主体的自由开放了很大的空间,但是个人也同时失去了其行为中的更大的社会性与宇宙性的视野,以及那些更高的目标感。传统的精神生活以缺失自由性与创造性为代价,获得了整体性的生活价值与意义;现代人的精神生活获得了自由选择与创造意义的契机,却往往因失去标准之后流于变动不居,以至于找不到价值坐标与意义支撑。对于人的精神生活而言,整体性视野、崇高目标感、自由选择的空间、活力与创造性等都需要拥有一定的位置。重建精神生活的历史传承性,就是试图寻找传统精神生活与现代精神生活之间充满活力与张力的动态平衡。当然,这里的现实途径与具体方案目前尚不明确,甚至对其可能性也不是确定无疑的。然而,至少可以肯定,在这里进行探索不会因迷失方向而误入歧途。

在当代中国人的精神生活中,一方面,传统文化赋予人们生活的意义根据出现了严重危机。在这里,无论是儒家的德性论、道家的自然观,还是禅宗的顿悟论,抑或各种民间宗教,都曾通过使人的精神世界与天道、天理或天命密切关联,从而在稳定的秩序中给人的精神生活提供一定的道德标准、价值坐标和意义支撑。然而,在现代化与全球化的实践冲击和"欧风美雨"的理论交锋中,这些精神资源一定程度上失去了魅力,丧失了其原有的解释力、说服力和影响力。另一方面,披着现代外衣的中国人,骨髓里还深受着根深蒂固的传统文化的影响。在某种程度上,还往往以传统的人情对抗现代的法治,以传统的经验对抗现代的理性,以传统的因循对抗现代的变革,等等。试图遗忘传统却难以割舍怀旧情怀,试图跟上时代又缺乏适应时代的精神基础。以传统对抗现代固然不可取,以现代割裂传统也不可能。这种悖论式存在"纠结"着当代中国人的精神世界与心灵生活。时代的精神困境要求我们,重构当代中国人的精神生活,需要深入探索如何保持历史"遗传"与现代"承新"之间的张力与平衡。值得注意的是,对于当代中国人的精神生活而言,传统不仅包括传统的中华文明,也包括在中国流传,并在中国化的过程中逐渐成为指导思想的马克思主义及其当代形态,以及 1840 年以来,随着"西学东渐"而渐次涌入中国的西方文化。在现代化进程中,如果能正确对待这三种文化的交流与融合,从中挖掘与整合出符合并推动现代性的精神资源,那么,我们或许能够通过重建当代中国人的精神生活的历史传承性,使其显示出独特优势,并充满魅力,甚至呈现出普世价值性的特征与影响。

(二)

造成当代中国人文化生活危机的第二个历史性因素是文化启蒙相对缺失。传统文化认同危机,如果能辅之以启蒙运动的价值支撑,也能相对缓解意义失落的问题,然而这一方面的历史境遇仍然不容乐观。西方的启蒙运动,是随着历史发展在西方社会内部生成的,它以西方自身的传统文明为基础。无论是卢梭的“消灭一切害人虫”,还是康德的“独立运用理智”,都显示出西方启蒙运动的全面性与彻底性。这些思想一直延续到韦伯的“离神远去”及霍克海默的“去除蒙昧”。与之相比,中国的两次“启蒙运动”则显得准备不足、影响不深,且又缺乏系统性。五四时期的“思想启蒙”主要是救亡图存遮蔽了现代启蒙。而 20 世纪 80 年代中期所谓的“新五四启蒙运动”,则主要是解除思想束缚以推动经济发展。两次启蒙都相对缺乏深入持久的现代性的文化批判与精神批判。具体来说,中国式的启蒙与西方式的启蒙,在兴起背景、针对性、学理性和结果上存在很大不同:西方 17、18 世纪的启蒙运动,是工业发展与资产阶级兴起的时代要求,中国五四时期的启蒙,面对的是危亡中的国家,负有救亡图存的历史使命;西方式的启蒙针对的是宗教权威及盲目依赖式的信仰,中国式的启蒙针对的是儒家封建文化及传统文化中的其他弊端性因素;西方式的启蒙不仅有现实的政治意义,而且有着系统的学理支撑,产生了像卢梭的《社会契约论》、孟德斯鸠的《论法的精神》、康德的三大批判,以及黑格尔的《法哲学原理》等有关启蒙的经典著作,而中国式的启蒙则是以西方文化为武器批判传统文化,借助于西方的思想理论达到经世致用的现实目的,缺乏影响深远、意义深刻的经典著作;在结果上,西方式的启蒙使理性与自由的理念深入人心,而中国式的启蒙主要是推动了科学与教育的发展,以及解除了一定的思想束缚,进而推动了经济发展。相对于西方的启蒙运动,中国式的启蒙可以说是相对不足,甚至一定意义上可以说是相对缺失。这对中国人的精神世界造成的影响,主要是以理性与自由为支撑的主体意识严重不足,进而影响到人们的法制意识、民主意识、平等意识、竞争意识和创新精神等适应市场经济及民主政治的现代精神的培育。

针对文化启蒙相对缺失的现代性精神问题,可以从重建精神生活的主观能动性寻求破解的契机。这种主观能动性,实际上正是精神世界与精神生活的本性,也是现代化进程及现实生活世界的迫切需求。现代化进程也是世俗化取得居高临下地位的过程。对于世俗性转向,在西方,主要是在世界的去魅中神性的离场;在中国,则主要是整体性的失落与“礼崩乐坏”式的失序。这种转向可以具体表征为消费逻辑高于生产逻辑,享受优于劳动,大众文化取代精英文化,追求自由个性等诸种文化现象。因此,在现代生活世界中,出现了乌尔里希·贝克所说的如下现象,即个人的生活方式变成了用个体的方案去解决系统矛盾。或者用鲍曼的话来说,即各种机构不再试图用预先设计和准备好的惯例来替代个体选择,但是,个体不得不面对稳定的压力,即不得不凭借个体的力量去解决不断变化的社会条件带来的不可预测性、非连续性和空虚。现象往往与假象结合以遮蔽背后的真实。世俗化时代精神生活似乎拥有更多自由的表象,也使人忽视武断选择的混乱与匿名权威的控制。麦金太尔就从道德分歧中发现了武断选择的决定性作用:所谓的当代道德分歧,不过是些相互对立的意志的冲突而已,每一意志都是由它自己的某些武断选择所决定的。从自觉到武断选择的混乱,并在生活中对之持拒斥态度的人,往往会陷入对权威的迷信。在当代生活中,除科学专家、心理专家、健康专家和幸福专家等“实名权威”对人的日常生活及精神生活方式的明显影响之外,“匿名权威”的控制也无所不在。这从广告宣传对人的口味、视觉等欲求的影响,大众传媒对人的情感与意志的渗透,以及人们对影视明星、歌星等名人的言行举止与穿着打扮的模仿中可见一斑。由此而言,在从前现代到现代的历史进程中,人的精神生活似乎复制了从童年到成年的历程,即从自在到自由自觉,再到异化与失落。

重建精神生活的主观能动性,既是对当前精神生活的受动性与依赖性倾向的批判,又是对精神生活的独立性与能动性的肯定,还是对自发性与原创性的精神生活的启蒙与建构。1816 年 10 月 28 日,在海得堡大学的开讲词中,黑格尔曾理性地肯定了精神的地位与力量。他认为,人既然是精神,则它必须而且应该自视配得上最高尚的东西,切不可低估或小视他本身精神的伟大和力量。精神生活的主观能动性问题源于人的精神性存在,正是这种精神性存在使人与世界产生不可弥合的分裂,人又通过实践及相应的精神生活试图弥补此种分裂。在重建精神生活的主观能动性,使人在精神生活中重返内在与外在统一的生活,进而找到生活的价值与意义的道路方面,无论是审美之路的诗化依托,还是救赎之路的坦然承受,都离不开发挥精神生活的主观能动性,尤其是不能忽视主动与感性或神性结合的重要性。依此逻辑,还可以有第三条道路,即认知之路。这条道路虽然受着真假原理的制约,却也可以在冷静的观察、虔诚的思索、恭敬的追问,以及“为了求知而求知”的探索中,使精神生活获得简单却源源不断的意义。在许多大科学家那里,可以看到这种精神生活的具体表现。当然也可以有其他的道路,因为探索之路毕竟是敞开的。不过在探索不同道路的时候,发挥精神生活的主观能动性,却是帮助我们避免误入歧途的路标。

(三)

造成当代中国人文化生活危机的第三个历史性因素是多元文化思潮的冲击。传统文化认同危机加上启蒙相对缺失,导致了中国人对精神文化缺乏自觉与自信,这就比较容易受外来思潮的冲击与影响。

1840年鸦片战争以来，最初是战争的耻辱刺激，后来是现代化的现实驱动，从船坚炮利到技术经济再到政治制度结构的“西方崇拜”，成为历史主流与时代潮流。虽然儒家思想及其“复兴”也在发挥着自身的作用，却最终在整个思想文化层面上，形成了某种意义上可以说是跟着西方“亦步亦趋”的局面。此外，1989年的“苏东剧变”，一定程度上冲击了处于指导思想地位的马克思主义，却没有影响人们继续学习西方的价值取向与浓厚兴趣。然而，在学习西方文化的时候，我们却逐渐地发现西方文化是多元的。随着意志主义、生命哲学、逻辑实证主义、实用主义、现象学、存在主义、解释学等西方现代哲学思潮的引入，我们的思想文化跟着西方文化也一时呈现了“欣欣向荣”的景象。只是在西方思潮中，科学主义与人本主义的对立，也在某种程度上分裂着我们的精神信念。西方文化不仅是多元的，而且是在不断发展变化着的。对于西方思潮来说，从理性主义到非理性主义、从现代主义到后现代主义，唯有变化才是不变的。而变化着的东西远比一成不变的东西更能迫使人们注意它们。这是我们精神生活的一条普遍准则。于是，我们的思想文化就开始随着西方“潮起潮落”了。此起彼伏的“杜威热”“尼采热”“弗洛伊德热”“萨特热”“海德格尔热”“哈贝马斯热”等思想导师迷信，也开始“你方唱罢我登场”了。帕斯卡尔曾正确地区分过三种性质不同的秩序：客观世界感性的秩序、思维世界理性的秩序和心灵世界精神的秩序。且不说这种区分可能存在某种不足之处，至少它深刻地提醒了我们：思维世界与心灵世界需要一定的“秩序感”。这种对秩序感的需求，在我国20世纪90年代的反西化思潮中表征出来了。这股思潮主要就是遵循着整体主义的思维逻辑，表达了对多元与变动的西方文化思潮的强烈不满。比如，后现代文化批判（以张颐武、陈晓明为代表）以西方文化中有“东方主义”偏见为由，将整个西方话语“他者化”，以此得出“现代性在中国终结”的结论；海外新左派（以崔之元、甘阳为代表）将作为中国工业化模式之一的乡镇企业,夸大成为具有标志性意义的中国现代化普遍模式;盛洪从西方国家在国际关系中奉行“社会达尔文主义”这一个别性事实,推导出西方文明的整个不文明性,进而“寄希望于中国文化”。正如西化思潮有着深刻的历史原因,反西化思潮也有着一定的现实原因。中国经济的高速起飞与稳定发展,以及20世纪80年代以来,与西方接触增多,利益冲突也增多(比如西方尤其是美国对中国“入世”与“申奥”的阻挠、贸易摩擦等),这是现实基础;综合国力的不断提高与国际地位的相应低下、民族自信与国际轻视等触目惊心的对比,刺激了知识分子的民族主义情绪,这是反西化思潮的心理基础。在当代中国,“苏东剧变”冲击了我们的社会主义信念,西方思想文化的多元与变动造成了我们的思想混乱,而西化思潮与反西化思潮的冲撞,则进一步加深了我们的精神迷惑。一定意义上可以说,在多元思潮冲击下,我们的精神世界显得越来越“忐忑不安”与“无所适从”了。

针对多元思潮冲击的现代性精神问题,可以从重建精神生活的整体统一性寻求破解的契机。如果说前文针对传统文化认同危机重建精神生活的历史继承性是对现代性的精神重建的历时态探求,那么这里重建精神生活的整体统一性则是一种共时态的思索。

在传统农业文明中,中国人的精神生活尽管受到诸种压抑,却是在缺乏自由的状态下趋向统一的。在这种情况下,欲求在理与德的制约下,无法恣意妄为。然而,在缺乏自由意识与平等意识的氛围中,精神生活受到风俗习惯与日常礼仪的控制,呈现出一种“生命不堪忍受其重”的沉闷境况。随着现代化进程与现代性深入人心,在现有的可能性空间中,当代中国人的精神生活获得了充分的自由选择的权利。然而,在一定程度上,这种精神生活也从传统的统一走向了现代的分裂,呈现出因缺乏选择标准的“生命不堪忍受其轻”的空虚景观。其中最为典型的特征,就是欲求生活突破制约之后的肆意妄为、无所不为。在现实生活中,一定范围内流行的拜金主义、权力本位、享乐主义等,就是其具体表现。对于这种现象,许纪霖称之为“彻底世俗化”。他曾指出,当代人精神生活的意义、个人认同的建立,无不依赖于欲望的满足、物欲的占有和无穷的消费基础之上,社会彻底世俗化了。

推动当代中国人的精神生活从分裂走向统一,既是内在精神世界之统一本性的要求,也是克服现实精神困境的一剂良方,还有利于发挥精神的整体性力量以推进现代化进程。针对当前精神生活中欲求凸显的现状,我们固然无法取消欲求。因为欲求既是现实的人的本能,也是推动社会历史发展的驱动力。然而,与其沉沦于欲求生活的过度膨胀,而在其满足逻辑中重复经受苦乐原理带来的“钟摆式的痛苦”,不如同时开拓精神生活的其他领域。比如,用愉悦的情感平衡过度的欲求,用科学的认知与合理的评价制约欲求,用伦理生活的德性逻辑制约欲求,也可以以超验生活为欲求生活的张力。如此一来,当精神生活出现问题时,我们先定位问题出在哪一维度,然后以其他维度进行制约。这样出现问题的维度就会获得其他支撑而继续保持平静,不同的维度也可以在适度的张力中寻求微妙的平衡。

五、精神重建与中国现代性建构

作为现代化的生成目标、本质根据和理论表达,现代性以科技化推动下的工业化为动力驱动,以理性意识、科学精神和人本思维构筑的主体性为内在支柱,以市场经济、民主政治、公民社会和自由文化等互相关联的基本架构为表现征候。在“物的世界的增值同人的世界的贬值成正比”的残酷现实面前,现代性理论多副面孔的绚丽光彩,难以掩盖其“单向度”实践的黯淡。作为中国现代性建构题中之义的“精神重建”,依赖于“平衡有余、动力不足”的传统文化,“批判有余、建设不足”的西方文化和“引领有余、整合不足”的马克思主义文化等三大“文化生态”的不断优化。

作为现代化的生成目标、本质根据和理论表达，现代性以科技化推动下的工业化为动力驱动，以理性意识、科学精神和人本思维构筑的主体性为内在支柱，以市场经济、民主政治、公民社会和自由文化等互相关联的基本架构为表现征候。中国现代性是中国人民在现代化的征程中追求的根本目标，是以“中国方式”实现现代化的依据规范。中国现代性的建构，既不能完全偏离一般现代性的基本要求，又不可避免地带有一定的中国特征。作为后发外生型现代化的典型，中国现代性正处于生成之中。因此，我们无法清晰地描绘中国现代性的完整图景，还需要在既借鉴西方经验又结合中国实际的基础上进行不断的建构。在当前关于中国现代性建构的话语体系中，我们的理论研究较多地集中于现代性在科技、政治、经济和社会发展诸方面的体现，现代性的制度层面，以及文化层面上中国传统文化的现代转化等问题。对于理应成为中国现代性建构题中之义的精神重建问题，研究比较薄弱，缺乏系统深入且有影响力的成果。基于这种研究现状，这里集中探讨精神重建与中国现代性建构这一问题。

（一）现代性的多副面孔及其“单向度”实践

在当今时代，讨论与现实实践有关的问题都无法绕开现代性这一理论话题，现代性理论犹如一顶大幕覆盖着几乎所有的现代问题及其相关理论。然而，当研究者热情一致地转向现代性理论时，却往往遗憾地看到其争论不休的多副面孔：有的学者从理性维度界定现代性，如贝斯特和凯尔纳就认为从笛卡儿起，贯穿着整个启蒙运动及其后继者，所有关于现代性的理论话语都推崇理性，把它视为知识与社会进步的源泉，视为真理之所在和系统性知识之基础。有的学者从历史维度界定现代性，费瑟斯通认为19世纪末20世纪初的德国社会学理论

(目前,现代性这个词的许多意义都是从那里引申出来的),现代性是与传统秩序相对比而言的,它指的是社会世界中进化式的经济与管理的理性化与分化过程。哈贝马斯也认为,“现代”这一术语经常表示的就是一个时代概念,这个时代本身与古老的过去相关联,目的在于把自身看作是由旧到新转变的结果。有的学者从制度层面来界定现代性,如吉登斯就认为必须从制度层面来理解现代性,它包括:(1)对世界的一系列态度、关于实现世界向人类干预所造成的转变开放的想法;(2)复杂的经济制度,特别是工业生产和市场经济;(3)一系列政治制度,包括民族国家和民主。还有的学者从文化维度界定现代性,如法国诗人波德莱尔对现代性的经典界说:现代性是短暂、瞬时、偶然;它是艺术的一半,另一半则是永恒与不变。卡林内斯库认为,美学现代性从文化上讲则是批判与自我批判的,它致力于对社会领域现代性的基本价值观念进行非神秘化。

以上只是摘举了几个有代表性的观点。实际上,正如不同的哲学家在阐释其哲学观点或建构哲学体系时,都前提性地给出哲学的定义一样,不同的学者在研究现代性理论时,往往都有自己对于现代性的定义。值得注意的是,在对于现代性理论争论不休的过程中,越来越多的学者开始使用“多元现代性”来表征现代性的多副面孔。2000年美国期刊《代达罗斯》(Daedalus)出版了一期专集,集中探讨多元现代性问题。许多研究现代性问题的著名学者,如S. N. 艾森斯塔特、威特洛克、杜维明等,针对普遍存在的尊崇西方式现代性的观点,深入探讨了多元现代性的可能性。其中,艾森斯塔特的观点具有一定的代表性,他认为现代性的历史应当看成是多种多样的现代性文化方案和多种多样具有独特品质的制度模式不断发展和形成、建构和重新建构的过程。杜维明主要以“东亚现代性”为例主张现代性的多元性。他提出,儒家的东亚能在不彻底西化的情况下成功地实现现代化,清楚表明现代化可以有不同的文化形式。因此可以设想,东南亚可以实现它自己的现代化,既不是西方化的也不是东亚化的……没有理由怀疑拉丁美洲、中亚、非洲以及世界各地固有的传统都有发展的潜力,从而形成自己的有别于西方的现代性。此外,香港《二十一世纪》杂志 2001 年 8 月号也辟专栏,集中讨论多元现代性问题。在这些探讨中,尽管对于何谓现代性以及现代性究竟是趋一还是多样的仍然存在各种各样的争论,但大多数学者趋向于反思单一的西方式现代性,主张对现代性进行开放式的探索。

与在理论探讨上呈现出多副面孔形成鲜明对照的是,在现代性的实践过程中,我们发现,物质文明的高速发展并没有相应地带来精神世界的丰富、精神生活的充实和精神文化的繁荣。马克思曾用物的世界的增值同人的世界的贬值成正比,物质力量成为有智慧的生命,而人的生命则化为愚钝的物质力量等论断,深刻地揭示了现代性实践的这种单向度发展。马尔库塞和弗洛姆也借助于弗洛伊德的精神分析理论和马克思的历史唯物论,深刻揭示了现代化对人们的精神文化的冲击和对心灵生活的压抑,并从艺术审美和爱欲解放、社会改良和性格结构变革等不同维度,探寻如何破解现代性的精神萎缩困境。具体而言,现代性实践的"单向度"主要体现在:与意义失落、价值坍塌、信念缺失等精神文化的深层危机相应的是,工具理性、消费主义、个人主义、功利主义、享乐主义等浅层文化颇为盛行;名、权、钱等外在性的东西成为衡量成功与否的主要标准;以人们花费在精神文化生活上的时间作为衡量标准,人们的精神文化生活质量呈现出明显的下降趋势;追求占有的物化生存方式成为世俗化时代的主流生活观念,精神文化的虚无主义取向兴起。

(二)作为中国现代性建构题中之义的"精神重建"

所谓的精神重建,就是要求我们把理性的目光从科学世界、生活世界转向人的精神世界之后,综合考虑精神世界的诸多要素及其相互关系、运行机制，并以此为基础进一步划分人的内在精神结构，探寻其遵循的基本逻辑与适应的主要原理，进而在从传统向现代转化的视野中，梳理当代中国人的精神文化生活状态，反思其存在的问题及与现代化不相适应的取向，在逐渐地把适应现代性的文化因素融入人们的精神世界与精神生活的同时，也要坚守精神文化对于现代化进程的理性监督和文化纠偏功能，最终致力于建构与现代化良性互动的精神世界、精神生活和精神文化。这样的精神重建之所以理应成为中国现代性建构的题中之义，主要是因为：

首先，西方现代性的“单向度”实践，启发我们的现代性建构决不能忽视精神重建这一维度。在已经实现现代化的西方国家，如果无论物质生活、政治生活和经济生活，还是生存方式、精神世界和精神生活，都已经形成一个理想的现代性框架，那中国现代性的建构只需学习西方就行了。然而，在西方现代性建构的现实中，物的增值与精神贬值并行不悖，这既违背了经济社会发展最终是为了人的自由全面发展的人本理念，也严重影响着现实生活世界中人们的生活质量与精神幸福。西方这种单向度的现代化发展模式启发我们的现代性建构必须坚持物质文明与精神文明并重。值得进一步指出的是，由于历史发展阶段的错位，西方思想理论家对于现代性的文化批判也不能为我们直接借鉴。比如，在我们正需大力发展现代化的时期，西方一些思想家喊出了“历史步入后现代”的口号；当我们还需要继续深入地进行现代性精神启蒙的时候，西方一些理论家已经全面反思并系统批判了启蒙的诸种弊病；当我们的主体性建设方兴未艾且渐入佳境之际，现当代西方的人文主义思潮已经建立了“后主体性”的话语体系。因此，我们不能简单模仿西方的现代性建构及其现代性批判，而应把“精神重建”纳入我们的发展规划，坚持走兼顾物的发展与人的发展尤其是精神文化发展的中国式现代化道路。

其次，中国现代性建构过程中的赶超战略，挤压了精神重建问题。

中国的现代化进程正式起步于 1840 年,鸦片战争的阵痛惊醒了传统农业文明大国世界中心的迷梦。在“重回中心”的民族意识支撑下的“赶超战略”,成为从康有为、孙中山到中国共产党人塑造中国现代性的重要选择。对中心地位丧失的痛心以及追赶西方的急切民族心态,使中国现代化征程中陆续出现的先进思想观念(从洋务派的“中体西用”、维新派的“君主立宪”,到革命派的“民主共和”,再到五四人的“科学与民主”)都没有能够通过深层的文化启蒙逐渐渗入中国人的精神世界与精神文化之中。改革开放以来,在“时空压缩”及其催发的追赶心态影响下,我们过于追求现代化“看得见的成果”,从而造成与物质文明建设的“高楼大厦”相比,我们的精神文明建设显得有些“人微言轻”,尤其是具有世界影响力的现代性精神成果某种意义上可以说是一片空白的结果。在这里,深受传统文化影响、缺乏深层文化启蒙又遭遇现代性猛烈冲击的当代中国人的精神世界与精神文化生活,成为当前中国全面深化改革、继续推进现代化的深层文化阻滞。比如,党内“精神懈怠”的危险容易导致理想信念缺失和工作热情低迷;青少年中一定范围内存在的“厌恶劳动、娱乐至死”的流行意识,影响着青少年的身心健康和茁壮成长;社会上一定范围内存在的以经验积累抵制理性反思、以循环论反对创新论、以人情反抗法治等现象所形成的“潜规则”,既不利于建构现代化以其丰富的内涵、多维的特征和深邃的精神所要求的科学、自由、民主等精神与意识,也不利于个人主体意识、社会契约精神、经济理性化、管理科层化、公共领域自律化等现代性因素的滋生。

再次,中国现代性建构离不开人的现代化,而人的现代化离不开精神重建。美国社会学家英克尔斯曾经指出,一个国家只有当它的人民是现代人,它的国民从心理和行为上都转变为现代的人格,它的现代政治、经济和文化管理机构中的工作人员都获得了某种与现代化发展相适应的现代性,这样的国家才可真正被称为现代化的国家。否则，高速稳定的经济发展和有效的管理都不会得以实现。即使经济开始起飞，也不会持久。在中国现代性建构的过程中，如果人们的精神世界、精神生活和精神文化，始终深受传统文化因素的影响，没有滋生适应现代性的精神文化因子，没有实现精神现代化，那就谈不上人的现代化，而离开中国人的现代化，中国的现代性建构只能徒有现代化的外表形式，永远无法实现真正的现代化。

最后，精神重建能够助力中国现代性建构。这主要是因为：第一，一个充盈着现代性因素，能够适应现代化进程的精神世界，既不会产生抵制现代性的心理观念和价值取向，也能够避免“时空压缩”和“赶超心态”易导致的偏重经济发展的“单向度”现代化模式；第二，通过精神重建生成的综合型精神文化，兼具传统精神文化的积极因素和现代精神文化的因子，能够与现实始终保持一定的间距，并通过文化批判对现代化进程进行不断纠偏，使其不至于误入歧途；第三，从传统精神生活到现代精神生活一般都会经历这样的转变：欲望情感由禁欲、专一向感性、重占有、纵情倾斜，思维方式由固化、权威向流动、瞬间、当下转变，价值取向由超越、崇高向世俗、虚无位移。我们的精神重建如果能够兼收并蓄，建构出稳定性与流动性、科学性与价值性相统一，与现代化良性互动的精神文化，就能够为人类文明进程作出贡献，从而在现代性的精神文化发展领域拥有一定的话语权。

（三）优化当代中国人精神重建的“文化生态”

精神重建依赖于一定的现实环境和生活条件。比如劳动分工与社会分化、制度结构与规范体系、现代传媒与价值符号、生活世界与生存方式等，都影响着人们的精神世界、精神生活和精神文化。其中，作为“第二自然”的文化，对人的精神重建具有直接性和根本性的制约与影响。在当代中国，作为民族性象征的传统文化，“西学东渐”以来渐次传入的西方文化，以及新中国成立后开始成为国家层面意识形态的马克思主义文化，构成当代中国人现实生活世界中的三大文化生态。当代中国人的精神重建，主要依赖于这三大文化生态的不断优化。

作为主流文化形态的马克思主义文化，以党的指导思想和国家层面的意识形态的形式，主导和引领着社会思想潮流。马克思主义文化既批判资本主义（反西方）又批判传统社会（反封建）的特征，符合当时处于半殖民地半封建社会的中国大众的呼声和需求；马克思主义主张超越资本主义的社会主义和共产主义，契合了曾经处于世界领先地位的中华民族不甘人后、喜欢领跑的“中心情结”；马克思主义唯物辩证的哲学方法、实用理性的思维方式、群体本位的价值取向和追求均等的大同理想，具有与中国传统文化相通的文化素质。马克思主义文化能够在中国传播和盛行的这些历史必然性和现实合理性，使其在中国曾一度发挥过文化启蒙的作用，并以强大的文化引领和整合作用成功地推动过中国革命和建设的历史实践。然而，当代中国由以革命为中心转向以建设为中心、由偏重经济发展到也重视文化自觉和精神生活的过程中，尤其是对于当代中国人的精神重建来说，马克思主义文化整体上显得有些“引领有余、整合不足”。即作为党的指导思想的中国化的马克思主义，继续引领社会思想潮流与价值取向，和传统文化、西方文化在中国大行其道，甚至成为一些民众的文化信仰，在当代中国并行不悖。

作为大众文化形态的传统文化，主要存在于居住着中国大多数人口的广大农村地区及一些儒学知识分子中。基于农耕文明和封建社会的传统文化，不可避免地有着鲜明的保守主义和等级观念，但也蕴涵着注重个体诚心正意和主体间人伦道德的积极因素，具有坚守生活的意义世界、整合价值取向、维持共同体和谐等作用，一定程度上可以有效地克服现代化进程中日益凸显的精神世界功利化和心灵秩序感性化等弊端。总体而言，对于当代中国人的精神重建来说，传统文化显得“平衡有余、动力不足”。也就是说，传统文化主张的仁者爱人、以礼待人等理念有助于平衡现代性的人际冲突，但是不太注重处理人与自然关系、坚守中庸之道等取向，使其相对缺乏推动经济社会发展、实现现代化的精神动力。梁漱溟曾在中西文化的对比中揭示过中国传统文化的这种特征，他认为，西方人生的路向就是奋力取得所要求的东西，设法满足他的要求，就是奋斗的态度；中国人生的路向是持中的路向，遇到问题不去要求解决，改造局面，就在这种境地上求取自我的满足，因此，如果说西方文化以意欲向前要求为根本精神，那么中国文化以意欲自为、调和、持中为其根本精神。葛兆光也曾概括过传统文化偏重处理人与人关系而相对忽视人与自然关系的特点：如果说西方民族习惯于将人与人、人与社会、人与自然、主体和客体对立起来，探索各种领域中纵向的逻辑关系，习惯于在类与种的基础上探索各种事物之间所有的层次关系，力求尽可能符合这种关系的客观秩序的话，那么，中华民族则习惯于把人与人（伦理）、人与社会（政治）、人与自然（科学）以及文学艺术等重叠起来，探索这里的横向的网状联系，习惯于在伦理道德的原则下探索各种事物之中所蕴藏的总体精神。

作为精英文化形态的西方文化，主要存在于相对发展起来的城市地区及广大知识分子中间。古希腊的理性精神和古希伯来的信仰传统，犹如西方文化之躯行走的两条腿。人类历史进程迈入现代化以来，这两大文化传统逐渐演化为西方文化思潮中并行不悖的科学主义和人本主义。20世纪五六十年代以来，表征西方社会历史与科技领域发展新特征的后现代主义也逐渐成为当代思潮中颇具影响的文化氛围。西方各种思潮在当代中国都有其信奉者和追随者。需要进一步指出的是，西方文化在当代中国同其在西方一样，发挥着重要的文化批判功能，甚至在一定意义上可以说，西方现代文化成为当代中国文化的标杆，成为一些知识分子评判中国式现代化的文化武器。值得指出的是，从文化所承载的历史使命来看，现代化离不开文化批判，文化不能“亦步亦趋”地追随现代性建构，而理应与现代化（无论其处于上升期、平稳期还是矛盾凸显期）始终保持一定的“间距”，以在“若即若离”中时刻保持理性的反思与批判。当然，这种反思与批判并不是要拒斥或超越现代性，而是现代性内部的自我批判，是通过不断地“纠偏”，使人类历史进程始终处于理性的监督之下而不至于误入歧途。然而，对于当代中国人的精神重建来说，从总体上看，西方文化显得“批判有余、建设不足”。即借助于西方现代文化的当代中国文化批判，一定程度上揭示了中国现代性建构的某些问题和弊端，并深入地批判了人们的精神生活和精神文化质量与现代化进程的不同步甚至某种程度上的退步，然而西方现代文化也无力提出可行性的文化拯救方案，以破解现代性的精神困境。

作为历史性凝成的文化传统和当代中国文化建设不可或缺的思想资源，传统文化、西方文化和马克思主义文化等三大文化生态在各自领域、从不同维度发挥着文化自觉、文化启蒙和文化整合的功能。值得注意的是，在中国现代性建构的实践中，三者也互相监督、互相交流和彼此融入。对于当代中国三大文化生态之间的交流融合及其发展趋势，有的学者主张“综合创新论”（张岱年语），有的学者提出“马魂中体西用”（方克立语），“核心价值观”也在综合吸纳不同文明因素的基础上积极探索共同的价值取向。从优化当代中国人精神重建的文化生态来看，针对前文曾揭示的传统文化的“平衡有余、动力不足”，西方文化的“批判有余、建设不足”和马克思主义文化的“引领有余、整合不足”，我们一方面应继续充分发挥马克思主义文化的引领作用、传统文化的平衡作用和西方文化的批判作用，另一方面应积极探寻构筑三大文化生态交相融合且兼具整合功能、建设作用和动力驱动的文化机制。总而言之，我们应在不断优化的三大文化生态与中国现代性建构的实践互动中，经受历史的考验，积淀出能够凝聚人民力量的中国精神，并在此基础上塑造具有世界话语权的中国话语。